核心素养视域下的
初中化学科学探究教学策略

房爱军 著

HEXIN SUYANG SHIYU XIA DE

CHUZHONG HUAXUE KEXUE TANJIU JIAOXUE CELÜE

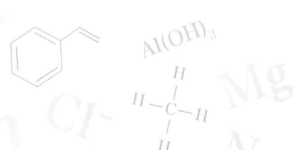

江苏大学出版社
JIANGSU UNIVERSITY PRESS

镇江

图书在版编目（CIP）数据

核心素养视域下的初中化学科学探究教学策略 / 房
爱军著. -- 镇江 : 江苏大学出版社, 2025. 3. -- ISBN
978-7-5684-2473-8

Ⅰ. G633.82

中国国家版本馆CIP数据核字第2025NC2599号

核心素养视域下的初中化学科学探究教学策略

Hexin Suyang Shiyu Xia De Chuzhong Huaxue Kexue Tanjiu Jiaoxue Celüe

著　　者/房爱军

责任编辑/张　平

出版发行/江苏大学出版社

地　　址/江苏省镇江市京口区学府路 301 号（邮编：212013）

电　　话/0511-84446464（传真）

网　　址/http：//press. ujs. edu. cn

排　　版/镇江文苑制版印刷有限责任公司

印　　刷/镇江文苑制版印刷有限责任公司

开　　本/710 mm×1 000 mm　1/16

印　　张/17.75

字　　数/323 千字

版　　次/2025 年 3 月第 1 版

印　　次/2025 年 3 月第 1 次印刷

书　　号/ISBN 978-7-5684-2473-8

定　　价/68.00 元

如有印装质量问题请与本社营销部联系（电话：0511-84440882）

前　言

　　初中化学科学探究教学策略的制定与实施，旨在培养学生的科学素养、实验技能和探究精神。教师应注重理论与实践相结合，通过设计一系列富有启发性的实验活动，激发学生的学习兴趣。在教学过程中，应采用问题导向的教学方法，引导学生主动发现问题、提出问题，并鼓励他们通过实验设计、操作观察、数据分析等环节，自主寻求问题的答案。同时，教师应注重培养学生的团队协作能力和批判性思维，让他们在小组讨论中交流思想、碰撞智慧，并利用多媒体教学资源，丰富教学手段，使抽象的化学概念直观化、生动化，进一步提升教学效果。这些综合教学策略的应用，可以全面提升学生的化学学习能力和科学探究素养。

　　本书系统探讨了初中化学科学探究教学策略。书中首先概述了化学教育的基础与重要性；其次，深入初中化学教学基础，详细阐述了化学知识教学与能力培养的关键点；最后，重点阐述了PBL教学方法在初中化学概念、元素化学及化学用语教学中的应用，同时提出了初中化学自主探究策略，并关注了初中化学实验教学，包括新课程背景下的化学实验改革、微型实验教学及绿色化学实验教学。此外，书中还探讨了分层教学在初中化学教育中的应用，以及基于翻转课堂的化学实验微课设计与初中化学实验教学策略优化。本书旨在为初中化学教育工作者提供科学、系统的探究教学策略，以促进学生主动学习，激发学生的探究兴趣，培养其创新思维和实践能力。

　　本书参考了大量的相关文献资料，借鉴、引用了诸多专家、学者和教师的研究成果，其主要来源已在参考文献中列出，如有个别遗漏，恳请作者谅解并及时和我们联系。本书的撰写得到许多专家、学者的支持和帮助，在此深表感谢。由于能力有限，时间仓促，虽极力丰富本书内容，力求完美，并经多次修改，仍难免有不妥与遗漏之处，恳请专家和读者指正。

目 录

CONTENTS

核心素养视域下的初中化学科学探究教学策略

第一章　化学教育概述

第一节 化学教育基础

一、化学教育观念的八个转变

近年来，随着全球范围内科学技术日新月异的进步和经济的蓬勃发展，许多国家的教育领域，尤其是化学教育领域，经历了前所未有的深刻变革。这一变革不仅仅体现在教学内容与方法的革新上，更在于化学教育观念的根本性转变。人们逐渐摒弃了传统中对化学教育的片面与狭隘理解，转而迈向了一个更为高级、开放、多元且整体化的认知阶段。从最初仅视其为知识传授的工具，到如今将其视为培养学生科学素养、创新思维与实践能力的重要途径，化学教育的角色与功能得到了极大的丰富与拓展。这一转变不仅是对化学学科本质的深刻洞察，也是对社会发展与时代需求的积极回应，预示着化学教育正步入一个充满活力与机遇的新时代。

（一）教材观的转变

近年来，全球科学技术与经济文化的蓬勃发展推动了教育领域的深刻变革，其中化学教材观的转变尤为显著。传统的化学教材观倾向于将教材视为静态的、封闭的知识体系，教师是知识的传授者，学生则是知识的接受者，教材成为连接师生的唯一桥梁。然而，随着教育理念的不断进步和化学学科本身的快速发展，人们开始重新审视化学教材的角色与功能，教材观逐渐发生了根本性的转变。

现代的化学教材观不再将教材视为静态的知识载体，而是将其视为一个动态的、开放的、可探索的化学世界。教材不再是教师教学的唯一依据，而是成为引导学生探索化学奥秘、培养学生科学思维和实践能力的有力工具。在这一观念下，化学教材的内容更加注重与现实生活、科技发展及学生兴趣的紧密结合，旨在通过生动的案例和实验，激发学生的好奇心和求知欲，培养他们的创新精神和实践能力。同时，化学教材观的转变也促使教师在教学过程中更加注重学生的主体性和个性发展，鼓励教师根据学生的实际情况和学习需求，灵活地运用教材，创造性地设计教学活动，以实现教学目标的多样化和个性化。这一转变不仅丰富了化学教学的内涵，也提高了教学的质量和效果，为培养具有创新精神和实践能力的化学人才奠定了坚实的基础。

（二）教师观的转变

近年来，随着全球科学技术与教育的不断进步，化学教育领域正经历着深刻的变革，其中化学教师观的转变尤为引人注目。传统的化学教师观往往将教师视为知识的传递者和课堂的主导者，学生则是被动的接受者，教师的任务主要是将化学知识准确无误地传授给学生。然而，随着教育理念的不断革新和化学学科本身的快速发展，人们开始重新审视化学教师的角色与功能，教师观逐渐发生了根本性的转变。

现代的化学教师观不再将教师视为单一的知识传递者，而是将其视为学生学习化学的引导者、促进者和合作者。教师不再是课堂的主导者，而是学生学习过程中的伙伴和引导者，鼓励学生主动探索、积极实验，培养他们的创新思维和问题解决能力。在这一观念下，化学教师更加注重学生的主体性和个性发展，关注学生的兴趣和需求，努力营造一个开放、互动、富有创造力的学习环境。同时，化学教师观的转变也促使教师更加注重自身的专业成长和持续发展，他们积极参加各种培训和交流活动，不断提升自己的教育教学能力和化学专业素养，以更好地适应教育改革和化学学科发展的需要。

（三）人才观的转变

近年来，随着全球科学技术与经济的迅猛发展，以及教育改革的不断深化，化学教育领域对于化学人才的理解与需求正经历着深刻的变革，其中化学人才观的转变尤为显著。传统的化学人才观往往侧重于培养具备扎实化学知识和实验技能的专业人才，强调学生对化学原理的掌握和实验操作的熟练程度。然而，随着科学技术的日新月异和化学学科交叉融合的趋势日益明显，人们开始重新审视化学人才应具备的素质与能力，人才观逐渐发生了根本性的转变。

现代的化学人才观不再仅仅满足于培养掌握化学知识的人才，而是更加注重培养学生的创新思维、批判性思维和跨学科合作能力。在这一观念下，化学教育不再局限于传授化学知识本身，而是更加注重引导学生运用化学知识解决实际问题，培养他们的科研能力和创新意识。同时，现代化学人才观也强调学生的社会责任感和国际视野，鼓励学生关注化学科学对社会、环境及人类生活的影响，培养他们的全球意识和可持续发展观念。这一转变不仅丰富了化学教育的内涵，而且提高了化学人才培养的质量和效果，为培养具有创新精神、实践能力和社会责任感的化学人才提供了有力的支撑。适应新时代需求的化学人才，将能够在科学研究、技术创新、环境保护和社会服务等领域发挥重要作用，为推动化学科学的进步和社会的可持续发展贡献力量。

（四）认识观的转变

近年来，随着全球科学技术与哲学的不断进步，以及人类认知能力的持续提升，化学领域对于化学本质及其在人类社会中的作用的理解正经历着深刻的变革，其中化学认识观的转变尤为关键。传统的化学认识观往往将化学视为一门纯粹的实验科学，侧重于对物质性质、结构及变化规律的研究，强调通过实验验证理论，进而推动化学知识的积累与发展。然而，随着科学技术的日新月异和跨学科研究的兴起，人们开始重新审视化学的学科性质与功能，化学认识观逐渐发生了根本性的转变。

现代的化学认识观不再仅仅将化学视为实验科学，而是将其视为一门与生命、环境、材料等多领域紧密相关的综合性科学。在这一观念下，化学研究不再局限于实验室，而是更加关注化学在解决人类面临的实际问题中的应用，如环境保护、新能源开发、医疗健康等领域。同时，现代化学认识观也强调化学的哲学内涵与文化价值，认为化学不仅仅是一门科学，更是一种思维方式，它有助于人类理解自然界的奥秘，促进人类文明的进步。这一转变不仅丰富了化学学科的内涵，也拓宽了化学研究的视野，推动了化学与其他学科的交叉融合，为培养具有跨学科素养和创新能力的化学人才提供了更为广阔的空间。适应新时代需求的化学认识观，将促进化学科学在解决全球性问题中发挥更大作用，为人类社会的可持续发展贡献力量。

（五）知识观的转变

近年来，随着全球科学技术与教育理念的不断革新，化学领域对于化学知识的理解和传授方式正经历着深刻的变革，其中化学知识观的转变尤为显著。传统的化学知识观往往将化学知识视为静态的、确定的事实和理论，侧重于学生对化学原理、化学反应及物质性质的记忆与理解。然而，随着科学技术的快速发展和跨学科研究的兴起，人们开始重新审视化学知识的本质与特性，化学知识观逐渐发生了根本性的转变。

现代的化学知识观不再将化学知识视为静态的、一成不变的事实，而是将其视为动态的、不断发展和演变的理论体系。在这一观念下，化学知识不再仅仅是事实和原理的堆砌，而是更加注重知识的生成过程、应用情境及社会意义。化学教育也不再仅仅关注学生对知识的记忆与理解，而是更加注重培养学生的科学探究能力、创新思维和跨学科素养，引导学生通过实践活动和问题解决来构建和深化对化学知识的理解。

这一转变不仅丰富了化学知识的内涵，也提高了化学教育的质量和效果，为培养具有创新精神和实践能力的化学人才提供了更为广阔的空间。同时，它也推动了化学知识的跨学科应用，促进了化学与其他学科的交叉融合，为解决全球性问题和推动社会可持续发展提供了有力的科学支撑。适应新时代需求的化学知识观，将引领化学科学在探索自然奥秘、推动技术创新和服务人类社会中发挥更加重要的作用。

（六）过程观的转变

在化学教学中，狭义的过程涵盖了化学实验的进展、概念的形成、规律的演变及系统状态的转变等多个方面。现代人才的培养强调知识与能力的双重构建，知识作为能力的基础，在特定条件下能够转化为能力。然而，值得注意的是，并非所有知识都能直接转化为能力，唯有活的知识才具备转化为能力的潜力。相较于化学教学中的终端结论，化学过程属于活的知识范畴，终端结论则被视为相对静态的知识。因此，在教学过程中，若忽视对化学过程的深入分析与研究，而仅仅要求学生死记硬背结论，显然是一种舍本逐末的做法。正确的做法应当是将教学重点放在化学实验的开展及化学过程的剖析上，这样，学生不仅能够通过研究过程掌握知识，还能学会研究问题的方法。

从广义的角度来看，教学过程是学生在教师的指导或引导下，通过自身的学习活动来掌握科学文化知识、发展认知能力，并逐步认识客观世界的过程。在一般的认识过程中，主要涉及认识的主体（学生）与认识的客体（对象）之间的关系，这构成了认识论中的"二体问题"。然而，在教学这一特殊过程中，除了认识的主体（学生）和认识的客体（对象）外，教师也扮演着至关重要的角色，这使得教学过程成为一个"三体问题"。因此，处理好教学过程的关键在于妥善协调教师、学生与认识对象之间的关系，这三者相互依存、相互联系、相互作用，共同构成了教学过程的基本矛盾。由于人们对这三者在整体中的地位及其矛盾的处理方式存在不同的理解和处理策略，因而教学思想、结论和方法存在多样性。

（七）课堂观的转变

化学课堂观正经历着显著的转变。传统的化学课堂教学模式往往以教师为中心，采取单向传递的方式，即教师向学生讲授知识，课堂交流形式单一。然而，随着教育理念的不断进步，人们开始认识到课堂教学信息的传递方式应当从单一向多向转变，以促进学生更全面地参与和互动。

传统的课堂上，师生交流主要有单向交流、双向交流、多向交流和综合交流四种形式，其中单向交流占据主导地位。这种模式下，学生往往被动接受知识，缺乏主动性和创造性。为了改变这一现状，现代化学课堂观强调多向交流的重要性，鼓励学生与教师、学生与学生之间进行互动和讨论，共同探究化学知识。

传统的化学课堂过分强调教师的权威和课堂的纪律性，导致课堂气氛紧张，学生情绪受到压抑。现代心理学研究表明，紧张的情绪会妨碍学习和抑制智力发展。因此，现代化学课堂观倡导营造宽松和谐的课堂氛围，将紧张的学习过程转变为愉快的学习体验。教师可以通过精心设计游戏、实验和创设情境等方式，激发学生的学习兴趣和好奇心，让学生感受到学习的趣味性和意义。现在流行的"愉快教育法""幽默教学法"和"快乐学习"等教学方法，都是这一理念的具体体现。

（八）评价观的转变

教育评价在化学教学中承载着多重功能，其中甄造功能与发展功能尤为突出。传统上，人们更侧重于评价的甄造功能，即通过选拔考试将学习者按智力水平进行层级划分，以决定其是否能进入更高层次的教育机构深造，这种观念往往导致教育评价过度关注"象牙塔"式的精英选拔。

随着教育理念的不断进步，化学评价观正经历着深刻的转变。现代化学教育评价更加重视评价的发展功能，强调评价应服务于学生的全面发展，促进学生德、智、体、美、劳综合素养的提升。这一转变要求教育评价不仅仅关注学生的学业成绩，更注重评价信息的及时反馈，通过调节教与学的进程，激发学生的学习内驱力，帮助学生萌生成就感。

在教学的不同阶段，化学教育评价可以灵活运用形成性评价、诊断性评价、终结性评价和系统性评价等多种手段。在评价方式上，教师应将学生的自我评价、小组互评，以及师生共同组成的评价反馈矫正网络有机结合，形成学生、学生间、师生间的三维主体评价反馈矫正网络。这一网络不仅能够促进教学中主客体适时地相互转换，还能充分调动教与学的积极性，为学生的全面发展提供有力的支持。

二、"绿色化学"教育

随着社会的持续进步和人口的不断增长，环境污染已成为全球面临的严峻社会问题，而中学化学教育与环境问题联系紧密。因此，教师在中学阶段培养学生环保意识的任务显得尤为重要。建立在绿色化学理念基础上的教育，可以培育出具备绿色意识和环保能力的高素质人才，这既是培养未来社会所需人才的重要途径，也是从根本上解决环境问题的关键策略。

当前，环境与发展已成为全球共同面临的难题，对21世纪的人类构成了严峻挑战。新的环境问题不断涌现，为了有效预防和治理环境污染，人们必须高度重视并依靠近年来在国际上备受瞩目的化学领域——绿色化学。绿色化学为解决环境问题提供了新的视角和方法，通过创新化学技术和方法，力求在源头上减少或消除有害物质的产生，从而实现环境保护与可持续发展的双重目标。

（一）绿色化学的概念

"绿色化学"作为当代社会提出的一个新兴理念，其核心在于"绿色化学工艺"。该工艺追求的理想状态是反应物中的原子能够完全转化为目标产物，实现原子利用率达到100%的原子经济性。原子利用率的提升，意味着减少生产过程中废弃物的排放，进而减轻对环境的负面影响。

将绿色化学理念融入中学化学教育的课程教材改革与课堂教学改革之中，使其成为中学化学教育不可或缺的一部分，是当前中学化学教育领域面临的一个全新课题。这一举措旨在通过教育引导学生树立绿色化学意识，培养他们在化学学习和实践中注重环境保护的能力，为培养未来具备绿色化学素养的人才奠定坚实基础。

（二）绿色化学在中学化学环保教育中的渗透

1. 抓住教材的环保内容渗透绿色环保教育

化学教师在教学实践中应充分利用化学教材的丰富内容，向学生系统传授环境保护的相关知识。具体而言，教师可结合硫、氮氧化物等章节内容，详细阐述空气污染、酸雨的形成机制及其对环境与人体健康的危害。在讲解一氧化碳等有毒气体时，教师不仅应介绍其对环境和人体的严重影响，还需强调实验操作中的安全注意事项，以增强学生的安全意识。此外，通过介绍炼钢炼铁等工业流程，教师可引导学生了解工业污染的产生，以及废气、废渣的处理方法，使学生加强对工业环保问题的关注。在重金属元素的教学中，教师应着重介绍重金属对水体造成的污染及其对人体健康的潜在威胁，以提升学生的环保意识。同时，结合磷肥的教学，教师可阐述湖泊水质富营养化的原因及后果，帮助学生认识到化肥使用不当对环境的负面影响。在有机高分子化合物的学习中，教师可介绍白色污染的现状、危害及解决方案，鼓励学生思考并探讨减少塑料使用的可行途径。

课堂作为教师教学的主阵地，化学教师应紧密围绕教材内容，在日常教学中有机融入绿色环保教育，使学生深刻认识到环保的必要性和紧迫性，逐步树立环保意识，为培养具备环境保护素养的未来人才贡献力量。

2. 在实验教学中推进绿色环保教育

化学教育工作者应当充分利用实验教学的契机，引导学生亲身参与环境保护的实践，深化其绿色环保意识。首要任务是培养学生的良好实验习惯，这包括在密闭系统或通风橱内正确处理有毒气体，确保尾气得到有效吸收，避免其逸散至空气中造成污染；同时，强调对反应后的废液与废渣进行分类回收，而非随意倾倒至水池，以此培养学生形成环保的行为模式。

在此基础上，化学教师应指导学生从环保视角出发，设计、改进并筛选实验方案。这要求学生在选择实验药品时，优先考虑无毒无害、低污染、低能耗的选项，以减少实验过程对环境的不良影响。同时，鼓励学生选用无污染、可回收及可循环利用的药品，这不仅仅有助于降低实验成本，更能从源头上减少污染物的产生。这一系列的实践活动，旨在从小培养学生的环保意识，使他们在科学实验乃至未来的工业生产中，都能秉持绿色化学的理念，积极采取措施减少污染，为保护地球环境贡献自己的力量。这一教育过程，不仅仅是对学生科学素养的提升，更是对他们社会责任感的培养。

3. 发挥考试的导向功能，强化绿色环保教育

近年来，与环境保护相关的试题频繁出现在各地的中考化学试卷中，这一趋势不仅仅体现了对化学基础知识的考查，更重要的是发挥了中考的导向作用和教育功能。中考作为教育评价体系中的重要环节，应当引导学生关注社会、了解社会，推动中学素质教育的深入发展，并着力提升学生的环境保护意识。

针对这一趋势，化学教师在日常教学中应注重将身边的实际情况与化学知识相结合，通过具体案例和实例，让学生在掌握化学基础知识的同时，深刻认识到环境保护的重要性和紧迫性。在日常的考试和练习中，教师应有意识地融入环境保护的元素，设计相关题目，以此激发学生对环境保护问题的关注和思考，培养他们的环保意识和责任感。通过这种做法，化学教师不仅能够帮助学生更好地理解和掌握化学知识，还能够引导他们在生活中实践环保理念，为实现可持续发展贡献自己的力量。化学教师应积极发挥自身作用，为培养具备环保意识和社会责任感的高素质人才贡献力量。

4. 利用丰富的课外活动开展绿色环保教育

学生环保意识的形成仅靠课堂上的培养是不够的。化学教师应该把环

保活动作为化学课外活动的一个重要组成部分，把培养学生的环保意识作为化学课外活动的一个重要目标来认真、有效地实施。教师可以采取如下三种课外活动开展环保教育。

（1）专题讲座

化学教师可以充分利用国内外重大环境污染事件及环保活动作为契机，组织专题讲座，以深化学生对环境保护的认识与理解。例如，在6月5日世界环境日之际，教师可以围绕当前全球范围内备受瞩目的环境问题，如气候变化、生物多样性丧失等进行深入剖析，帮助学生了解这些问题的严峻性及全球应对策略。在9月16日国际保护臭氧层日，教师可详细阐述臭氧层的重要性，解析其被破坏的根源，如氟利昂等化学物质的过度使用，并探讨氟利昂的替代技术，以增强学生的环保意识。同时，结合我国推行的消除白色垃圾活动，教师可追溯白色垃圾的起源，分析其对自然环境的危害，如土壤污染、水体污染等，鼓励学生思考并探讨减少使用一次性塑料制品的可行性方案。这些专题讲座不仅能够拓宽学生的知识面，还能够激发他们的环保意识，培养他们在日常生活中实践环保理念的能力，为构建绿色、可持续的未来贡献力量。

（2）组织学生参观活动

化学教师可以充分利用假期时间，精心策划并组织学生前往周边具有代表性的污染企业，如焦化厂、水泥厂及镀锌厂，以及受到污染的河流等处进行实地参观、调查、学习。在参观过程中，教师应引导学生与工人和技术人员进行深入交流，了解这些企业的生产工艺、污染物的产生及排放情况，以及企业当前采取的环保措施与成效。同时，教师还应带领学生访问河流周边的居民，通过了解他们的亲身经历和倾听他们的讲述，深刻认识环境污染对当地生态环境及居民生活造成的危害。这些面对面的交流，将使学生更加直观地感受到环境污染的严重性和治理的紧迫性，从而激发他们的环保意识。通过此类活动，学生不仅能够将课堂上学到的理论知识与实际污染情况相结合，加深对环境保护重要性的理解，还能够从中获得宝贵的实践经验，提升自身分析问题和解决问题的能力。此外，这类活动还有助于培养学生的社会责任感，激励他们在未来的学习和生活中积极投身于环保事业，为改善环境质量贡献自己的力量。

（3）组织学生进行小课题调查研究

化学教师可以策划一系列课外活动，以加深学生对环保实践的理解。具体而言，活动包括组织学生测定雨水、江水、工厂废水及民用废水的 pH 值，并进行对比分析；引导学生了解空气质量的评估方法，探究空气污染指数（air pollution index，API）与空气质量级别之间的对应关系，并实地调查繁忙公路上二氧化碳及其他空气污染物的浓度；同时，安排学生调查当前各品牌冰箱中氟利昂的使用情况，并与历史数据进行对比，以了解氟利昂替代技术的进展。此外，教师还可以设计实验，引导学生观察小白鼠在不同空气质量及不同酸度饮用水条件下的生长状况，以此直观展现环境因素对生物健康的潜在影响。在此基础上，鼓励学生从环保角度出发，对课本中的部分实验进行改进，并开展讨论与研究，以期在保证实验效果的同时，最大限度地减少对环境的不良影响。通过这些课外活动，学生将有机会亲身参与环保实践，将所学的化学知识用来解决实际问题，从而深切体会到环保任务的艰巨性。这一过程不仅仅有助于提升学生的环保意识，更能激发他们的环保热情，促使学生由被动接受环保教育转变为主动培养自身的环保意识，为构建绿色、可持续的未来贡献力量。

随着全球经济的蓬勃发展，一股绿色变革的潮流正以前所未有的力度席卷世界各地，预示着 21 世纪将成为绿色发展的新时代。在此背景下，于中学化学教学中融入绿色化学教育，不仅仅是时代赋予我们的使命，更是推动人类社会实现可持续发展的关键所在。绿色化学教育对于保护我们赖以生存的自然环境具有不可估量的价值，它强调在化学研究与实践中最大限度地减少对人类健康和环境的负面影响。因此，中学化学教育必须深刻体现绿色化学的核心理念，将绿色化学的思想与内容全面贯穿于整个教学过程中，确保绿色理念无处不在、深入人心。这要求教师在化学教学中，不仅仅要传授化学知识，更要引导学生树立绿色化学观念，培养学生运用绿色化学方法解决问题的能力。

只有绿色化学教育真正渗透到中学化学的每一个角落，我们的化学教育才能焕发出勃勃生机，展现出盎然绿意。这不仅仅是对学生个人成长的负责，更是对全人类未来福祉的担当。通过绿色化学教育，我们旨在培养出一代又一代具备环保意识、能够担当起绿色发展重任的未来公民，共同推动地球走向一个更加绿色、健康、可持续的未来。

三、从"化学教学"到"化学教育"

化学教学在传授化学知识的同时，也承载着化学教育的责任，这体现了一种深层次的哲学认知。为此，教师应当积极更新教育理念，迈出从单纯化学知识传授向全面化学教育转变的关键步伐。在教学中，教师应重视教学生成的过程，敏锐捕捉化学知识传授与化学教育相融合的最佳时机，以此促进学生对化学学科的深层次理解。通过这一转变，不仅能够有效提升学生的化学知识水平，而且能培养他们的科学素养和环保意识，引导他们形成正确的化学观念和价值观。这样的化学教育，才能真正帮助学生深化对化学的认识，为他们的全面发展奠定坚实基础。

（一）更新教育观念，迈出从化学教学走向化学教育的起始步伐

新课程理念着重强调尊重学生的主体地位，并充分发挥教师在教学过程中的主导作用。在化学教学向化学教育转变的过程中，教师的主导作用尤为关键。鉴于当前教学实际，更新教师的教育观念显得尤为迫切。实际上，若能在教学中关注以下两个方面的细节，或许能更有效地迈出向化学教育转变的第一步。

一方面，需明确化学教育并非一个抽象的概念，而是由与化学紧密相关的各个元素共同构成的。人教版化学选修教材以"化学与生活"和"化学与社会"命名，正是为了提醒我们化学教育的实践性和应用性。

另一方面，应认识到化学教育贯穿于化学教学的每一个环节。从当前教材的编排来看，无论显性还是隐性的化学教育因素，都蕴含在课本内容之中。同时，从当前的化学习题来看，命题材料也越来越注重化学教育的融入。近年来，各类考试中频繁出现的信息题，在解答过程中为学生提供了接受化学教育的空间。

因此，教师在化学教学过程中，应深入挖掘教材中的化学教育元素，结合化学习题，引导学生从多个角度理解化学知识，培养他们的科学素养和环保意识，从而真正实现化学教育的目标。

（二）注重教学生成，寻找从化学教学走向化学教育的契机

化学通常是以化学知识为载体向学生展示的，化学方法及化学教育的内涵则往往隐藏在这些知识的背后。这些知识在学生的脑海中形成时，通常会伴随许多有利于实施化学教育的宝贵时机。这是因为学生在学习化学时，其心理状态往往不只局限于单纯获取知识的层面，还包含着多种复杂的因素。

因此，在教学实践过程中，常常会出现许多教师未曾预先设定的生成性内容。这些生成性内容可能源于学生对化学知识的深入理解，也可能源于他们对化学现象的好奇与探索，甚至可能源于他们对化学知识的质疑与反思。这些未预设的生成性内容为化学教育提供了丰富的素材和契机。教师应敏锐捕捉这些时机，充分利用这些生成性内容，引导学生深入挖掘化学知识背后的化学方法和化学教育内涵，从而培养学生的科学素养和创新能力。同时，教师也应不断调整和优化教学策略，以适应学生多样化的学习需求和心理状态，确保化学教育的有效性和针对性。只有这样，才能真正实现化学教育的目标，为学生的全面发展奠定坚实基础。

（三）对化学教育的深入省思

化学教育作为科学教育的重要组成部分，其重要性不言而喻。在当前的化学教育实践中，教师仍需对诸多方面进行深入的省思。

一方面，教师应关注化学教育在培养学生科学素养方面的作用。化学不仅仅是一门知识学科，更是一种科学方法和思维方式的体现。因此，在化学教育中，教师不仅仅要传授化学知识，更要注重培养学生的科学思维、实验技能和解决问题的能力。

另一方面，教师还应思考化学教育如何更好地与现实生活相结合。化学与人们的日常生活息息相关，从食品安全到环境保护，都离不开化学知识的应用。因此，在化学教育中，教师应注重将化学知识与现实生活相联系，引导学生运用化学知识解决实际问题，培养他们的实践能力和社会责任感。

此外，化学教育的评估方式也值得教师深思。传统的考试评估方式往往侧重于对学生知识掌握程度的考察，而忽略了对学生科学素养和综合能力的评价。因此，教师应探索更加全面、科学的评估方式，以更好地反映

学生的化学学习成果和综合素质。

综上所述，对化学教育的深入省思有助于教师发现问题、改进实践，从而推动化学教育向更高水平发展。

四、化学启蒙教育

义务教育阶段的化学课程作为化学教育的起点，其核心目标是面向全体学生，致力于培养学生的学习兴趣并提高他们的科学素养。该阶段课程将与人类生活、生命紧密相关的物质作为核心研究内容。在教学实践中，教师应充分利用这些物质作为教学资源，构建生动的学习情境；通过引导学生进行观察与实验探究，使他们能够深入理解物质及其变化规律，感受化学变化的奇妙之处。教师应借助化学物质的多样性和化学变化的丰富性，让学生充分领略化学之美，激发他们探索物质世界的热情与好奇心。因此，初中化学教育实质上承担着化学启蒙的重任。

（一）化学启蒙教育要面向全体学生，要尊重学生的主体地位

化学启蒙教育作为科学教育体系中的基础环节，旨在为学生打开通往化学世界的大门，培养他们对化学学科的兴趣与好奇心。在这一过程中，必须明确两个核心原则：一是化学启蒙教育要面向全体学生，二是要尊重学生的主体地位。

一方面，化学启蒙教育面向全体学生，意味着教育资源的分配、教学内容的设计及教学方法的选择都应充分考虑所有学生的需求与特点。这要求教育者摒弃传统教育中"一刀切"的教学模式，转而采用更加灵活多样的教学策略，确保每位学生都能在化学学习中获得成长与进步。具体而言，教师应通过分层教学、小组合作学习、个性化辅导等方式，满足不同学习水平与能力学生的需求，让每位学生都能以适合自己的节奏探索化学世界，感受化学的魅力。

另一方面，尊重学生的主体地位是化学启蒙教育成功的关键。在化学学习中，学生不是被动接受知识的容器，而是主动建构知识的主体。因此，教育者应鼓励学生积极参与学习过程，提出问题、分析问题、解决问题，通过动手实验、观察现象等实践活动，培养他们的探究精神与创新能力。

同时，教师应创设开放、包容的学习环境，鼓励学生表达自己的观点与想法，即使这些观点可能不够成熟或存在错误，也应给予积极的反馈与引导，让学生在探索与试错中不断成长。

为了实现这一目标，化学启蒙教育还需注重理论与实践的结合。化学是一门实验科学，实验是化学学习不可或缺的一部分。通过实验操作，学生可以直观地观察到化学反应的现象，理解化学原理，从而加深对化学知识的理解与记忆。因此，教育者应为学生提供充足的实验机会，确保每位学生都能亲手操作，体验化学的奇妙。

此外，化学启蒙教育还应关注跨学科整合，将化学知识与其他学科如物理、生物、地理等知识相结合，引导学生多角度、多层次理解化学现象，培养他们的综合素养。这不仅能拓宽学生的视野，还能激发他们的学习兴趣，使他们在化学学习中发现更多乐趣与价值。

总之，化学启蒙教育要面向全体学生，尊重学生的主体地位，通过灵活多样的教学策略、丰富的实践活动、开放包容的学习环境及跨学科整合的教学方式，激发学生的化学学习兴趣，培养他们的科学素养与创新能力，为他们的未来发展奠定坚实基础。

（二）化学启蒙教育要注重学生创新能力的培养

化学启蒙教育在培养学生科学素养与创新能力的过程中扮演着至关重要的角色。在此阶段，教育者需着重关注学生创新能力的培养，这不仅仅是为了响应时代对创新型人才的需求，更是为了激发学生内在潜能，促进其全面发展。

1. 化学启蒙教育应致力于构建一个能够激发学生创新潜能的学习环境

这意味着教育者需打破传统教学的束缚，采用更加开放、灵活的教学方式，鼓励学生主动探索、积极思考。可通过设计一系列富有挑战性的学习任务，如探究性实验、问题解决活动等，让学生在实践中发现问题、分析问题、解决问题，从而培养其创新思维与实践能力。同时，教育者还应注重培养学生的批判性思维，鼓励他们勇于质疑、敢于挑战权威，为创新思维的孕育提供肥沃的土壤。

2. 化学启蒙教育应充分利用化学学科的独特魅力激发学生的创新兴趣

化学是一门充满奥秘与惊喜的学科，其丰富的实验现象、独特的化学性质及广泛的应用领域都为学生提供了广阔的创新空间。教育者应通过生动有趣的化学实验、贴近生活的化学案例及前沿的化学科技介绍，让学生感受到化学的魅力，进而激发他们的创新热情。此外，教育者还应鼓励学生将化学知识应用于实际问题的解决中，通过实践探索，培养创新实践能力。

3. 化学启蒙教育应注重跨学科整合，拓宽学生的创新视野

在知识经济时代，单一学科的知识已难以满足创新的需求。因此，教育者应打破学科壁垒，将化学知识与其他学科知识有机融合，引导学生多角度、多层次理解化学现象。通过跨学科的学习，学生不仅能够获得更加全面的知识背景，还能在交叉学科中发现新的创新点，为未来的创新实践奠定坚实基础，培养综合素养与创新思维。

4. 化学启蒙教育应注重培养学生的团队合作精神与创新意识

在团队合作中，学生能够学会倾听、沟通、协作，共同解决问题。这种经历不仅可以提升学生的团队协作能力，还能激发他们的创新意识，促使他们在团队中发挥各自的优势，共同创造新的成果。教育者应通过组织小组讨论、团队项目等活动，培养学生的团队合作精神与创新意识，让他们在合作中共同成长。

化学启蒙教育在学生创新能力培养方面发挥着不可替代的作用。教育者需注重构建开放、灵活的学习环境，充分利用化学学科的独特魅力，注重跨学科整合，培养学生的团队合作精神与创新意识，为激发学生的创新潜能、促进其全面发展提供有力支持。

（三）化学启蒙教育要注意对学生学习兴趣的培养

在化学启蒙教育的关键环节，培养学生对化学学科的学习兴趣显得尤为重要。这不仅关乎学生当前的学习动力，而且对其科学素养的形成与创新能力的培养具有深远影响。因此，教育者需采取一系列策略，精心营造学习氛围，以激发学生对化学的浓厚兴趣和持久热情。

首先，化学启蒙教育应致力于构建一个充满吸引力的学习环境，将化学的奇妙与魅力充分展现给学生。教育者通过设计生动有趣的化学实验，如色彩斑斓的化学反应、引人入胜的化学现象展示，以及与生活紧密相连的化学知识应用实例，可以有效激发学生的好奇心与探索欲。同时，教育者还应充分利用多媒体教学资源，如视频、动画、虚拟实验室等，为学生提供直观、生动的学习体验，使化学知识变得鲜活而易于理解，从而增强学生的学习动力。

其次，化学启蒙教育应注重个性化教学，关注学生的个体差异，因材施教。每个学生都有独特的兴趣点与学习方式，教育者需通过与学生的深入交流，了解其兴趣所在，进而设计符合学生特点的教学活动。例如，对于喜欢动手实践的学生，可以增加实验操作的环节；对于偏好理论学习的学生，可以提供更多深度解析与理论探讨的机会。通过满足学生的个性化需求，可以更好地激发其学习兴趣，促进其主动学习。

再其次，化学启蒙教育应强调知识的关联性与实用性，让学生感受到化学知识在日常生活中的应用价值。通过将化学知识与生活现象、社会问题相结合，如解释食品保鲜原理、探讨环境污染治理等，可以使学生认识到化学不仅仅是一门学科，更是一种解决实际问题的工具。这种关联性与实用性的强调，能够增强学生的学习动力，激发其探索化学世界的热情。

最后，教育者还应注重培养学生的自主学习能力与批判性思维，为其终身学习奠定坚实基础。通过鼓励学生主动查阅资料、参与科研项目、进行小组讨论等活动，能够培养其独立思考、解决问题的能力。同时，教育者应引导学生学会质疑、反思，培养其批判性思维，使学生不仅接受知识，而且能理解知识背后的逻辑与原理，从而深化对化学学科的理解与热爱。

总之，化学启蒙教育在学生学习兴趣的培养上扮演着至关重要的角色。教育者需精心营造学习氛围，注重个性化教学，强调知识的关联性与实用性，培养学生的自主学习能力与批判性思维，激发学生对化学的浓厚兴趣与持久热情，为其科学素养的形成与创新能力的发展奠定坚实基础。因此，教师在教学过程中要充分利用各种教学手段调动学生的学习兴趣，具体方法有如下六种。

1. 充分利用化学实验

在化学学习过程中，观察和实验作为基本方法，具备直观性、生动性及形象化的显著特征，能够有效激发学生的直觉兴趣与动手操作兴趣。为了最大限度发挥化学实验的教育价值，教师应充分利用现有条件，积极设计与制作教学辅助工具，以便引入更多富有吸引力的实验内容。精心设计的实验，不仅能够丰富教学内容，还能进一步提升学生的参与度和学习兴趣。

在条件允许的情况下，教师可将传统的演示实验转化为分组实验，以此鼓励学生更多地动手操作，积极参与实验过程。分组实验不仅能够增强学生的实践能力，还能在团队协作中培养其合作精神与解决问题的能力。在实验过程中，学生能够亲身体验化学反应的奇妙变化，从而加深对化学原理的理解与记忆。

教师应注重实验的趣味性与探索性，以激发学生的好奇心与求知欲。通过引导学生观察实验现象、分析实验结果，并鼓励他们提出假设、设计实验方案进行验证，可以有效培养学生的科学探究精神与批判性思维能力。

充分利用化学实验，不仅能够提升学生的学习兴趣与实践能力，还能培养其科学素养与创新能力，为化学学习奠定坚实基础。因此，教育者应积极探索与实践，充分利用化学实验这一宝贵资源，为化学教育注入新的活力。

2. 有效利用多媒体

在化学教学实践中，多媒体辅助教学作为一种高效手段，展现出其独特的优势。它凭借生动形象的直观性、跨越时空限制的再现性，以及变化过程的精确模拟性，极大地丰富了教学手段与内容。多媒体课件通过融合声音、色彩、形态与图像等多种元素，为学生营造了一个引人入胜的学习环境。这种多维度的感官刺激不仅能够有效吸引学生的注意力，还能激发他们的学习兴趣，引导其深入思考。

通过多媒体教学，教师可以灵活地创设问题情境，引导学生主动探索化学世界的奥秘。这种教学方式打破了传统课堂的局限，使学生能够更直观地理解化学现象，加速教育信息向教育成果的转化过程。同时，多媒体教学还鼓励学生充分调动视觉、听觉及动手操作等多种感官功能，从而在观察、思考与实践中实现全面发展。

多媒体辅助教学还具备高度的灵活性与互动性，能够根据学生的学习进度与反馈，及时调整教学策略与内容，确保每位学生都能以适合自己的节奏学习化学知识。这种个性化的教学方式不仅提升了教学效率，还促进了学生自主学习能力的培养。

多媒体辅助教学在化学教学中发挥着举足轻重的作用，它以其独特的优势为化学教育注入了新的活力，推动了教育质量的全面提升。

3. 加强教学语言的趣味性

教学语言在激发学生化学学习兴趣方面具有举足轻重的作用。教师运用幽默风趣的表达方式、循循善诱的叙述技巧、条理清晰的讲解逻辑、生动贴切的比喻手法，以及引人入胜的提问与设问策略，能有效促进学生的积极思维。这些语言艺术不仅能够显著提升化学课堂的趣味性，还能激发学生的求知欲望，引领他们步入一个充满魅力的化学世界。

教师的语言风格对于课堂氛围的营造至关重要。幽默风趣的语言能够缓解学习压力，使学生在轻松愉悦的环境中接受知识；循循善诱的叙述则能引导学生逐步深入，理解化学概念的内涵与外延；条理清楚的讲解有助于学生构建系统的知识体系；生动贴切的比喻则能将抽象复杂的化学原理转化为易于理解的生活实例。

引人入胜的提问与设问策略能够激发学生的好奇心与探索欲，促使他们主动思考、积极探究。通过这些问题，教师能够引导学生从不同角度审视化学现象，培养其批判性思维与创新能力。

教学语言在化学教学中扮演着至关重要的角色。教师需精心锤炼语言艺术，以生动有趣、深入浅出的方式呈现化学知识，从而有效激发学生的化学学习兴趣，为其科学素养的全面发展奠定坚实基础。

4. 充分展现教师的人格魅力

教师在教学活动中既是组织者也是积极参与者，其个人修养对于学生的学习兴趣具有显著影响。拥有高雅气质、卓越谈吐及得体外表的教师，能够赢得学生的好感与尊重，进而激发他们对相关学科的浓厚兴趣。

教师的个人魅力是教学过程中的重要资源。高雅的气质体现了教师的专业素养与人格魅力，能够为学生树立榜样，引导他们追求更高的学术境界与人生理想。卓越的谈吐则意味着教师具备清晰、准确、富有感染力的表达能力，能够用简洁明了的语言阐述复杂的知识，使学生在轻松愉悦的氛围中接受新知。教师的外表形象也是不容忽视的一环。着装得体、仪表端庄的教师能够给学生留下良好的第一印象，从而增强学生对课程的期待与兴趣。教师的外在形象是其内在修养的反映，也是其专业态度的体现。

教师需不断加强自身修养，提升个人魅力，以赢得学生的好感与尊重，进而激发他们对相关学科的兴趣与热爱。这种个人修养的提升，不仅有助于建立良好的师生关系，还能为教学质量的提升提供有力保障。

5. 改进教学方法

在培养学生学习兴趣的过程中，充分发挥教师的主导作用至关重要。教师应致力于采用贴近学生生活实际、符合其心理与生理特征的多样化教学形式，以有效激发并维持学生稳定的学习热情。为了实现这一目标，教师需要精心设计与选择教学内容与方法。具体而言，教师应注重将化学知识与学生的日常生活紧密联系起来，通过引入生动有趣的实例、开展实践探索活动等方式，使学生在轻松愉悦的氛围中感受化学的魅力。同时，教师还需关注学生的心理与生理特点，采用活泼多样的教学手段，如游戏化学习、小组合作探究等，以激发学生的学习兴趣与积极性。

巧妙地设置悬念也是教师激发学生探索化学知识的重要手段。通过提出引人入胜的问题、展示奇妙的化学现象等方式，教师可以引发学生的好奇心与求知欲，促使他们积极主动地参与化学学习。这种悬念的设置，不仅能够激发学生的探索精神，还能培养他们的自主学习能力与批判性思维。

教师在培养学生学习兴趣方面扮演着至关重要的角色。通过采用贴近学生实际、符合其心理生理特征的多样化的教学形式，并巧妙设置悬念，教师可以有效激发学生的探索热情与学习动力，为化学教育的深入发展奠定坚实基础。

6. 使学生感受成功的喜悦

学习兴趣的产生往往源于学习过程中的成功体验。成功与兴趣之间存在着正相关的关系，即成功的经历能够增强个体的兴趣，使其更易于坚持。

对于长期付出努力却鲜有进步的学生而言，维持其学习热情尤为困难。因此，教师在化学教学中，需敏锐地察觉学生的进步，尤其是那些在学习上遇到挑战的学生所取得的点滴进步。

对于学习表现相对较弱的学生，及时的鼓励与表扬尤为重要。这些正面的反馈如同春雨般滋润着学生的心田，给予他们精神上的慰藉与激励。通过肯定学生的努力与成果，教师能够帮助他们重拾学习的信心，激发其内在的学习动力。这种精神上的愉悦感，不仅能够缓解学生的学习压力，还能促使他们重新鼓起面对化学学习的勇气。

教师关注并表扬学生的进步，能够培养他们的自我效能感，即相信自己有能力克服困难并取得成功。这种自我效能感是学习兴趣与持续学习的重要基石。当学生感受到自己的进步被认可与珍视时，他们更有可能对化学产生浓厚的兴趣，进而在化学学习中投入更多的时间与精力。教师应善于发现并表扬学生的进步，以激发其学习兴趣与持续学习的动力，为他们的化学学习之旅注入新的活力。

五、学生化学核心素养的培养

人类对世界的认知依赖于多样化的观察手段，缺乏观察，思维将陷入空白。当前素质教育的重要使命在于培养学生的综合能力，这要求学生在夯实基础知识和掌握技能的同时，还需注重发展适应时代需求的各种能力。在中学化学教育领域，能力培养的途径与内容具有多样性。它不仅包括基础知识和技能的传授，而且涉及如何通过多元化的训练手段，如实验探究、问题解决、创新思维等，来全面提高学生的化学素养。这些训练手段旨在激发学生的探索精神，培养其独立思考与团队协作能力，从而使学生在面对复杂化学问题时，能够灵活运用所学知识，提出创新性的解决方案。

（一）创新能力的培养

创造力是推动人类社会持续进步的不竭动力，它不仅仅是个人在职业生涯中取得卓越成就的关键因素，更是国家发展与民族复兴的重要基石。中学生作为国家未来的栋梁与共产主义事业的继承者，其创新能力的培养与创新意识的树立，对于国家的长远发展具有不可估量的价值。因此，在中学化学教育中，除了扎实的基础知识教育外，培养学生的创新能力和创新意识应当成为教学工作的核心任务之一。

化学作为自然科学的重要分支，中学化学的知识体系不仅涵盖了丰富的理论知识，还蕴含了丰富的实验探究与实践应用。这为培养学生的创造力提供了广阔的空间。在化学教学中，教师应注重引导学生通过观察、实验、分析、推理等过程，主动探索化学现象的本质与规律，从而培养其独立思考与解决问题的能力。这种以问题为导向的教学方式，能够激发学生的好奇心与求知欲，促进其创新思维的发展。

为了培养学生的创新意识，中学化学教育还应注重跨学科知识的融合与拓展。化学与物理、生物、地理等学科之间存在着密切的联系，跨学科的学习与研究能够拓宽学生的知识视野，增强其综合运用知识的能力。教师应鼓励学生尝试将化学知识与其他学科知识相结合，探索新的研究领域与方向，从而培养其跨学科的创新思维与实践能力。

中学化学教育还应注重培养学生的批判性思维与自主学习能力。批判性思维是创新能力的重要组成部分，它要求学生能够独立思考、勇于质疑、善于分析。在化学教学中，教师应通过引导学生对化学理论、实验结果进行质疑与反思，培养其批判性思维能力。同时，自主学习能力也是创新能力的重要基础，它要求学生能够主动获取知识、自我监控学习过程、自我调节学习状态。教师应通过提供丰富的学习资源与指导，鼓励学生自主探索、自主学习，从而培养其自主学习的能力。

为了实现上述目标，中学化学教育还需不断改进教学方法与手段。教师应采用启发式、探究式、讨论式等多样化的教学方法，激发学生的学习兴趣与主动性；同时，还应充分利用现代信息技术手段，如多媒体教学、网络教学资源等，为学生提供更加直观、生动、丰富的学习体验。这些教学方法与手段的运用有助于培养学生的创新思维与实践能力，为其未来的发展与成长奠定坚实的基础。

中学化学教育在培养学生的创新能力和意识方面具有不可替代的作用。在注重基础知识教育的同时加强创新能力的培养与创新意识的树立，中学化学教育可以为国家培养出更多具有创新精神与实践能力的优秀人才，为国家的繁荣与发展贡献自己的力量。

（二）实验能力的培养

化学作为一门实验性极强的自然学科，其知识体系深深植根于实验之中，并在不断的实验探索中得以丰富与发展。实验不仅仅是化学知识的源泉，更是化学教学不可或缺的基础。脱离实验，化学教学将失去其根本，变得空洞无物，缺乏说服力与吸引力，难以取得理想的教学效果。因此，在中学化学教学中，培养学生的化学实验技能是一项至关重要的任务。特别是在当前普及实验教育（即"普实"教育）的背景下，加强化学实验技能的培养更显得尤为重要。这不仅有助于学生深入理解化学原理、掌握化学知识，还能激发其探索科学的热情，培养其创新思维与实践能力，为未来的科学研究与技术创新奠定坚实的基础。实验能力的培养一般按讲解、示范、独立操作的顺序进行，具体方法主要有如下三种。

1. 熟练掌握基本操作

在课堂教学中，教师应充分利用教学资源，尽可能多地展示各类化学仪器，以使学生对这些仪器形成直观的认知。随后，教师应详细阐述每种仪器的名称、功能、具体用途、正确使用方法及操作时的注意事项，并解释这些注意事项的合理性。同时，教师还需将仪器的正确使用方法与日常生活中可能存在的错误使用方式进行对比分析，以加深学生对正确操作方法的记忆与理解。

在理论讲解的基础上，教师应逐一进行规范的操作演示，确保学生能够清晰地观察到每个步骤的细节。此后，学生应在教师的指导下，于实验室环境中自己动手进行模仿练习。在此过程中，教师应巡回指导，及时发现并纠正学生的错误操作，以确保学生能够熟练掌握仪器的正确使用方法。

教师还应注重技巧性操作的训练，如振荡、搅拌、蒸发、过滤等关键步骤。这些操作要求学生不仅需掌握基本的动作要领，还需注意力度、速度及节奏等细节。针对学生在日常生活中可能形成的定式错误操作，教师应通过反复练习与纠正，帮助学生逐步克服这些不良习惯，养成正确的操作习惯，熟练掌握操作技能。

通过直观展示、详细讲解、规范演示、动手实践及技巧性训练等多环节的教学过程，教师可以帮助学生有效提升化学实验的技能水平。

2. 加强实验训练

在中学教育阶段，学生需参与多种类型的化学实验，包括物质性质探究实验、物质制取实验及溶液配制实验等。这些实验各具特色，均承载着特定的训练目标与教学要求。化学实验不仅仅是学生提升综合技能、积累解决实际问题方案的有效途径，更是其培养科学实验技能与创新能力的坚实基础。

为确保实验教学的顺利进行，学生在实验前应充分预习，对实验内容、目的、所需仪器及操作步骤等做到心中有数。教师应在此过程中发挥引导作用，详细解析每个仪器在实验中的具体应用、各装置部分的构成、功能、操作顺序及实验中的注意事项等关键信息。这一环节旨在帮助学生建立清晰的实验框架，为后续的实验操作奠定坚实基础。

在正式实验前，教师还需进行一次规范的实验演示，以直观展示实验步骤与操作要点。随后，在教师的悉心指导下，学生应严格按照实验目的与要求，有序地完成实验操作。在此过程中，学生不仅仅要关注实验现象与结果的记录，更应注重实验操作的规范性与准确性，以培养严谨的科学态度与作风。

中学化学实验不仅是提升学生科学素养的重要环节，也是培养其创新思维与实践能力的关键途径。通过系统的预习、教师的细致指导及规范的实验操作，学生能够在实验教学中获得全面的成长与进步。

3. 注重培养解决实际问题的能力

实践是检验知识掌握程度与应用能力的试金石。基于学生的知识积累与技能水平，设计并实施一系列旨在解决具体问题的实验活动，是培养其综合运用所学知识、有效应对实际挑战能力的重要途径。这一教学理念与素质教育的核心目标高度契合，即强调知识的实际应用与个体能力的全面发展。

在素质教育框架下，教育不再局限于理论知识的传授，而是更加注重学生实践能力的培养。通过引导学生参与解决实际问题的实验，教师不仅能够帮助学生巩固和深化课堂所学，还能激发其创新思维，提升其面对复杂情境时的分析与决策能力。这种教学模式鼓励学生将理论知识与实践操作紧密结合，从而在解决实际问题的过程中实现知识的内化与能力的提升。

这类实验活动还能够促进学生对跨学科知识的整合与应用，培养其综合运用多学科知识解决实际问题的能力。这不仅是学生个人成长的需要，也是现代社会对人才综合素质要求的体现。因此，在设计与实施实验时，教师应充分考虑学生的实际情况，确保实验内容既具有挑战性，又符合学生认知发展规律，从而有效促进学生综合素质的全面提升。

（三）观察能力的培养

化学，作为一门深植于实验基础之上的自然科学，其核心在于通过观察实验过程中产生的种种现象获取丰富的感性认识，进而通过深入的思维活动揭示出事物最为本质的规律。这一过程要求观察者具备敏锐、深刻且细致入微的观察能力，唯有如此，方能捕捉到那些关键且准确的、关于化学反应的感性信息，为后续的科学探究奠定坚实基础。

在化学教学实践中，观察的内容广泛而细致，主要包括以下四个方面：其一，关注反应前各物质的颜色、状态、溶解性等物理性质，以及反应过程中可能出现的发光、气泡产生、沉淀析出、烟雾释放、颜色变化等现象；同时，也需留意反应后生成物的颜色、状态、气味等特征。其二，实验过程中仪器的连接组装方式、操作步骤，以及实验所涉及的图表、模型等视觉信息，同样不容忽视。其三，利用各类仪器测量得到的温度数据、放电情况等物理量，也是观察的重要内容。其四，实验过程中通过皮肤感受到的温度变化等生理感受，也是观察的一部分。

针对上述观察内容，教师需要采取有效策略，引导学生充分利用眼、耳、口、鼻、手等多种感觉器官，全面而细致地捕捉实验过程中的各种直观与细微变化。在实际操作中，学生往往习惯于仅依赖视觉观察，而忽视了其他感官的作用，导致观察内容单一且片面。因此，教师应积极引导学生，教会他们如何综合运用多种感官进行全方位的观察。例如，通过观察实验过程中产生的气泡、颜色变化等视觉现象，同时倾听实验过程中可能产生的声音，嗅闻实验物质的气味，品尝（在安全前提下）或感受实验物质的味道与触感，从而实现对实验现象的全面感知。

化学教学中观察能力的培养是一个系统工程，需要教师综合运用多种教学策略，引导学生全面、细致地观察实验现象，并养成良好的观察习惯与思维方式，为后续的科学探究与创新能力培养奠定坚实基础。

六、化学素质教育形式

化学，作为一门根植于实验基础之上的自然科学，其实验教学在帮助学生准确理解物质及其变化规律方面扮演着至关重要的角色。实验教学具备明确的目的性、探索性、现实性和直观易感知性等特点，能够为学生提供丰富的实验事实。演示实验、边讲边实验、学生独立实验及家庭实验等多种形式的有机结合，不仅能够促进学生有效掌握化学知识，还能在培养学生的各项能力方面发挥重要作用，进而推动学生素质的全面发展。

在 21 世纪，实施素质教育已成为提升国民素质、培育有用之才的战略性选择，也是教育改革与发展的核心方向。学科教学作为实施素质教育的主要渠道，各学科因其独特的知识体系和特点，在素质教育中扮演着不同的角色。化学学科凭借其以实验为基础的特性，在素质教育中发挥着独特的作用。实验教学不仅有助于学生掌握化学知识和实验技能，而且在培养学生综合素质、促进其全面发展方面展现出不可替代的价值。

化学实验教学在化学教育中占据着举足轻重的地位，它不仅仅是化学知识传授和技能培养的重要途径，更是实施素质教育、促进学生全面发展的重要手段。因此，在化学教学中，应充分利用实验教学的优势，通过多样化的实验活动，全面提升学生的科学素养和综合素质，为培养具有创新精神和实践能力的新时代人才奠定坚实基础。

（一）搞好化学实验教学的关键是上好实验课

实验课程因其独特的性质，在素质教育实施体系中占据了举足轻重的地位。然而，如同其他形式的课堂教学一样，实验课程同样需遵循一系列基本规律以确保其有效性与科学性。这包括遵循学生的认知发展规律，确保教学内容与方法能够与学生的认知水平相适应；符合相关学科的教学规律，确保实验设计与实施能够紧密贴合学科特点与要求；同时，还需符合心理活动规律，注重激发学生的学习兴趣与动机，促进其心理发展。此外，实验课程也必须遵循课堂教学中教学组织、师生互动、课堂管理等方面的一般规律，以确保教学的过程流畅与高效。

实验课的类型划分主要依据实验题目与实验内容的特定属性，旨在满足多样化的教学目的与学习需求。具体而言，实验课可细分为多种类型，包括：旨在激发学生兴趣、培养探索欲的"培养兴趣实验"，通过直观演示帮助学生形成科学概念的"形成概念实验"，验证已知科学规律与原理的"验证规律实验"，深入分析实验现象从而探究其背后原因的"分析现象实验"，探索并发现物质或现象主要性质的"发现主要性质实验"，强化学生实验操作技能、提升其实践能力的"培养技能实验"，注重学生实验行为规范性、培养其良好实验习惯的"培养良好习惯实验"，等等。尽管这些实验类型各异、侧重点不同，但它们在实施过程中均需精准把握以下三个核心教学环节，以确保实验教学的质量与效果。

1. 实验前的准备环节

教师应根据实验的类型与目的，精心准备实验材料，确保实验器材的完好与准确性。同时，学生也应进行充分的预习，了解实验背景、目的、步骤及安全注意事项，为后续实验操作的顺利进行奠定基础。这一环节不仅关乎实验的顺利进行，而且是培养学生自主学习能力、责任意识与安全意识的关键。

2. 实验过程中的操作与观察

学生应在教师的指导下，严格按照实验步骤进行操作，注意观察实验现象，记录实验数据。此环节旨在通过实践操作，加深学生对理论知识的理解，培养其观察、分析、解决问题的能力。同时，教师还需适时引导，鼓励学生提出问题、讨论交流，促进思维的碰撞与灵感的激发。

3. 实验后的总结与反思

学生应对实验过程进行回顾，分析实验数据与现象，总结实验结论，反思实验操作中的得失。此环节不仅有助于巩固实验成果，加深学生对实验内容的理解，还能培养其批判性思维与自我反思能力，为未来的学习与科研活动打下坚实基础。

无论实验课的具体类型如何，把握好实验前的准备、实验过程中的操作与观察，以及实验后的总结与反思这三个主要教学环节，对于提升实验教学的效果、培养学生的综合素质都具有重要意义。

（二）化学实验是化学教学不可分割的一个重要组成部分

缺乏或减少化学实验的实践环节，将显著影响教学效果。化学实验在培养学生的观察力、思维能力、独立操作技能等方面发挥着不可替代的作用，同时它也是连接理论知识与实际应用的桥梁，有助于培养学生理论联系实际的能力。此外，化学实验还能够塑造学生实事求是、严肃认真的科学态度，并引导他们掌握探讨问题的科学方法，对于提升学生的科学素养与综合能力具有深远的意义。因此，化学实验在化学教学中不可或缺。

1. 化学实验能促进学生对化学知识的理解和掌握

化学实验在促进学生对化学知识的深入理解和有效掌握方面扮演着至关重要的角色。化学知识以零碎、繁杂著称，其中包含大量需要记忆的信息，而这些信息又极易被遗忘。面对这一挑战，化学实验提供了一种强有力的学习辅助手段。

实验通过呈现鲜明、直观的化学现象，为学生提供了将抽象的化学知识与具体实践相结合的契机。在实验过程中，学生可以直接观察到化学反应的发生、物质状态的变化及实验现象的产生，这些直观感受有助于他们更深刻地理解化学原理与概念。相较于单纯的文字描述或理论讲解，实验现象所带来的视觉冲击与直观体验更能激发学生的学习兴趣，加深他们对化学知识的记忆与理解。

化学实验还要求学生动手操作，这进一步促进了学生对知识的掌握。在进行实验的过程中，学生需要运用所学知识来设计实验方案、操作实验仪器、观察实验现象并记录数据。这一过程不仅锻炼了学生的实验技能，还促使他们在实践中不断巩固和深化对化学知识的理解。

2. 化学实验能强化对学生能力的培养

（1）观察能力的培养

观察力的培养是科学探索中的关键环节，它作为识别问题的首要步骤，与实际操作——解决问题的核心手段相辅相成。在化学实验教学范畴内，演示实验成为教师培养学生观察能力的一种高效方法。以有机化学中的苯硝化实验为例，该实验以水浴加热作为反应条件，这一细节可能不易引起学生的特别注意。在此情境下，如果教师巧妙地引导学生关注并思考"在我们已进行的化学实验中，哪些实验同样采用了水浴加热的方式"，这一提问策略将有效吸引学生的注意力，促使他们进行更为细致的观察与回顾。

通过这样的提问，教师不仅仅能够引导学生关注实验的具体操作细节，更重要的是可以激发学生主动观察、思考实验条件的意识。这一过程不但有助于深化学生对实验原理的理解，还能培养他们从细微处发现问题、解决问题的能力。此外，这种教学方式鼓励学生将所学知识进行横向联系，形成更为完整和系统的知识体系，从而提升他们的科学素养与综合能力。因此，在实验教学中，有效利用演示实验并巧妙设计提问，是促进学生观察力培养、深化实验教学效果的重要途径。

（2）实验操作能力的培养

实验操作实践活动的实施，对于培育学生严谨操作、细致观察的科学素养具有不可替代的作用。诸多实验事故的发生，往往归因于操作过程中的疏忽与不当。这一现象并不局限于实验室环境，在社会生活的诸多领域中发生的诸如油库火灾等安全事故，也常是由操作不规范引发的。这凸显了正确、规范操作的重要性，它不仅仅关乎实验安全，更与人们的日常生活安全息息相关。

化学实验操作中所蕴含的原则与方法，往往与日常生活中的实际操作紧密相连。例如，在使用家用煤气灶时，用户通过调整气流大小来控制火焰的强弱，以及通过切断气流来熄灭火焰，这些操作正是化学实验中关于气体流量控制与火焰调节等原理的实际应用。这一现象表明，化学实验操作能力的培养不仅有助于提升学生的实验技能，还能使他们更好地理解科学原理并将其应用于日常生活中，从而增强生活的安全性与便捷性。

因此，通过实验操作实践活动的系统训练，学生不仅能够掌握正确的操作方法，形成严谨的实验态度，还能在日常生活中展现出良好的科学素养，有效避免由操作不当引发的安全事故。这不仅是化学实验教学的重要目标，也是培养学生综合素质、促进其全面发展的关键环节。

（3）思维能力的培养

思维能力是智力的核心组成部分，是推动个体认知发展的关键因素。思维的活跃与深化，往往源自对问题的敏锐察觉与积极求解。换言之，疑问是思维的起点，是激发思考、促进思维活动展开的内在动力。缺乏问题情境，思维便如无源之水，难以涌动与深化。

在认知过程中，个体面对未知或疑惑时，会自然而然地启动思维机制，寻求解答与理解。这一过程不仅提升了个体思维的敏捷性与灵活性，还锻炼了逻辑思维、批判性思维等多种思维能力。因此，问题的存在是思维发展的催化剂，它促使个体不断探索、分析、综合与评估，从而推动个体认知结构的完善与智慧的增长。

在教育实践中，培养学生的思维能力，关键在于创设问题情境，引导学生发现问题、提出问题，并鼓励他们通过自主学习、合作探讨等方式，积极寻找问题的答案。这一过程不仅能够激发学生的求知欲与探索精神，还能培养他们的创新意识与实践能力，为其未来的学习与生活奠定坚实的思维基础。因此，重视问题在思维培养中的作用是提升教育质量、促进学生全面发展的重要途径。

（4）自学能力的培养

化学自学能力的培养是化学教育的一项重要任务，它关乎学生未来在化学领域乃至更广泛的科学领域的持续发展与创新能力。自学能力，即个体在没有直接外部指导的情况下，独立获取知识、理解概念、解决问题并应用知识的能力，是终身学习的基础。

在化学学习中，自学能力的培养意味着学生需要掌握有效的学习策略，如设定明确的学习目标、规划合理的学习计划、选择适当的学习资源等。同时，学生还需具备批判性思维，能够自主分析化学知识间的内在联系，识别并质疑信息，从而深化对化学原理的理解。此外，实践操作与实验探究也是培养化学自学能力不可或缺的一环。通过亲手实验，学生能够直观感受化学现象、验证理论知识，进而提升实验设计与数据分析的能力。

为了有效培养学生的化学自学能力，教育者应设计多样化的教学活动，如引导式学习、项目式学习等，鼓励学生主动探索、合作交流，同时提供必要的指导与反馈，帮助学生逐步建立起自主学习的信心与能力。通过这些措施，学生不仅仅能够掌握化学知识，更能学会如何学习，为终身学习奠定坚实的基础。

七、大数据与化学教育

在当今信息化、网络化高速发展的时代，数据量的激增已远远超出了传统数据库管理工具的处理能力，由此催生了"大数据"这一新兴概念。尽管大数据在化学领域的影响尚未被广泛认知，但其潜在的影响力值得深入探讨，尤其是在化学教育层面。近年来，大数据作为计算机信息领域的热门话题备受瞩目，众多企业通过运用大数据技术，更精准地把握客户需求，进而实现效益最大化，这已成为一种不可逆转的趋势。值得注意的是，一些化学教育工作者对大数据与化学的关联性存在误解。实际上，不少学生在化学学习过程中已开始利用搜索引擎等工具查询化学数据、文献及相关信息，这在一定程度上体现了大数据在化学学习中的应用潜力。

（一）大数据的定义

大数据的特征并不局限于数据量的庞大，其经典定义涵盖了四个关键维度：数据规模的海量性（Volume）、数据流转与体系的快速动态性（Velocity）、数据类型的多样性（Variety），以及数据价值的巨大性（Value）。其中，数据流转的快速动态性是大数据区别于传统数据的核心特征。近年来，文本与交易大数据分析软件逐渐进入公众视野。即便未主动关注，多数化学工作者在日常工作中也已无形中接触了大数据，如使用搜索引擎时，这些搜索引擎依托多核处理与 Hadoop 框架，实现海量数据的快速分析并呈现搜索结果。更高级的分析工具还能进一步分析关键词频次、文档情感变化，甚至提炼大段文字的核心观点。当此类工具被应用于社交媒体分析时，社会学家研究社会舆论便有了新视角。

（二）大数据对化学教育的影响

探讨大数据对化学教育的影响，首先需明确大数据不仅仅是一个数据量的概念，它更代表着一种新的数据处理与分析范式，这种范式正逐步渗透并重塑着包括化学教育在内的多个领域。

在化学教育领域，大数据的引入使传统教学模式出现了革命性的变化。传统化学教学依赖于教材、实验和教师的经验，大数据则提供了更为丰富、多元的信息资源。通过收集和分析学生的学习行为数据、实验数据及教学效果反馈数据，教育者能够更精准地把握学生的学习需求与难点，从而制定个性化的教学策略，实现因材施教。这种基于数据的决策方式，不仅提高了教学效率，还促进了学生学习成效的提升。

大数据还为化学教育带来了教学方法的创新。例如，利用大数据分析技术，教师可以快速识别学生的学习模式与偏好，进而采用更为适合的教学方法，如翻转课堂、在线学习等，以满足不同学生的学习需求。同时，大数据还支持化学教育的远程协作与资源共享，这使得优质教育资源得以跨越地域限制，惠及更广泛的学生群体。

在科研层面，大数据同样为化学研究提供了强大的支持。通过整合和分析海量的化学数据，科研人员能够发现新的化学规律，预测化学反应的结果，甚至设计出新的化学物质。这种基于数据的科研方法，不仅加速了化学研究的进程，还提高了研究成果的准确性和可靠性。

大数据在化学教育中的应用也面临着诸多挑战。如何确保数据的准确性、隐私性和安全性，如何有效整合和分析海量数据，以及如何培养教师和学生的数据素养，都是当前亟待解决的问题。因此，在推进大数据与化学教育融合的过程中，我们需要不断探索和实践，以充分发挥大数据在化学教育中的潜力，推动化学教育的持续创新与发展。

大数据对化学教育的影响是深远而广泛的，它正在逐步改变着化学教育的面貌，为化学教育的未来发展提供了新的机遇与挑战。

（三）大数据在化学教育领域中的应用前景

探讨大数据在化学教育领域中的应用前景，需从多个维度进行深入分析。大数据作为一种新兴的信息处理技术，其在化学教育中的应用预示着一种新的教育范式的诞生。通过整合、分析海量的化学教育资源与学习数据，教育者能够更精准地把握学生的学习需求与特点，从而设计出更为个性化、更高效的教学策略。

1. 在化学教学层面，大数据的应用极大地丰富了教学手段与资源

借助大数据分析技术，教师可以快速识别学生的学习难点与兴趣点，进而采用更为灵活多样的教学方法，如在线学习、翻转课堂等，以满足不同学生的学习需求。同时，大数据还支持化学教育的远程协作与资源共享，使得优质教育资源得以跨越地域的限制，实现更广泛的传播与利用。

2. 在化学学习层面，大数据的应用为学生提供了更为丰富、多元的学习体验

学生可以通过数据分析工具，对自己的学习进度、效果进行实时监测与评估，从而及时调整学习策略，提高学习效率。此外，大数据还支持个性化学习路径的规划，学生可以根据自己的兴趣与能力，选择适合自己的学习内容与难度，实现自我驱动的学习。

3. 在化学科研层面，大数据的应用为科研人员提供了更为强大的数据支持与分析能力

通过整合和分析海量的化学数据，科研人员能够更深入地理解化学现象的本质，发现新的化学规律与反应机制，甚至预测化学反应的结果与产物的性质。这种基于数据的科研方法能够极大地加速化学研究的进程，推动化学科学的创新发展。

大数据在化学教育领域的应用也面临着诸多挑战与限制。如何确保数据的准确性、隐私性与安全性，如何有效整合与分析海量数据，以及如何培养师生的数据素养与数据分析能力，都是当前亟待解决的问题。因此，在推进大数据与化学教育融合的过程中，我们需要不断探索与实践，以克服这些挑战，充分发挥大数据在化学教育中的潜力与价值。大数据在化学教育领域中的应用前景广阔而深远，它将为化学教育带来全新的发展机遇与挑战，推动化学教育的持续创新与发展。

八、倡导新的化学教育观

在探讨化学教育的未来发展路径时，我们亟须倡导一种新的化学教育观，这一观念旨在超越传统的教学框架，融入现代科技的精髓，特别是大数据、人工智能等前沿技术，以培养出既具备扎实化学知识，又拥有创新思维与实践能力的化学人才。

新的化学教育观强调以学生为中心，注重个性化与差异化教学。在传统的教学模式中，教师往往采用"一刀切"的教学策略，忽视了学生的个体差异与学习需求。然而，在大数据技术的支持下，教育工作者能够通过收集并分析学生的学习行为、兴趣偏好及能力水平等多维度数据，为每位

学生量身定制学习计划，实现真正的因材施教。这种个性化教学不仅能够激发学生的学习兴趣，还能有效提升其学习效率，帮助学生更好地掌握化学知识，培养批判性思维与解决问题的能力。

新的化学教育观倡导实践与探究并重的教学理念。化学是一门实验科学，实验不仅仅是验证理论知识的手段，更是培养学生动手能力、创新思维的重要途径。在新的教育观指导下，我们应鼓励学生积极参与实验设计与操作，通过自己动手操作和观察实验现象，深化对化学原理的理解。此外，利用大数据与人工智能技术，我们可以模拟复杂的化学反应过程，为学生提供更为直观、生动的学习体验，进一步激发他们对化学世界的探索欲望。

新的化学教育观强调跨学科整合与创新能力培养。在 21 世纪，单一学科的知识已难以满足社会发展的需要，跨学科整合成为大势所趋。化学作为一门中心科学，与物理、生物、工程等多个领域紧密相连。在新的教育观指导下，应打破学科壁垒，鼓励学生跨学科学习，将化学知识与其他学科知识相融合，共同解决实际问题。这种跨学科的学习方式不仅能够拓宽学生的知识视野，还能培养他们的创新思维与实践能力，为未来的科学研究与技术创新打下坚实基础。

新的化学教育观还注重培养学生的社会责任感与可持续发展意识。化学与人们的日常生活、环境保护、能源利用等息息相关。在新的教育观指导下，应引导学生关注化学知识在社会生活中的应用，思考如何运用化学知识解决环境问题、提高生活质量。同时，通过参与社会实践与志愿服务等活动，学生能够亲身体验化学知识对社会的积极影响，从而树立起强烈的社会责任感与可持续发展意识。

倡导新的化学教育观是时代发展的需要，也是培养未来化学人才的关键。我们应以学生为中心，注重个性化与差异化教学；强调实践与探究并重的教学理念；倡导跨学科整合与创新能力培养；同时，注重培养学生的社会责任感与可持续发展意识。这些措施的实施，不仅能够培养出更多优秀的化学人才，还能为化学教育的未来发展注入新的活力与动力。

第二节　化学教育的重要性

一、化学教育的价值

　　课程改革总伴随着对化学教育价值的深刻审视。明确化学教育的价值，对教育者有效实施教学并激发学生的化学学习兴趣至关重要。教育作为一种有意识的社会活动，其核心在于促进人的全面发展。科学教育作为教育体系的关键一环，旨在培育国民的科学素养，涵盖科学知识、科学态度、科学方法及科学精神。化学作为科学领域的重要分支，其教育内容的设置，在历次课程改革中均面临价值选择的考量。诸如"为何将化学纳入学校教育核心课程？""学习化学的必要性何在？"等问题，频繁引发讨论。深入理解化学教育的价值，不仅是化学教育工作者提升教育实效性的理论基石，也是激发学生化学学习动机的关键所在。它要求教育者不仅仅关注化学知识的传授，更要重视学生科学素养的培育，通过化学教育，引领学生掌握科学方法，形成科学态度，最终达成科学素养的全面提升。

（一）化学教育的界定

　　化学教育作为教育体系中的一个专业领域，其界定涉及对化学知识的传授、科学能力的培养及科学精神的培育等多个层面。具体而言，化学教育不仅仅是向学生传授化学基础知识与理论，更重要的是通过化学实验、探究活动等手段，培养学生的科学思维、实验技能及问题解决能力。同时，化学教育还承载着培养学生科学态度、科学精神及科学素养的重要使命，旨在帮助学生形成严谨、求实、创新的科学品质。在化学教育的实施过程中，教育者需关注学生的个性差异与学习需求，采用多样化的教学方法与手段，以激发学生的学习兴趣，促进其全面发展。因此，化学教育可以被视为一种以培养学生科学素养为核心，融合知识传授、能力培养与品质塑造的综合性教育过程。

（二）化学科学的价值

化学科学作为自然科学的重要分支，其价值体现在多个维度上，不仅推动了科学技术的进步，还深刻影响着人类社会的发展。首先，化学科学在物质转化与合成方面发挥着关键作用，为人类提供了丰富的物质资源。从基础化工原料到新型材料、药物合成，化学科学为工业生产、医疗健康等领域提供了不可或缺的技术支撑。其次，化学科学在环境保护与可持续发展方面展现出巨大潜力。通过化学手段可以处理工业废水、废气等污染物，开发清洁能源与环保材料，化学科学为解决环境问题、推动绿色发展提供了科学依据与技术路径。再其次，化学科学在生命科学领域的应用日益广泛，为生物学、医学等学科的发展提供了重要支撑。从基因编辑技术到药物研发，化学科学在揭示生命奥秘、改善人类健康方面发挥了不可替代的作用。最后，化学科学还促进了信息技术的革新，如半导体材料、纳米技术等的发展，为现代信息技术提供了物质基础与技术保障。综上所述，化学科学的价值不仅仅体现在其作为理论科学的深度与广度上，更体现在其作为应用科学的广泛影响与深远意义上，化学科学是推动人类社会进步与发展的重要力量。

（三）化学教育的科学素养价值

化学教育在科学素养的培育中扮演着至关重要的角色，其价值不仅仅体现在化学知识的传授上，更在于通过化学这一独特视角促进学生科学素养的全面发展。科学素养作为现代社会公民必备的基本素质，涵盖科学知识、科学方法、科学思维及科学伦理等多个方面，而化学教育正是培养学生科学素养的重要途径。

1. 化学教育为学生提供了系统的化学知识，这是科学素养的基础

化学作为研究物质的组成、结构、性质及其变化规律的自然科学，其知识体系涵盖原子结构、分子组成、化学反应原理、化学平衡等多个方面。通过学习化学，学生能够了解自然界中物质的基本构成与变化规律，掌握

化学原理在日常生活和工业生产中的应用，从而建立起对科学世界的初步认知。

2. 化学教育注重培养学生的科学方法，这是科学素养的核心

在化学学习中，学生不仅要掌握实验技能，学会观察、记录、分析实验现象，还要学会运用科学方法进行问题探究。这包括提出问题、建立假设、设计实验、收集数据、分析解释、得出结论等一系列过程。通过化学实验与探究活动，学生能够体验到科学研究的乐趣与挑战，学会像科学家一样思考，培养严谨的科学态度与实事求是的科学精神。

3. 化学教育有助于培养学生的科学思维，这是科学素养的关键

化学是一门需要逻辑推理、批判性思维与创造性思维的学科。在化学学习中，学生需要运用逻辑思维分析化学现象，运用批判性思维评估化学理论，运用创造性思维解决化学问题。这种科学思维的培养不仅能够提升学生的化学学习能力，还能够迁移到其他学科乃至生活中，帮助学生更好地应对复杂问题，做出明智决策。

4. 化学教育还承载着科学伦理教育的重任

在化学研究与应用中，伦理问题不容忽视。化学教育应引导学生关注化学技术的社会影响，思考如何负责任地运用化学知识，避免化学污染、出现化学武器等负面后果。通过化学伦理教育，学生能够树立起正确的科学价值观，形成对科学技术的敬畏之心，为成为有责任感的社会公民打下坚实基础。

化学教育的科学素养价值体现在多个方面，它不仅为学生提供了系统的化学知识，还注重对学生科学方法、科学思维及科学伦理等方面的培养，为学生科学素养的全面发展提供了有力支撑。在化学教育的实施过程中，教育者应充分利用化学学科的独特优势，创新教学方法与手段，激发学生的学习兴趣，促进其科学素养的全面提升。

二、中学化学教育的价值

化学教育的价值是多维度的、综合的，既有传统的知识与技能方面的

价值，也有心理学、思维学、伦理学、社会学方面的价值。

价值的本质在于满足人类需求，即任何能够满足人类需求的事物都具有价值。中学化学教育的价值是多维度且综合的，而非单一或线性的。它涵盖知识价值、技能价值、思维价值、科学素养价值、道德价值等多个方面，同时也包含观察性价值、表达性价值及选择性价值等。

（一）化学教育的知识与技能价值

化学教育的知识价值体现在学生通过化学课程的学习，能够积累并掌握一定层次的化学知识，对化学课程内容有深入了解，能够轻松应对考试与日常问答。此外，中学化学教育还使学生能熟练掌握化学语言，特别是元素符号及其衍生的化学式、化学方程式等，这是化学知识学习的重要成果。

化学教育的技能价值则体现在实验教学环节。通过实验教学，学生能够根据实验目标设计实验方案，选择合适的实验用品，控制实验条件，按照规范步骤顺利完成实验，并系统地观察、记录实验现象，撰写实验报告。这一过程中，学生不仅能够验证化学知识，还能进行实践探究，锻炼实验技能，实现实验教学的价值。

实际上，这些价值的实现正是教育教学目标的达成。中学化学教育通过知识的传授与技能的培养，不仅能够使学生掌握化学学科的基础内容，还能培养其科学素养、批判性思维及解决问题的能力，最终实现学生综合素质的全面提升。

（二）化学教育的思维价值

化学教育的思维价值体现在其对学生逻辑思维、批判性思维及创新能力的深远影响上。

化学作为一门严谨的科学，其知识体系与实验过程要求学生具备良好的逻辑思维能力，以理解和分析复杂的化学现象与原理。学习化学，学生需要运用逻辑推理来构建化学知识体系，解析化学反应的内在规律，这一过程有效锻炼了学生的逻辑思维能力。

化学教育强调批判性思维的培养。在化学学习过程中，学生不仅仅要接受和记忆化学知识，更要学会质疑、评估与反思。例如，在面对化学实验结果时，学生需要分析实验数据的准确性，评估实验条件的合理性，从而培养起对科学知识的批判性态度。这种批判性思维不仅有助于学生在化学学习中保持谨慎与客观，还能迁移到其他领域，帮助学生做出更为明智的决策。

化学教育还能够激发学生的创新能力。在化学研究中，新物质的合成、新反应的发现等往往需要创新思维的推动。通过学习化学，学生能够接触到科学研究的前沿动态，了解到创新在化学领域中的重要性。同时，化学实验为学生提供了实践创新的平台，鼓励学生尝试新的实验方法，探索未知的化学世界，从而培养其创新意识与实践能力。

化学教育的思维价值在于其对学生逻辑思维、批判性思维及创新能力的全面培养，这些思维能力的提升不仅有助于学生更好地掌握化学知识，还能为其未来的学习与工作奠定坚实的基础。

（三）化学教育的观察性价值

化学教育的观察性价值体现在其对学生观察能力、数据解读能力及现象分析能力的深度培养上。

化学作为一门实验科学，其学习过程离不开对实验现象、化学反应及物质性质的细致观察。在化学实验中，学生需要通过观察来捕捉实验现象的变化，如颜色、气味、温度、沉淀等，这些观察结果往往是理解化学反应本质、推导化学原理的重要依据。通过观察，学生不仅能够积累丰富的实验数据，还能学会如何准确、系统地记录这些数据，为后续的数据分析与结论推导奠定基础。在化学教育中，教师通常会引导学生对实验现象进行细致描述，对实验数据进行统计分析，这一过程不仅锻炼了学生的数据解读能力，还培养了其严谨的科学态度。

化学教育的观察价值还体现在对现象的分析与解释上。学生需要通过观察实验现象，结合已有的化学知识，进行逻辑推理与科学分析，从而揭示化学现象背后的科学原理。这一过程不仅能够加深学生对化学知识的理解，还能培养其独立思考与问题解决能力。

化学教育的观察价值在于其对学生观察能力、数据解读能力及现象分析能力的综合培养，这些能力的提升不仅有助于学生更好地掌握化学知识，还能为其未来的科学研究与职业发展奠定坚实的基础。

三、从公民视角谈化学学科的教育价值

化学作为自然科学的重要分支，拥有独特的学科价值与应用价值。然而，当前部分学生对化学学习的态度存在偏差，仅将其视为应试工具，盲目刷题与机械背诵，这与化学教育的初衷相悖。化学不仅仅是一门核心学科，更是实用学科，其重要性不容忽视。从基础学科的角度看，化学的形成与发展依托于广泛的科学体系，并通过实验积累不断完善。在初级教育阶段，化学课程的引入旨在从化学视角对青少年进行科学世界观与方法论的教育，引导学生从化学角度认识世界、理解社会。因此，学生应树立对化学学科的正确认识，深入理解其内在价值，而非仅将其视为应试工具，从而真正发挥化学教育在培养学生科学素养方面的作用。

（一）化学蕴含着情感的教育价值——我们的生活离不开化学

化学蕴含着一种深刻的情感教育价值，这一价值体现在化学与人们日常生活的紧密联系之中，即"我们的生活与化学息息相关"。化学不仅仅是一门科学，更是一种理解世界、改善生活的工具，它以其独特的方式渗透在我们的日常生活中，赋予生活以丰富的色彩与多样的形态。

从情感教育的角度来看，化学教育能够激发学生对生活的热爱与探索精神。通过学习化学，学生能够了解到化学知识在日常生活中的应用，如食品的营养成分、衣物的材料构成、家居用品的化学成分等。这些应用不仅增强了学生对化学知识的直观感受，还激发了他们对生活的好奇心与探索欲。

化学教育还能培养学生的责任感与环保意识。通过学习化学，学生能够认识到化学物质对环境的影响，了解化学污染的危害，从而树立起保护环境的责任感。这种责任感的培养，不仅有助于学生在日常生活中养成环保习惯，还能为他们未来的职业发展与社会责任担当打下坚实基础。

化学的情感教育价值在于其能够激发学生对生活的热爱与探索精神，培养他们的责任感与环保意识，使他们更加珍视与化学紧密相连的日常生活，并愿意为改善生活、保护环境贡献自己的力量。

（二）化学蕴含着科学方法论的教育价值——从本源思考问题

化学蕴含着一种重要的科学方法论的教育价值，即强调从本源思考问题的思维方式。化学作为自然科学的一门基础学科，其研究过程不仅仅涉及对物质性质、结构及其变化规律的认识，更在于通过科学方法的运用，深入探究化学现象背后的本质原因。

在科学方法论的教育价值方面，化学通过实验教学、理论学习及科学探究等多种方式，引导学生学会从本源思考问题。例如，在化学实验中，学生需要观察实验现象，分析实验数据，进而推断出化学反应的本质原因，这一过程锻炼了学生从现象到本质的推理能力。同时，化学理论学习也强调对化学原理、定律的深入理解，使学生能够在理解的基础上进行知识迁移与应用，培养其科学思维与问题解决能力。

化学教育还鼓励学生进行科学探究，通过提出问题、设计实验、收集数据、分析解释及得出结论等一系列过程，让学生亲身体验科学研究的乐趣与挑战，从而深化对科学方法论的理解与运用。这种从本源思考问题的思维方式，不仅有助于学生更好地掌握化学知识，还能为其未来的学习与工作提供重要的思维支持。

化学蕴含的科学方法论教育价值在于其能够引导学生学会从本源思考问题，培养其科学思维与问题解决能力，为学生未来的学习与职业发展奠定坚实基础。

（三）化学蕴含着世界观、人生观的教育价值

化学蕴含着一种深远的教育价值，这一教育价值体现在对正确的世界观与人生观的塑造上。作为一门自然科学，化学不仅揭示了自然界物质变化的奥秘，还通过其独特的研究方法与思维方式，引导学生形成科学、理性的世界观。

在化学学习中，学生需要掌握化学原理、实验技能及科学探究方法，这些知识与技能的学习过程，实质上是对科学精神与科学态度的培养。通过化学实验，学生能够直观地观察到物质的变化过程，理解化学反应的本质，从而增强对自然界客观规律的认识与尊重。这种认识与尊重，有助于学生形成科学的世界观，即认为世界是客观存在的，其运行遵循着一定的规律与法则。

化学教育还强调对科学伦理与道德责任的关注。在化学研究与应用中，学生需要认识到科学知识的"双刃剑"特性，即科学既能带来福祉，也可能引发问题。因此，学生需要学会在追求科学进步的同时，关注其社会影响与伦理道德，承担起对社会的责任。这种责任感的培养，有助于学生形成积极、健康的人生观，即追求个人成长的同时，也关注社会福祉与可持续发展。

化学蕴含的教育价值在于其能够引导学生形成科学、理性的世界观与积极、健康的人生观。通过化学学习，学生能够更好地理解世界、认识自我，为未来的学习与人生发展奠定坚实的基础。

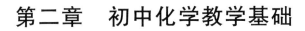

第二章　初中化学教学基础

第一节 化学知识教学

化学是一门实验性学科，兼具抽象性、概括性、逻辑性和层次性特征。在学习过程中，诸如原子结构、分子间作用力、晶体结构等知识点，难以直接观测，需借助宏观辨识、模型认知等手段进行推理与概括。化学理论则是对元素化合物知识的规律性总结，能以简洁文字诠释化学现象，如元素周期律，结合科学发现史，全面概括元素的结构、单质及化合物性质，对未知元素的发现具有指导意义。化学拥有严谨的基本概念，其主干知识逻辑严密，如化学平衡理论，经对不同对象的分析，衍生出系列分支，提升至定量分析层面，逻辑更为严密。化学理论学习层次分明，低级理论是高级理论学习的基础。因此，教师在进行任务分析时，需明确构成原理的基本概念，这是原理学习的先决条件，掌握这些概念，方能深入理解化学原理。

一、元素化合物教学

在中学化学教育中，元素化合物教学占据重要地位，它侧重于对元素周期表中前四周期元素及各主族元素相关性质的学习。此类教学具有显著的共性特征。具体而言，元素化合物教学不仅涵盖元素的基本物理性质与化学性质，还深入探讨了元素间的相互作用及其形成的化合物性质。通过系统学习，学生能够理解元素在周期表中的排列规律，掌握元素性质的周期性变化，以及元素化合物的基本结构与性质。这种教学不仅有助于学生构建化学知识体系，还能培养其分析、归纳与推理能力，为后续深入学习化学原理与理论奠定坚实基础。因此，元素化合物教学在中学化学教育中具有重要意义。

（一）元素化合物知识在初中化学教学中的地位

初中化学教育重视常见的单质、酸、碱、盐等元素化合物的学习，旨在使学生初步掌握化学基本反应与基础知识。高中化学必修部分则进一步扩展了元素化合物知识的范畴，不仅涵盖科学、技术、社会与环境（science、technology、society、environment，STSE）等相关内容，还融合了化学实验与探究、基本概念与理论等多个方面，体现了元素化合物知识在新化学课程体系中的基础性和核心地位，对学生后续化学知识的学习具有关键作用。近年来，我国初中化学教材编写更加注重核心问题与核心观念，以核心素养为导向设定教学目标，并适当减弱了对元素"族"的详细划分。同时，教材中增设了多项实验栏目，如对比金属钠及其化合物、铁及其重要化合物性质，以及含硫物质价态转换等实验，以丰富学生的学习体验。

（二）初中化学元素化合物知识的教学要求

1. 重视化学观念教学

在化学教育过程中，应当高度重视化学观念的教学。化学观念是化学学科的核心要素，它不仅涵盖化学的基本理论与原理，还包括化学思维方式和研究方法。重视化学观念的教学，意味着在教学过程中不仅仅要传授知识，更要引导学生理解和掌握化学学科的基本观念，培养其化学思维能力和科学素养。这要求教育者在教学设计中融入化学观念，通过具体的教学活动和案例，帮助学生形成系统的化学知识体系，理解化学现象的本质与规律。同时，教育者还需关注学生对化学观念的应用能力，鼓励学生运用化学观念解决实际问题，从而全面提升学生的化学学习水平和科学素养。

2. 重视生活等情境素材开发

在教育教学实践中，应高度重视对生活等情境素材的开发与利用。情境素材是连接理论知识与实际生活的重要桥梁，它能够将抽象的概念具体化，使学习过程更加生动有趣。重视生活等情境素材的开发，意味着教育者需要深入挖掘与学生生活密切相关的案例、现象和问题，将其融入教学内容中，以增强学生的代入感和参与度。这不仅能够激发学生的学习兴趣，还能帮助他们更好地理解和应用所学知识，培养其解决实际问题的能力。

同时，通过情境素材的引入，教育者还可以引导学生关注社会、了解生活，促进其全面发展。

3. 重视学生思维训练

在教育领域中，应当高度重视对学生思维能力的培养与训练。思维训练是提升学生学习能力、创新能力和问题解决能力的关键环节。重视学生的思维训练，意味着教育者在教学活动中不仅仅要传授知识，更要注重培养学生的独立思考能力、批判性思维和创造性解决问题的能力。这要求教育者设计富有挑战性和启发性的教学活动，引导学生进行深度学习，鼓励他们主动探索、发现问题并提出解决方案。通过系统的思维训练，学生能够形成更加完善的思维体系，提高学习效率，同时，也可以为未来的学习和职业生涯奠定坚实的基础。

（三）初中化学元素化合物知识的学习价值

在初中化学教育中，元素化合物知识的学习具有深远的教育价值与实践意义，它不仅仅构成了化学学科的基础框架，更是培养学生科学素养、逻辑思维与问题解决能力的关键所在。

1. 为学生提供了认识物质世界的基本视角

通过学习元素周期表、各类元素的性质、化合物的形成与性质等，学生能够逐步构建起对化学世界的初步认知框架。这一过程不仅有助于学生理解自然界中物质的存在形态与变化规律，还能激发他们对化学现象的好奇心和探索欲，为后续深入学习化学原理与理论奠定坚实基础。

2. 有助于培养学生的科学素养

科学素养是指个体在理解科学概念、运用科学方法、形成科学思维及解决科学问题等方面的能力。在元素化合物的学习中，学生需要运用观察、实验、推理等多种科学方法对物质的性质与变化进行探究与分析。这一过程不仅能够锻炼学生的实验操作技能，还能培养其独立思考、批判性思维及问题解决能力，为学生形成全面的科学素养提供重要支撑。

3. 有助于培养学生对科学技术的热爱

从日常生活中的清洁剂、食品添加剂，到工业生产中的塑料、化肥，元素化合物无处不在。通过学习元素化合物的知识，学生能够更好地理解这些物质背后的化学原理，从而更加理性地选择和使用化学产品，提高生活质量。同时，学生还能认识到化学知识在环境保护、能源开发等领域的重要作用，激发起对科学技术的热爱与尊重。

4. 有助于培养学生的环保意识与可持续发展观念

在化学学习中，学生需要了解化学物质对环境的影响，认识到化学污染的危害性。通过探讨如何减少化学污染、如何开发环保型化学产品等问题，学生能够树立起保护环境的责任感，为构建绿色、可持续的未来贡献自己的力量。

初中化学中元素化合物知识的学习价值体现在多个方面，它不仅构成了化学学科的基础，还培养了学生的科学素养、逻辑思维与问题解决能力，有利于促进学生对社会生活的理解与参与，以及环保意识的提升。因此，教育者应高度重视元素化合物知识的教学，通过创新教学方法与手段，激发学生的学习兴趣与热情，为培养具有科学素养与创新能力的新时代人才贡献力量。

二、概念和原理教学

概念是对事物本质特征的高度概括。化学概念则是运用特定语言或符号，对化学现象的本质属性进行描述和解释。简而言之，化学概念是通过对比、分析、抽象等科学方法，从宏观现象与客观事实中提炼出的关于化学本质的理性认识。在化学教学中，概念和原理往往构成教学的难点与重点，同时也是化学知识体系的关键构成部分。这些内容的教授不仅考验着教师的教学能力，也是衡量其教学水平的重要指标。因此，深入学习和研究化学概念与原理的教学方法，对于提升化学教学的质量与效果，以及培养学生的化学素养具有重要意义。

（一）化学概念和原理的主要内容

化学概念的学习聚焦于从化学现象与事实中通过比较、综合分析、归纳等科学方法提炼出的理性认识。化学基本概念涵盖基础知识和基本技能两大方面。在基础知识层面，化学概念可细分为组成、结构、性质、变化、化学量及化学用语等多个类别，这些概念构成了化学知识体系的基础框架。在基本技能方面，化学概念涉及实验技术和化学计算等内容，它们是进行化学实验、解决实际问题所必需的技能。因此，学习化学概念和原理，不仅要深入理解各类基础概念，还需掌握与之相关的基本技能，以全面提升化学学习的效果与质量。

（二）化学概念形成的特点

中学化学概念的形成是一个逐步深化、由具体到抽象的过程。在此过程中，学习者依赖感觉、知觉和表象，通过高级认知活动如分析综合与抽象思维等，从个别现象中提炼出一类事物的本质特征。化学基本概念不仅体现了化学学科的基本认知与研究方法，在教学中也占据重要位置。尽管中学化学的概念原理相对基础，但鉴于中学生逻辑思维能力尚在发展中，难以独立分析、理解复杂概念，因此，教师需依据学生的认知特点，采取循序渐进的教学策略，将抽象概念转化为具体实例，以降低学习难度，促进学生对化学概念的掌握。

（三）化学概念和原理的价值

化学概念和原理的价值主要体现在以下几个方面：首先，它为学生构建化学学科核心观念提供了坚实基础，有助于培养学生运用化学思维与方法的能力；其次，通过深入学习化学概念原理，学生能够更加本质地理解物质的结构、性质及其变化规律，尤其是物质间的内在联系与转化规律，从而深化对化学世界的认识；再其次，掌握化学概念和原理能够增强学生的问题分析能力，使其在面对化学问题时能够成为有效的解决者；最后，正确理解和灵活运用化学概念，这不仅有助于学生形成科学的化学观，还能够促进其辩证唯物主义观点的正确树立，为其全面发展奠定坚实的理论与实践基础。

（四）化学概念和原理的教学原则

化学基本概念的系统构建需紧密围绕培养目标，并受到教材理论体系的直接影响。作为化学知识体系的基石，化学基本概念对于学习化学理论知识具有至关重要的作用。在教学过程中，学生需要循序渐进地掌握基本概念的编排顺序，以实现对知识的逐步深化和有效突破。

化学概念不仅是化学学科知识体系不可或缺的组成部分，而且贯穿于整个化学知识体系的建构之中。它们构成了理解化学现象、解释化学规律的基础，是连接理论知识与实践应用的桥梁。然而，化学概念的抽象性使其在教学过程中成为一个难点，既难教也难学。

为了克服这一困难，教师需要采取有效的教学策略，将抽象的概念与学生的实际生活相联系，通过生动的例子和形象的比喻，帮助学生建立直观的认识。同时，教师还需注重概念的逻辑性和系统性，引导学生逐步构建起完整的知识框架。

学生自身也应积极投入化学概念的学习中，通过不断地思考和实践，加深对概念的理解和应用。学生只有真正掌握了化学基本概念，才能为后续的化学学习打下坚实的基础，进而在化学领域取得更大的成就。

因此，需要高度重视化学基本概念和原理的教学，以确保学生能够全面、深入地掌握化学知识，培养科学思维和创新能力。

三、有机化合物知识教学

有机化合物主要是由碳元素和氢元素组成的化合物。有机化合物是生命产生的物质基础，所有的生命体都含有机化合物。

（一）有机化合物的知识介绍

初中化学教育体系中，有机化合物知识的学习占据着举足轻重的地位。有机化合物作为一类含碳化合物（除一氧化碳、二氧化碳、碳酸盐等少数无机物外），广泛存在于自然界和人工制品中，其结构与性质的多样性为学生提供了丰富的探索空间。

在初中阶段，学生将初步接触并了解有机化合物的基本概念，包括其定义、分类，以及在日常生活和工业生产中的应用。通过学习，学生能够认识到有机化合物在生命体系中的核心作用，如作为生物体的结构成分、能量来源及信息传递介质等。在教学过程中，教师会运用多种教学手段，如实验演示、模型展示和多媒体演示，帮助学生直观感受有机化合物的结构与性质。学生将通过观察有机化合物的物理性质、化学反应及其产物，逐步构建起对有机化合物世界的初步认知。此外，学生还将学习如何根据有机化合物的命名规则，识别并命名简单的有机化合物。这一技能不仅有助于学生深入理解有机化合物的结构特征，还能为他们后续学习更复杂的有机化学知识奠定基础。

初中有机化合物的知识介绍旨在培养学生对有机化学的兴趣，提高他们的科学素养，为后续深入学习化学原理及实际应用打下坚实基础。通过系统学习，学生将能够更全面地理解有机化合物在自然界和人类社会中的重要作用。

（二）有机化合物教学的特点

有机化合物教学的特点主要体现在其内容的丰富性、结构的复杂性，以及理论与实践的紧密结合上。

首先，有机化合物的教学内容十分丰富，涵盖了从基本概念、命名规则到各类有机化合物的性质、反应机理及实际应用等多个方面。这不仅要求学生掌握大量的知识点，还需要他们具备综合运用知识的能力，以应对复杂多变的有机化学反应。

其次，有机化合物的结构具有显著的复杂性。其分子结构中的碳原子可以通过共价键与其他原子或原子团相连，形成多种多样的官能团和立体结构。这种复杂性使得学生在学习过程中需要具备较强的空间想象能力和逻辑推理能力，以准确理解有机化合物的结构特征。

最后，有机化合物的教学还注重理论与实践的紧密结合。通过实验演示、案例分析等方式，学生可以直观地观察到有机化合物的性质及其反应过程，从而加深对理论知识的理解。同时，实践操作还能培养学生的实验技能、观察能力和问题解决能力，为他们未来的科学研究和职业发展奠定基础。

有机化合物的教学特点要求教师在教学过程中注重知识的系统性、结构的复杂性，以及理论与实践的结合性，采用多种教学手段和方法，激发学生的学习兴趣和积极性，提高他们的科学素养和综合能力。

（三）基于核心素养的有机化学教学策略

有机化学与日常生活紧密相连，其教学对于培养学生的核心素养具有重要意义。因此，教师应深刻认识到有机化学在教育中的育人价值，并主动研究最新的课程标准，以更新教学观念。在教学实践中，教师需要充分考虑学生的实际情况，如认知水平、学习兴趣等，以制定符合学生需求的教学方案。通过不断优化有机化学的教学方式，如引入生活实例、采用实验探究等方法，教师可以激发学生的学习兴趣，提升其问题解决能力和创新思维能力。这样的教学策略不仅有助于学生掌握有机化学知识，还能培养其科学素养和综合能力，为未来的学习和生活奠定坚实基础。

1. 巩固和深化物质结构模型认知

强化并深化对物质结构模型的认知，是化学学习中的重要环节。这要求学习者不仅需掌握物质结构模型的基本概念，还需通过不断地实践与思考，进一步巩固这些理论知识。在学习过程中，学习者应积极参与实验活动，通过观察和分析实验现象，加深对物质结构模型的理解；同时，运用多种教学资源，如模型、图表和动画等，辅助理解复杂的物质结构，以显著提升认知效果。此外，定期复习和讨论物质结构模型的相关知识，有助于学生形成系统的知识体系，进一步拓展其对物质结构模型的认知深度与广度。

2. 进一步培养学生的社会责任感

有机化学与人们的生产、生活紧密相连，从衣食住行各方面均可见其身影。为加深学生对有机化学成就及有机化学工业发展的认识，在教学过程中，教师应积极将有机化学知识与化工生产实践相结合。在教学中展示有机化学在化工生产中的应用实例，不仅可以增强学生的专业认知，还能培养他们的科学态度。同时，要引导学生关注有机化学工业对环境和社会的影响，促使他们思考如何在化学研究中践行可持续发展理念，从而树立起强烈的社会责任感。这种教学方式有助于学生在掌握专业知识的同时，形成良好的科学素养和社会担当。

3. 培养学生的辩证唯物主义观点

有机化学作为化学学科的一个重要分支，不仅在科学知识和技术应用方面具有重要意义，同时也是培养学生辩证唯物主义观点的绝佳素材。例如，在学习有机同系物性质时，学生能够直观地认识到随着分子结构中碳原子数目的增加，物质的物理和化学性质会发生系统性的变化。这种量变引起质变的现象，如从甲烷到更高级烷烃的变化过程中沸点、溶解性等性质的显著改变，为学生提供了深刻理解"量变引起质变"这一辩证法基本规律的实例。

此外，通过研究不同类型的有机化合物之间的相互转化过程，学生可以更好地认识到物质之间不是孤立存在的，而是处于动态平衡和不断转化的过程中。这些反应过程不仅展示了化学变化的本质，还体现了自然界中物质间普遍联系的观点。因此，通过对有机化学知识的学习，学生不仅能掌握具体的知识点和实验技能，还能培养和发展辩证思维能力，形成更为全面和科学的世界观。这有助于他们以更加开放和灵活的态度面对未来的学习与生活中的各种挑战，以及对复杂自然现象的理解。

四、化学实验教学

（一）化学实验的功能

化学实验对于提高化学教学质量、全面落实培养科学素养的目标，具有其他教学内容和形式所不能替代的作用。

1. 化学实验具有帮助学生深化认识的功能

化学实验在学生的学习过程中扮演着至关重要的角色，其帮助学生深化认识的功能不容忽视。通过化学实验，学生能够直观地观察到化学反应的过程和结果，从而加深对化学原理的理解。这种直观性不仅有助于学生形成清晰的化学概念，还能激发他们的学习兴趣和好奇心，促进其主动学习。

在化学实验过程中，学生需要运用所学知识进行实验操作，这锻炼了他们的实践能力和动手能力。同时，实验中的观察、记录和分析等环节，也培养了学生的观察力和逻辑思维能力。通过对比实验结果与理论预期，学生能够学会评估实验数据准确性和可靠性的方法，进而提升科学研究的严谨性。

化学实验还为学生提供了探索未知、发现新知的平台。在实验中，学生可能会遇到预料之外的现象或结果，这能够促使他们进行更深入的思考和探究，可以培养他们的创新意识和解决问题的能力。

化学实验在帮助学生深化认识、提升实践能力、培养科学素养和创新思维等方面具有不可替代的作用。因此，在化学教学中，教育者应充分重视化学实验的开展，为学生提供更多动手实践的机会，以促进他们的全面发展。

2. 化学实验具有增强学生学习动机的功能

化学实验在提升学生学习动机方面发挥着关键作用。通过参与实验，学生能够直观感受化学反应的奇妙变化，这种亲身体验能够极大地激发他们对化学学科的好奇心和探索欲。相较于单纯的理论学习，化学实验为学生提供了一个更为生动、具体的学习环境，使他们能够在实践中验证理论知识，从而加深对化学原理的理解和记忆。

在实验过程中，学生需要运用所学知识进行实验操作，这不仅锻炼了他们的实践技能，还培养了他们独立思考和解决问题的能力。当实验成功时，学生会获得巨大的成就感，这种正向反馈将进一步增强他们的学习动机，促使他们更加积极地投入化学学习。

化学实验还为学生提供了与他人合作与交流的机会。在小组实验中，学生需要共同讨论实验方案、分工合作、分享实验成果，这有助于培养他们的团队合作精神和沟通能力。同时，通过与其他同学的交流和对比，学生能够发现自己的不足，从而激发出进一步学习和提升的愿望。

化学实验通过提供直观的学习体验、培养实践技能和解决问题的能力、激发成就感和促进交流合作，有效地增强了学生的学习动机，为他们的化学学习注入了持久的动力。

3. 化学实验的方法功能

化学实验在教学方法中扮演着至关重要的角色，其功能主要体现在以下几个方面。第一，化学实验提供了一种直观且具体的学习方式，使学生能够通过实践来观察和感知化学现象，从而加深对化学原理的理解。相较于单纯的理论讲授，化学实验能够使学生更直观地理解化学反应的过程和结果，从而增强学习的实效性。第二，化学实验是培养学生实验技能并使其掌握科学方法的重要手段。在实验过程中，学生需要学会正确地使用实验器材、准确地记录实验数据、合理地分析实验结果，这些技能的掌握对于他们未来的科学研究和职业发展具有重要意义。第三，化学实验要求学生具备严谨的实验态度和科学的思维方式，这对于培养他们的科学素养和创新能力至关重要。第四，化学实验还具有激发学生兴趣和培养其合作精神的功能。通过实验，学生能够体验到化学的魅力和学习化学的乐趣，从而激发出对化学学科的兴趣和热爱。同时，在小组实验中，学生需要相互协作、共同解决问题，这有助于培养他们的团队合作精神和沟通能力。

化学实验在教学方法中具有不可替代性，它不仅能够提供直观的学习方式、培养学生的实验技能和科学方法，还能够激发学生的兴趣、培养学生的合作精神，为其全面发展奠定坚实的基础。

4. 化学实验的探究功能

化学实验在科学探究中承载着至关重要的探究功能。通过精心设计的实验活动，学生能够深入探索化学现象的本质和规律，从而培养对化学学科的浓厚兴趣。化学实验为学生提供了一个动手操作、观察分析的平台，使他们能够在实践中发现问题、提出假设，并通过实验验证和推理，逐步构建起对化学知识的系统认知。

在实验过程中，学生不仅需要运用所学知识进行实验操作，还需要学会如何观察实验现象、记录实验数据、分析实验结果，并据此进行推理和判断。这种探究性的学习方式有助于培养学生的批判性思维、创新思维和解决问题的能力，使他们能够独立思考、自主探索，为未来的科学研究和职业发展打下坚实的基础。

化学实验的探究功能还体现在其能够激发学生的好奇心和求知欲。面对实验中出现的各种现象和结果，学生会产生强烈的探究欲望，想要了解背后的原因和机制。这种好奇心和求知欲将驱动学生不断深入学习、拓展知识，进而在化学领域取得一定的成就。

化学实验的探究功能在培养学生的科学素养、创新能力和问题解决能力方面发挥着重要作用。因此，在化学教学中，应充分重视化学实验的开展，为学生提供更多探究性的学习机会，以促进他们的全面发展。

5. 化学实验的人文教育功能

化学实验在人文教育层面展现出了独特的功能与价值。通过参与化学实验，学生不仅能够掌握化学知识和实验技能，还能在过程中培养科学精神、团队协作意识和社会责任感，这些均为人文素养的重要组成部分。

化学实验要求学生秉持严谨、求实的科学态度，尊重实验事实，注重数据的准确性和实验结果的可靠性。这种科学精神的培养有助于学生在面对复杂问题时，能够保持冷静客观，以科学的视角进行分析和判断，进而形成独立而理性的思考方式。

在小组实验中，学生需要相互协作，共同完成任务。这不仅能增强学生的团队意识，还能培养他们在团队中有效沟通和解决问题的能力。团队协作的锻炼，有助于学生在未来的生活和工作中更好地融入集体，发挥个人优势，共同实现目标。

化学实验还涉及环境保护、资源利用等社会问题，这能够引导学生关注化学实验对环境的影响，思考如何在实验过程中减少污染、节约资源，从而培养学生的环保意识和社会责任感。这种关注社会、服务社会的教育，有助于学生形成积极向上的价值观，为构建和谐社会贡献力量。

化学实验在人文教育方面发挥着重要作用，不仅有助于培养学生的科学精神、团队协作意识，还能增强其社会责任感，为学生的全面发展奠定坚实基础。

（二）化学实验教学的要求

1. 强化化学实验思维

在化学教育中，强化化学实验思维是一项至关重要的任务。化学实验思维是指学生在进行实验时，能够运用化学原理、实验技能和科学方法，对实验现象进行深入分析、综合判断和创新思考的能力。

为了强化学生的化学实验思维，教师应注重培养学生的观察力和实验操作能力。在实验过程中，学生需要仔细观察实验现象，准确记录实验数据，并通过对比、分析和推理得出科学的结论。同时，学生还需要熟练掌握实验仪器的使用方法和实验操作的步骤,以确保实验的准确性和安全性。

教师还应鼓励学生进行实验设计和创新。在实验设计上,学生可以运用所学知识提出合理的实验方案,并通过实验验证其可行性。在实验创新上,学生可以探索新的实验方法、新的实验材料和新的实验现象,从而培养创新思维和解决问题的能力。

强化化学实验思维还需要注重培养学生的批判性思维和独立思考能力。在面对实验现象和实验结果时,学生需要学会独立思考、分析判断,而不是盲目接受。同时,学生还需要具备批判性思维,能够质疑和反思实验过程、实验方法和实验结果,从而不断完善自己的实验思维。

强化化学实验思维是化学教育中的重要任务,它有助于学生掌握实验技能、培养科学精神、提升创新能力和批判性思维,为学生的全面发展奠定坚实基础。

2. 渗透核心素养的培养

在教育实践中,渗透核心素养的培养是一项至关重要的任务。核心素养是指个体在面对复杂情境时,能够综合运用知识、技能和情感态度解决实际问题并持续发展的关键能力和必备品格。

为了有效渗透核心素养的培养,教育者需要精心设计教学活动,将核心素养的要素融入其中。在教学过程中,教育者不仅仅要注重知识的传授,更要关注学生的能力培养和品格塑造,通过引导学生参与问题解决、团队合作和自主探究等活动,培养他们的创新思维、批判性思维和解决问题的能力。

教育者还应注重培养学生的情感态度和价值观。通过情感教育,能够使学生积极面对挑战,保持乐观向上的心态;通过价值观教育,可以引导学生形成正确的世界观、人生观和价值观,培养他们的社会责任感和公民意识。

渗透核心素养的培养还需要注重实践环节。教育者可以通过组织实践活动、实验操作和社区服务等活动,让学生在实际情境中运用所学知识,锻炼实践能力,提升综合素养。

渗透核心素养的培养是教育实践中的重要任务。教育者需要精心设计教学活动,将核心素养的要素融入其中,关注学生的能力培养、品格塑造,以及情感态度与价值观的培养，同时注重实践环节，为学生的全面发展奠定坚实基础。

3. 重视实验绿色化

在化学实验教学中，重视实验绿色化是一项至关重要的教育理念。实验绿色化旨在减少化学实验对环境的影响，确保实验过程的安全性和可持续性，同时培养学生的环保意识和社会责任感。为了实现实验绿色化，教育者需要采取一系列措施。首先，应选择对环境影响较小的实验材料和试剂，避免使用有毒、有害或难以处理的物质。其次，在实验设计上，应优化实验步骤，减少废弃物的产生和能源的消耗。最后，教育者应鼓励学生探索实验废弃物的处理和资源回收利用的方法，培养他们的资源节约和环保意识。

在实验绿色化的实施过程中，教育者还应注重与学生的互动和学生的反馈，通过引导学生参与实验绿色化的讨论和实践，激发他们的创新思维和解决问题的能力。同时，教育者应关注学生的实验体验和感受，及时调整教学方法和策略，以满足学生的学习需求。

重视实验绿色化是化学实验教学中的重要任务。教育者需要采取一系列措施，确保实验过程的安全性和可持续性，培养学生的环保意识和社会责任感，为学生的全面发展奠定坚实基础。

4. 提高化学实验的趣味性

在化学教学实践中，提升化学实验的趣味性是增强学生化学学习兴趣和动力的关键举措。趣味性化学实验不仅能够吸引学生的注意力，激发他们的好奇心和探索欲，还能在轻松愉快的氛围中促进学生对化学知识的理解和掌握。为了提升化学实验的趣味性，教育者需要注重实验内容的选择和设计。应选择与学生生活密切相关的实验主题，如食品化学、环境化学等，以增强实验的实用性和吸引力。同时，教育者还应尝试创新实验方法，引入新的实验技术和手段，如数字化实验、虚拟现实实验等，以丰富实验形式，提升实验的趣味性和互动性。

教育者还应鼓励学生参与实验设计和改进，培养他们的创新思维和实践能力，通过引导学生思考实验现象背后的原因和机制，激发他们的求知欲和探究欲。同时，教育者应关注学生的实验体验和感受，及时调整实验难度和节奏，确保学生在实验过程中能够获得成就感和满足感。在提升化学实验趣味性的过程中，教育者还应注重实验教学的评价和反馈，可通过收集学生的意见和建议，了解他们对实验教学的需求和期望，以便不断改进教学方法和策略，提高实验教学的质量和效果。

提升化学实验的趣味性是化学教学实践中的重要任务。教育者需要注重实验内容的选择和设计，鼓励学生参与设计和改进实验，同时注重实验教学的评价和反馈，以增强学生的化学学习兴趣和动力。

（三）化学实验教学的设计原则

在化学实验教学设计中，遵循一系列原则对于确保实验教学的质量和效果至关重要。这些原则主要包括科学性、安全性、实践性、创新性和趣味性原则。

科学性原则要求实验设计必须基于化学原理和科学规律，确保实验过程的准确性和实验结果的可靠性。严谨的实验设计和规范的实验操作，能够使学生更好地理解和掌握化学知识，培养学生的科学思维和探究精神。

安全性原则强调在实验过程中必须保障学生的安全。教育者应选择危险性较小的实验材料和试剂，制定详细的安全操作规程，并加强学生的安全教育，确保学生在实验过程中能够遵守安全规定，避免事故的发生。

实践性原则注重培养学生的实验技能和动手能力。学生通过亲自动手进行实验操作、观察实验现象、记录实验数据、分析实验结果，能够更深入地理解化学知识，提高实验技能和解决问题的能力。

创新性原则鼓励教育者在教学设计中引入新的实验方法和手段，如数字化实验、虚拟现实实验等，以丰富实验形式和内容，激发学生的学习兴趣和好奇心，培养他们的创新思维和实践能力。

趣味性原则旨在使实验教学更加生动有趣，以吸引学生的注意力。教育者通过设计与学生生活密切相关、具有趣味性的实验，引导学生在轻松愉快的氛围中学习化学知识，提高学习积极性和参与度。

化学实验教学设计应遵循科学性、安全性、实践性、创新性和趣味性等原则，以确保实验教学的质量和效果，促进学生的全面发展。

（四）化学实验教学应重视综合与设计性实验

在化学教育领域，重视综合与设计性实验是提升学生综合素养和实践能力的重要举措。综合与设计性实验强调实验内容的综合性、实验方法的创新性和实验过程的自主性，旨在培养学生的综合分析能力、创新思维和实验设计能力。这类实验通常要求学生运用多学科知识，综合分析实验现象，提出实验方案，并独立进行实验操作。

通过综合实验，学生能够将所学的化学知识与实际问题相结合，形成系统的知识框架，提高解决实际问题的能力。设计性实验则更加注重学生的创新思维和实验设计能力的培养。在实验设计上，学生需要发挥想象力和创造力，根据实验目的和要求，自主设计实验方案，选择实验方法和材料，并进行实验验证。通过设计性实验，学生能够锻炼独立思考和解决问题的能力，培养创新精神和实践能力。

在化学教育中重视综合与设计性实验，不仅能够提升学生的专业素养和实践能力，还能够激发学生的学习兴趣和好奇心，培养他们的科学精神和探究精神。同时，这类实验还能够促进学生团队合作和沟通能力的发展，提高他们的综合素质和竞争力。因此，化学教育者应在教学设计中注重综合与设计性实验的安排，鼓励学生积极参与实验活动，并提供必要的实验资源和指导，为学生的全面发展提供有力支持。

第二节 化学教学能力培养

化学教学能力是指化学教师在化学教学实践中，针对化学课堂管理与课后评价等方面所展现出的综合能力。这一能力涵盖多个关键要素，具体包括：化学学科知识的灵活运用能力，即教师能够准确理解和应用化学原理，将其融入教学之中；化学教学设计能力，即教师能够根据学生的实际情况和教学目标，合理设计教学方案和活动；化学教学实施能力，体现为教师能够高效组织课堂，灵活运用教学方法，确保教学过程的顺利进行；化学教学评价能力，即教师能够科学评估学生的学习成效，提供有针对性的反馈，促进学生的学习进步。这些要素共同构成了化学教师必备的教学能力，对于提升化学教学质量至关重要。

一、化学学科知识运用能力

化学学科知识运用能力包括化学专业知识、化学课程知识、化学教学知识三个方面的运用能力。

（一）化学专业知识运用能力

中学化学教师的专业知识体系需涵盖对中学化学基础知识的深刻理解，并延伸至大学化学的相关领域，如无机化学、有机化学、物理化学、分析化学及结构化学的基础知识及原理。特别是在初中化学教学中，教师应具备高屋建瓴的视角，以更广阔的学术背景规划教学活动，以提升学生的思维能力并丰富课堂内容。鉴于与中学化学紧密相关的大学化学知识虽为基础原理，但学生内化这些概念仍需时日，因此，中学化学教师应充分依托学生的既有认知基础，巧妙设计教学过渡，确保新旧知识间的无缝衔接，促进学生对化学知识的有效吸收与深化理解。

（二）化学课程知识运用能力

化学课程知识与化学专业知识是两个不同的概念范畴。化学课程知识更多地体现了教师在深厚的专业知识基础上，对化学课程体系及其实施的全面理解和把握。它不是化学专业知识的简单堆砌，而是教师在深入理解化学学科本质的基础上，对专业知识与中学化学教学实践进行科学合理、有机高效的衔接与整合。化学课程知识是一个综合性的概念，涵盖从课程目标的设定、课程内容的选择与组织、课程的具体实施、课程的评价反馈，直至课程的开发与管理等一系列复杂而系统的活动。

在课程内容的确定上，教师需要依据化学课程标准，结合学生的认知发展水平和实际学习需求，精心挑选既符合学科逻辑又贴近学生生活实际的教学内容。这一过程要求教师对课程标准有深刻的理解，能够准确把握课程的核心素养要求，确保所选内容既能体现化学学科的前沿性和时代性，又能激发学生的学习兴趣和探究欲望。

在课程内容的选择与组织方面，教师需要运用教育学、心理学等相关理论，对化学专业知识进行重构和重组，使之更加符合学生的认知规律和学习特点。这包括将复杂的化学概念、原理和实验技能进行分解和细化，设计成一系列循序渐进、由易到难的学习任务，以帮助学生逐步构建起完整的化学知识体系。

课程实施是化学课程知识转化为教学实践的关键环节。在这一阶段，教师需以课程标准为指导，以教材为主要教学资源，但又不能拘泥于教材，而是应灵活运用各种教学资源，如实验器材、多媒体教学资源、网络资源等，来丰富教学手段和教学内容。同时，教师还需结合学生的认知需要和学习兴趣，设计多样化的教学活动，如小组讨论、实验探究、角色扮演等，以激发学生的学习兴趣，提高学生的参与度，促进学生对化学知识的深入理解和应用。

课程评价是检验化学课程实施效果的重要手段。教师需要建立科学、合理的评价体系，对学生的学习成果进行客观、公正的评价。这包括对学生知识掌握程度的评价、对学生实验技能的评价、对学生创新思维和问题解决能力的评价等。通过评价，教师可以及时了解学生的学习情况，发现教学中存在的问题，为后续的教学改进提供依据。

课程开发和管理也是化学课程知识的重要组成部分。教师需要具备课程开发的能力，能够根据学校和学生的实际需要，开发出具有特色的校本化学课程。同时，教师还需参与课程管理，对化学课程的教学进度、教学质量等进行监控和管理，以确保化学课程的顺利实施和持续改进。

化学课程知识是教师在专业知识基础上，对化学课程体系的全面理解和把握，它涵盖课程内容的确定、选择与组织，以及课程实施、课程评价、课程开发和管理等一系列复杂而系统的活动。这些活动相互关联、相互促进，共同构成了化学课程知识的完整体系。

（三）化学教学知识运用能力

化学教学知识作为教育学科领域内的一个专门分支，主要聚焦于教与学的策略性知识，即与化学教学论紧密相关的知识体系，涵盖化学教学理念、教学原则、内容组织策略、教学方法等一般性知识。其核心在于，教师需要深入理解化学教学过程的基本特性及其内在规律，并在此基础上逐步形成个人对于化学学科观念的独到见解。这一过程的实现，依赖于教师在实践中不断积累经验，结合教育学、心理学的相关理论，针对不同学生群体，灵活选择并应用适宜的教学方法。

化学教学知识是以普通教育学和心理学为基础，围绕化学学科知识进行深入研究和学习的产物。它不是对化学专业知识的简单传授，而是要求教师在掌握化学学科知识的同时，运用教育学和心理学的基本原理和规律，探索并实践化学学科教学的有效方法、手段和组织形式。简而言之，化学教学知识是教师在化学教学中，运用教育学和心理学原理进行教学活动设计、实施和评价所必需的知识总和。

化学教学知识与化学专业知识虽然密切相关，但二者在性质上存在显著差异。化学专业知识主要关注化学学科本身的内在逻辑和知识体系；化学教学知识则更加强调教育学、心理学的特征，旨在探索如何将这些专业知识有效地传授给学生。正如俗语所言，"学得好不一定教得好"，部分教师虽然有丰富的化学专业知识，但缺乏将知识有效传授给学生的教学知识和能力。

优秀的化学教师不仅仅应具备扎实的化学专业知识，更应拥有深厚的化学教学知识。他们擅长根据教学目标和学生特点，灵活设计教学活动，善于处理课堂中的各种突发情况，能够最大限度地激发学生的化学学习潜能，降低学习难度，提升学生的自我效能感。这种教学能力的提升并非一蹴而就的，而是需要教师在长期的教学实践中不断总结经验，结合教学理论进行反思和凝练，逐步形成自己的教学风格和特色水平。

因此，对于化学教师而言，在努力提升化学专业知识水平的同时，不能忽视教学能力的提升，需要在实践中不断摸索和尝试，运用教学理论对实践经验进行提炼和升华，将感性的教学体验上升为理性的教学知识。这一过程，既是对教学实践的总结和反思，也是对教学理论的深化和拓展。通过这一过程，教师能够逐步实现从量变到质变的飞跃，最终提升自己的教学水平，成为真正的化学教学专家。

二、化学教学设计能力

教学设计能力是教师在教育实践中不可或缺的基础与核心能力。在化学教学领域，教学设计特指教师采用系统方法，深入分析化学教学背景，精准设定教学目标，并据此选择恰当的教学方法与媒体资源、精心设计并将教学方案付诸实施的过程。此过程还涵盖对教学方案试行后的效果评价、深入反思，以及基于反馈的教学设计方案调整与优化。它要求教师不仅具备扎实的化学专业知识，还需灵活运用教育学、心理学原理，确保教学活动的高效性和针对性，从而促进学生化学学习成效的提升。通过持续的设计、实施、评价与修正循环，教师能够不断提升其教学设计能力，实现教学质量的持续优化。

（一）化学教学设计的理论依据

1. 化学教学的系统性

化学教学作为一个复杂而有序的过程，强调其系统性至关重要。这一系统性体现在化学教学从目标设定到实施、评价及反馈的每一个环节都紧密相连，形成一个完整的闭环。

在化学教学中，教师需先明确教学目标，这些目标应基于课程标准、学生认知水平及化学学科特点综合考量，确保既符合学科发展前沿，又贴近学生实际。

教学设计的系统性尤为关键。它要求教师运用系统方法，将教学内容、教学方法、教学媒体等要素进行有机整合，构建出既符合化学学科逻辑，又易于学生接受和理解的教学方案。在此过程中，教师需充分考虑学生的个体差异，设计多样化的教学活动，以激发学生的学习兴趣和主动性。

在实施阶段，教师需灵活调整教学策略，确保教学活动顺利进行；同时，还需密切关注学生的学习状态，及时给予指导和反馈，帮助学生克服学习障碍。

教学评价作为教学系统的重要组成部分，其系统性同样不容忽视。教师需采用多元化的评价方式，全面、客观地评估学生的学习成效，为后续的教学改进提供依据。

基于评价结果，教师需进行反思和总结，对教学方案进行必要的调整和优化，以持续提升化学教学的质量和效果。这一过程体现了化学教学系统性的动态性和循环性，有助于实现教学相长，促进学生全面发展。

2. 化学教学应以培养学生核心素养为主旨

化学教学的核心目标应聚焦于培养学生的核心素养，这是提升化学教育质量、促进学生全面发展的重要基石。核心素养，作为个体适应未来社会发展和终身学习的关键能力与必备品格，其内涵在化学教学中得到了具体而深刻的体现。化学教学不仅仅要向学生传授化学知识，更要通过知识的传授，培养学生的科学思维、实验探究能力、创新意识及社会责任感等综合素养。

在化学教学中，教师应将核心素养的培养作为教学的出发点和落脚点。

（1）科学思维的培养

化学作为一门以实验为基础的科学，其知识体系蕴含着丰富的逻辑思维和辩证思维。教师通过引导学生观察实验现象、分析实验数据、推理化学原理，可以有效锻炼学生的逻辑思维能力，培养学生的批判性思维和问题解决能力。

（2）实验探究能力的培养

化学实验是化学学科的重要组成部分，通过实验，学生可以直观感受化学现象，深入理解化学原理。教师应鼓励学生自主设计实验方案、进行实验操作、观察实验现象、记录实验数据、分析实验结果，从而培养学生的实验技能和科学探究精神。

（3）创新意识的培养

化学作为一门创新性的科学，其发展历程充满了创新和变革。教师应通过化学史的介绍、化学前沿知识的讲解、化学创新案例的分析等，激发学生的创新意识，培养学生的创新思维和创新能力。

（4）社会责任感的培养

化学与人们的日常生活、环境保护、社会发展等方面密切相关。教师应通过化学教学，引导学生关注化学问题对社会的影响，培养学生的社会责任感和环保意识，使学生能够运用化学知识为社会做出贡献。

化学教学应以培养学生核心素养为主旨，通过科学思维、实验探究能力、创新意识及社会责任感等素养的培养，为学生的终身学习和未来发展奠定坚实的基础。这不仅是对化学教学目标的深刻诠释，而且是对化学教育价值的全面彰显。

（二）化学教学设计的层次

1. 课程教学设计

课程教学设计代表了教学设计的最高层次，它关乎对整个课程教学过程的全面规划与构思。这一设计过程的具体体现，在于教育部所制定的初中化学新课程标准，它详尽地界定了初中化学课程教学的各项关键要素。

初中化学新课标明确了课程教学的任务、目的及要求，为教学活动提供了明确的方向与指导。在此基础上，新课标还精心规划、组织并适时调整教学内容，确保学生能够在系统的知识体系中，逐步构建起对化学学科的整体认知。同时，课程教学设计还涵盖课程教学的总策略和方法系统的构思。这要求教师在理解课程内容的基础上，灵活运用多种教学策略和方法，如探究式学习、合作学习等，以激发学生的学习兴趣，促进其主动学习。

课程评价也是课程教学设计不可或缺的一部分。新课标明确了课程评价的目的、标准、模式和方法，旨在通过科学合理的评价，全面、客观地反映学生的学习成效，为教师的教学改进提供有力支持。

课程教学设计是一个系统工程，它要求教育者从宏观角度出发，对课程教学进行全面、深入的规划与设计，以确保教学活动的有效性与针对性，进而实现学生核心素养的全面提升。

2. 学段（或学期、学年）教学设计

学段（或学期、学年）教学设计是针对特定教育阶段，如某一学段、学期或学年所进行的教学工作的阶段性规划。该设计严格遵循课程教学设计的总体要求，旨在确保教学工作的连续性和系统性。通常，这一系统性规划在学期或学年开始前的寒暑假期间进行，以便为教师提供充足的时间进行准备和调整。

在进行学段（或学期、学年）教学设计时，化学教研室发挥着关键作用。教研室成员会基于课程教学设计的总体框架，结合学校的实际情况，如师资力量、学生特点、教学资源等，进行深入讨论和细致规划。这一过程不仅确保了教学设计的科学性和合理性，还充分考虑了学校的特殊需求和实际情况。

通过教研室的讨论和规划，学段（或学期、学年）教学设计得以形成，并涵盖教学目标、教学内容、教学方法、教学进度等多个方面。这一设计旨在指导教师有序、高效地开展教学工作，确保学生在规定的时间内达到既定的学习目标。

学段（或学期、学年）教学设计是教学工作中的重要环节，它要求教研室成员在开学前进行充分的讨论和规划，以确保教学工作的顺利进行，并为学生提供优质的教学资源和教学环境。

3. 单元（或课题）教学设计

单元（或课题）教学设计是针对某一具体教学单元或课题所进行的教学活动的详细规划。它是教学工作至关重要的组成部分，旨在确保教学活动的系统性、连贯性和有效性。在进行单元（或课题）教学设计时，教师需要深入分析教学内容，明确教学目标，并根据学生的实际情况和学习需求选择恰当的教学方法和策略。同时，教师还需合理规划教学进度，确保在有限的时间内，学生能够全面、深入地掌握所学内容。单元（或课题）教学设计还注重教学活动的多样性。教师需设计多种形式的教学活动，如实验探究、小组讨论、案例分析等，以激发学生的学习兴趣和主动性，促进其全面发展。单元（或课题）教学设计并非一成不变。在实际教学过程中，教师需根据学生的反馈和学习成效及时调整教学方案、优化教学设计，以确保教学质量的持续提升。

单元（或课题）教学设计是教学工作中的一项重要任务，它要求教师具备深厚的教学理论知识和丰富的教学实践经验，能够根据学生的实际情况和学习需求制定出科学、合理的教学方案，为学生的全面发展提供有力保障。

4. 课时教学设计

在着手进行化学教学设计之前，教师需进行周密的准备工作，以确保教学活动的有效性和针对性。首要任务是明确教学的起始点，这涵盖学生的认知基础、能力水平及教学内容的起始状态。通过深入分析学生的现有水平和学习需求，教师能够更准确地定位教学的起点，为后续的教学活动奠定坚实基础。

同时，教师需全面评估教学条件，包括学校的实验室设施、多媒体资源、网络环境等，以便在教学设计中充分利用这些资源，创造丰富多样的教学环境。在此基础上，教师应积极开发教学辅助工具或媒体资源，以弥补现有条件的不足，进一步提升教学效果。

教师还需审视并调整自身的教学理论，结合具体的课时内容和教学实际，灵活选择和调整教学策略，逐步形成具有个人特色的教学理念。这一过程要求教师具备深厚的教育理论基础知识和敏锐的教学洞察力，能够根据学生的实际情况和学习需求，制定出科学合理的教学方案。

化学教学设计的准备工作是一项系统工程，需要教师从多个维度进行深入分析和准备，以确保教学活动的顺利进行和教学质量的持续提升。

（三）化学教学设计的环节

1. 设计教学目标

在设计教学目标的环节中，教师需在充分的教学准备的基础上，对化学教学目标进行科学而合理的分析。这一分析应立足于学生的"最近发展区"，即学生经由适当努力所能达成的知识水平或能力层次，以此作为设定教学目标的基准。传统上，教学目标被划分为知识与技能、过程与方法、情感态度与价值观这三个维度，它们共同构成了教学目标体系的完整框架。

知识与技能目标旨在明确学生在学习过程中应掌握的具体化学知识和实验技能；过程与方法目标强调学生在学习过程中应经历的探究过程、采用的思维方法及解决问题能力的培养；情感态度与价值观目标则关注学生在学习化学过程中所形成的科学态度、探究精神及对化学学科价值的认同。

通过综合考虑这三个维度，教师可以制定出既符合学生实际又具挑战性的教学目标，从而引导学生在化学学习中实现全面发展。在这一过程中，教师需不断审视并调整教学目标，以确保教学目标与学生的实际学习情况紧密契合，进而提升教学活动的针对性和有效性。

2. 设计教学策略和方法

在设计教学策略和方法时，教师需基于对教学目标的深刻理解，精心规划并实施一系列旨在促进学生有效学习的教学措施。这要求教师不仅需熟练掌握各种教学策略，如探究式学习、合作学习、项目式学习等，还需根据化学学科的特点和学生的实际学习需求灵活选择和组合这些方法，以形成具有针对性的教学方案。同时，教师需注重教学方法的创新与多样性，通过引入实验演示、案例分析、小组讨论等多种教学手段，激发学生的学习兴趣，培养其自主学习和合作学习的能力。此外，教师还应充分利用现代信息技术，如多媒体教学、虚拟实验室等，以丰富教学内容，拓宽学生的视野，提升其学习效率。

在设计教学策略和方法的过程中，教师需关注学生的个体差异，尊重其学习风格和兴趣偏好，通过分层教学、个性化辅导等方式，满足不同学生的学习需求，促进其全面发展。同时，教师需不断反思和调整教学策略，以应对教学过程中可能出现的各种挑战，确保教学活动的顺利进行和教学目标的顺利达成。

设计教学策略和方法是化学教学设计中的重要环节，它要求教师具备深厚的教学理论知识和丰富的教学实践经验，能够根据学生的实际情况和学习需求制定出科学、合理的教学方案，以促进学生的有效学习。

3. 设计教学过程

设计教学过程是化学教学设计的核心环节，它要求教师在明确教学目标和选定教学策略与方法的基础上，对教学活动的展开顺序、时间分配、学生活动、教师指导等各个环节进行精心规划和组织。

在教学过程的设计中，教师应注重教学环节的逻辑性和连贯性，确保教学活动能够循序渐进地推进，帮助学生逐步构建起化学知识体系。教师还需关注学生的参与度，通过设计富有吸引力的教学活动，如实验探究、小组讨论、角色扮演等，激发学生的学习兴趣，培养其主动学习和合作学习的能力。教学过程的设计还需充分考虑时间的合理分配，确保每个教学环节都有足够的时间进行深入的探讨和实践，避免教学过程中的走马观花和浅尝辄止。同时，教师需预留足够的时间进行课堂小结和作业布置，以帮助学生巩固所学知识、提升学习效果。在教学过程的设计中，教师还需注重教学的灵活性和适应性，能够根据学生的实际学习情况和反馈，及时调整教学方案，确保教学活动始终贴近学生的学习需求，促进其全面发展。

设计教学过程是化学教学设计的关键环节，它要求教师具备深厚的专业知识和丰富的教学经验，能够根据学生的实际情况和学习需求制定出科学、合理的教学方案，以实现教学目标，提升教学质量。

4. 设计教学媒体

在教学设计的框架内，设计教学媒体是至关重要的一环，它要求教师根据教学目标、教学内容及学生的特点，审慎选择并巧妙整合各类教学媒介，以强化教学效果，提升学习体验。教学媒体的选择应基于对学生学习需求的深入理解，确保所选媒体能有效支持教学目标的实现，同时激发学生的学习兴趣。这包括传统媒体，如教科书、挂图、实验器材，以及现代媒体，如多媒体课件、在线学习资源、虚拟实验室等。教师应充分利用这些媒体资源，构建多元化的学习环境，使抽象的概念具象化、复杂的过程可视化，从而增强学生的理解和记忆。

在整合教学媒体时，教师还需注重媒体之间的互补性和协调性，确保各种媒体在教学内容呈现、学生互动、教师指导等方面形成有机整体，共同服务于教学目标的实现。同时，教师需关注媒体的易用性和适应性，确保所选媒体能够方便学生使用，且能够适应不同学习风格和能力水平的学生的需求。教师还需定期评估教学媒体的使用效果，根据学生的反馈和学习成效及时调整媒体的选择和使用策略，以持续优化教学设计，提升教学质量。

设计教学媒体是教学设计的重要组成部分，它要求教师具备媒体素养和创新能力，能够科学选择并有效整合教学媒体，为学生的学习提供有力支持。

三、化学教学能力

化学教学工作的成功不仅仅依赖于详尽的课前教学设计，更要求教师具备将设计内容生动展现于课堂实践中的能力。教学作为科学与艺术的结合体，它要求教师不仅应掌握扎实的专业知识，还需具备高超的教学技巧，以科学且富有艺术性的方式传授知识。在这一过程中，讲课成为一种核心的教学形式，它要求教师能够灵活运用教学语言、肢体动作、教学媒体等多种手段，将复杂的知识内容以直观、生动的方式呈现给学生，激发学生的学习兴趣，促进其深度理解和有效学习。因此，教师需不断提升自身的讲课能力，以更好地实现教学目标，提升教学质量。教学能力是中学化学教师必备的重要能力之一，主要表现为组织课堂教学的能力。教学能力包括语言能力、课堂调控能力、演示能力三方面。

（一）语言能力

化学教学语言能力是化学教师必备的一项基本技能，它要求化学教师不仅应具备扎实的化学专业知识，还需具备高超的语言表达能力和教学技巧。通过不断提升自身的化学教学语言能力，教师可以更好地完成教学任务，提高教学质量，为学生的全面发展奠定坚实基础。

1. 语言能力的组成
（1）语言知识的积累

在化学教学中，教师需要拥有扎实的专业知识基础，这不仅包括化学原理、反应机制等核心知识，还涵盖化学史实、前沿研究动态等方面。同时，掌握一定的教育学和心理学知识也是必要的，这样可以帮助教师更好地理解学生的学习困难点，并以适合的方式传授知识。此外，丰富的词汇量和准确的专业术语使用能力也是语言知识积累的重要部分，有助于教师在讲解复杂的化学概念时做到精确无误。

（2）语言技能的运用

化学教师应具备良好的语言表达技巧，能够将抽象的概念具体化、复杂的内容简单化，使学生易于理解和接受。例如，在描述实验现象或解释化学方程式时，教师应当清晰、逻辑严密地表述每一个步骤和每一种物质的变化过程。此外，有效的提问技巧也是语言技能的一部分，通过提出开放性问题，可以引导学生思考，激发他们的学习兴趣和探索欲望。

（3）语言思维的培养

教师的语言思维体现在其如何组织教学内容、构建连贯的教学叙述上。对于化学教学而言，这意味着要能够建立知识点之间的联系，形成一个完整的知识体系。例如，在讲述元素周期律时，可以通过对比不同元素的性质差异来说明规律性，帮助学生构建系统化的知识结构。此外，鼓励学生发展批判性思维和创造性思维也非常重要，这要求教师在教学过程中适时提出挑战性的问题，促进学生的深度思考。

（4）语言交际策略的使用

化学教师需要根据课堂实际情况灵活调整沟通方式，采用合适的语言交际策略。比如，面对不同的学生群体，教师应调整自己的话语风格和表达难度，确保信息的有效传递。此外，在处理课堂突发事件时，教师还需要运用恰当的言语策略来维持秩序、解决问题，创造积极、和谐的学习氛围。例如，当实验失败或出现意外结果时，可以通过讨论失败原因及改进措施的方式，将负面情况转化为宝贵的学习机会。

（5）文化因素的影响

在化学教学中考虑文化因素的影响有助于增强学生的理解和兴趣。不同的文化背景下，人们对科学和技术的看法可能存在差异。例如，介绍中国古代化学工艺（如炼丹术）的发展历程，可以帮助学生认识到化学不仅是一门现代科学，而且有着深厚的文化历史底蕴；同时，引入国际化学领域的最新研究进展，展示化学在全球范围内的影响，能拓宽学生的视野，增强他们对全球化背景下化学学科的认识。

通过上述五个方面的努力，化学教师可以不断提升自身的语言能力，从而更加科学而艺术地传播知识，有效提升教学质量，并激发学生对化学学科的兴趣与热情。

2. 化学教育讲解能力

化学教育讲解能力是化学教师在教学活动中所展现的一种关键职业技能，它体现在教师能够清晰、准确、生动地传达化学知识、原理和实验技能，并有效引导学生理解、掌握和应用这些知识的过程中。这一能力的构成涉及多个核心要素，共同作用于提升化学教学的质量和效率。

其一，化学教育讲解能力的基础在于深厚的化学专业素养。化学教师需具备扎实的化学理论基础，对化学原理、化学反应、化学元素及其化合物等核心知识有全面而深入的理解。同时，化学教师还需熟悉化学实验的基本操作和实验设计原则，能够准确描述实验步骤、预测实验结果，并解释实验现象背后的化学原理。这样的专业素养不仅确保了讲解内容的准确性和权威性，也为教师提供了丰富的讲解素材和生动的案例，使化学课堂更加生动有趣。

其二，化学教育讲解能力强调语言表达的精准性和生动性。精准的语言能够确保化学知识准确无误地传递，避免学生的误解和混淆；生动的表达能够激发学生的学习兴趣，使其更加专注于课堂内容。化学教师应具备丰富的化学专业词汇和恰当的语法结构，能够根据不同的教学内容和学生的理解能力灵活调整语言风格和表达方式。同时，化学教师还需善于运用比喻、类比等修辞手法，将复杂的化学概念转化为易于理解的语言，从而降低学生的学习难度。

其三，化学教育讲解能力涉及有效的沟通技巧和课堂管理能力。化学教师应具备良好的倾听能力，能够关注学生的需求和反馈，及时调整讲解的节奏和深度，确保学生能够跟上教学进度。同时，化学教师还需掌握非言语沟通的技巧，如肢体语言、面部表情和语调的运用，以增强讲解的吸引力和感染力。在课堂管理方面，化学教师应能够维持良好的课堂秩序，营造积极的学习氛围，确保学生能够专注于学习。

其四，在讲解过程中，化学教育讲解能力还强调逻辑思维和条理性的展现。化学教师应具备清晰的思路和严谨的逻辑结构，能够按照化学知识的内在逻辑顺序组织教学内容，引导学生逐步深入理解化学原理。同时，化学教师还需具备批判性思维，能够分析、评估化学知识的真实性和价值，引导学生形成正确的科学观念和方法论。

其五，化学教育讲解能力还受到文化敏感性和适应性的影响。在多元化的教育环境中，化学教师可能面对来自不同文化背景的学生。因此，化学教师需要具备对不同文化的尊重和理解，能够调整讲解策略，以适应不同文化背景下的学生的需求和沟通习惯。这要求化学教师具备跨文化交流的能力，能够跨越文化障碍，实现化学知识的有效传递和文化的深度交流。

化学教育讲解能力是一个多维度的能力体系，它涵盖了化学专业素养语言表达、沟通技巧、逻辑思维、课堂管理及文化敏感性等多个方面的内容。通过不断的学习和实践，化学教师可以提升自己的讲解能力，从而为学生提供更加优质、高效的化学教育服务。

3. 化学教育提问能力

提问是中学化学教学中师生互动的核心手段，是教师引导学生主动思考、深化理解、培养科学思维的关键技能。提问能力要求教师基于扎实的化学专业知识和教学语言艺术，设计具有启发性、逻辑性、层次性的问题，激发学生的探究欲望，促进其深度学习。

（1）提问的构成要素

提问能力的提升需结合化学教育讲解能力的逻辑性、语言表达的精准性及语言交际策略的灵活性，具体体现在提问的六个构成要素中。

① 引入

提问前需创设与化学知识相关的具体情境，以激发学生的兴趣。例如，通过化学史案例（如门捷列夫发现元素周期表的故事）或生活现象（如铁生锈、酸雨形成）引入问题，将抽象概念具象化。引入语言应简洁明了，可结合多媒体或实验演示，增强直观性。同时，需根据学生认知水平调整情境复杂度，确保所有学生能进入问题情境。

② 提出

问题表述需精准、清晰，符合学生的语言理解水平。例如，讲解化学平衡时，可提问："为什么增大反应物浓度会提高反应速率，但平衡移动方向可能不变？"问题需指向核心概念，避免歧义。教师应使用化学专业术语，但需结合生活化语言或比喻（如将化学平衡比作"跷跷板"），降低理解难度。提问时应语气平和，眼神覆盖全班，通过肢体语言（如手势、表情）传递鼓励，营造开放的思考氛围。

③ 停顿

提问后需留出充分思考的时间，尤其是对抽象或复杂问题（如有机反应机理）。例如，提问"苯环结构中是否存在单双键交替？"后，可暂停 5～10 秒，观察学生的反应，或引导小组讨论。停顿时间需根据问题难度和学生水平动态调整，避免过早打断学生思考。

④ 分布

问题设计需覆盖不同层次学生，体现差异化教学。例如，针对"如何设计实验验证碳酸氢钠受热分解产物？"可分层提问。

基础层：分解产物可能有哪些？

应用层：如何用实验现象证明气体产物？

拓展层：如何定量分析固体产物的组成？

提问时要兼顾不同的学生，避免仅面向少数活跃学生。可通过"随机点名"或"小组接力"等方式，确保全员参与。

⑤ 指引

对学生的回答需进行科学分析与引导，培养其批判性思维。

分析回答准确性：若学生回答"催化剂能改变反应速率是因为降低活化能"，可追问："催化剂如何具体影响分子碰撞效率？"

分析思维过程：若学生回答不完整，可引导："你提到的催化剂作用，是否考虑了不同反应条件下的变化？"

链接知识体系：若学生混淆"催化剂"与"活化能"，可联系"酶催化"或"工业合成氨"实例，强化概念关联。

指引需以鼓励为主，例如："你的思路接近正确，但可以再结合实验现象补充细节。"

⑥ 评价

评价需及时、具体，兼顾正向激励与认知纠正。

正向反馈：对正确回答给予肯定，例如："你的解释非常清晰，特别是用'碰撞理论'说明了反应速率变化。"

纠正错误：对错误回答需耐心引导，例如："你提到的'催化剂参与反应'是对的，但需要补充它如何再生。"

群体互动：鼓励学生互评，例如："A 同学的解释有启发，其他同学是否同意？为什么？"通过集体讨论深化理解。

（2）提问能力的化学学科特色

结合化学知识逻辑：问题需紧扣化学原理的内在联系，如通过"为什么钠与水反应剧烈，而镁反应较缓"的提问引导学生分析金属活动性、反应条件与反应速率的关系。

融入实验探究：通过实验现象提问（例如："铁与硫反应后固体颜色变化说明了什么？"），培养学生观察、推理与结论验证能力。

衔接生活与社会：结合环保、能源等议题提问（例如："酸雨形成与哪些化学反应有关？如何减少其危害？"），增强学生的社会责任感。

（3）提问能力的提升路径

① 语言与思维融合：通过"问题链"设计，将复杂概念分解为阶梯式问题，如讲解"氧化还原反应"时，从"物质得失电子"到"电子转移方向"，再到"实际应用（如电池）"，逐步深入。

② 文化与情境结合：引用化学史或传统文化（如古代炼丹术与现代化学的联系），设计情境化问题，激发学生文化认同与科学兴趣。

③ 课堂动态调控：根据学生的反应灵活调整提问策略，如发现多数学生困惑，可简化问题或提供提示（例如："是否考虑温度对反应速率的影响？"）。

通过以上策略，中学化学教师可将提问能力与语言表达、知识讲解、课堂管理深度融合，实现"以问促思、以问导学"，有效提升学生的化学核心素养。

（二）课堂调控能力

课堂教学本质上是一个精心组织的信息传播过程，这一过程与大众传播有着显著的区别，主要体现在其高度的组织性、计划性和明确的目的性上，且其通常采取面对面的交流形式。课堂教学的核心在于，通过知识这一传递的媒介，提升学生的认知水平。在这一过程中，课堂调控能力扮演着至关重要的角色。课堂调控能力是指教师在教学活动中对信息流通过程进行引导、调节和组织的能力，是衡量一个教师是否成熟的重要标准之一。这一能力不仅仅关乎教学活动能否顺利进行，更直接影响到教学效果能否达成。

课堂调控能力对于每一位教师而言都是一项不可或缺的关键能力。它要求教师在教学活动中，不仅要具备扎实的专业知识，还需要具备良好的组织、协调和应变能力，以确保教学活动的顺利进行，实现教学目标。通过不断地实践和反思，教师可以逐步提升自己的课堂调控能力，从而更好地驾驭课堂，提升教学效果，为学生的全面发展提供有力的支持。

1. 化学课堂调控的类型

化学课堂调控是化学教学过程中的一个关键环节，它指的是教师在化学课堂上，为确保教学活动的顺利进行和教学目标的达成而采取的一系列调节、引导和组织措施。这一环节涉及多种类型，每一种类型都对应着不同的教学目标和调控策略，共同作用于提升化学课堂的效率和质量。

（1）时间调控

时间调控主要是指教师对化学课堂时间的合理安排和有效利用。在化学教学中，教师需要根据教学内容和学生的实际情况合理规划教学时间，确保每个环节都能得到充分的展开和深入的探讨。同时，教师还需具备灵活调整时间的能力，以应对课堂上可能出现的各种突发情况，如学生的提问、实验的延迟等。通过时间调控，教师可以确保化学课堂节奏紧凑而有序，提高教学效率。

（2）空间调控

空间调控是指教师对化学课堂空间的有效利用和布置。在化学课堂上，教师需要合理安排学生的座位、实验设备的摆放及教学用具的使用等，以营造一个良好的学习环境。通过空间调控，教师可以使每个学生都能清晰地看到演示、方便地参与课堂讨论和实验，从而提高学生学习的积极性和参与度。此外，空间调控还有助于培养学生的空间意识和实验操作能力，为其未来的化学学习打下坚实的基础。

（3）情感调控

情感调控是指教师在化学课堂上，通过自身的情感表达和教学风格，激发学生的学习热情和学习兴趣，营造积极向上的课堂氛围。通过情感调控，教师可以拉近与学生的距离，建立良好的师生关系，从而提高学生的学习积极性，增强学生的自信心。

（4）节奏调控

节奏调控是指教师在化学课堂上，根据教学内容和学生的反应灵活调整教学节奏，使课堂节奏紧凑而富有变化。通过节奏调控，可以避免学生在课堂上出现疲劳和注意力分散的现象，使其保持学习的兴奋度和参与度。同时，节奏调控还有助于培养学生的节奏感和时间管理能力，为其未来的学习和生活打下坚实的基础。

（5）互动调控

互动调控是指教师在化学课堂上，通过提问、讨论、实验等方式促进学生之间的交流和合作，激发学生的思维火花和创造力。通过互动调控，教师可以引导学生积极参与课堂活动，培养其批判性思维和解决问题的能力。同时，互动调控还有助于培养学生的团队协作精神和人际交往能力，为其未来的职业生涯打下坚实的基础。

化学课堂调控涉及多种类型，通过综合运用这些调控类型，教师可以有效地掌控化学课堂，提高教学效率和质量，为学生的全面发展提供有力的支持。

2. 化学课堂调控的要素

化学课堂调控是化学教学活动中一个至关重要的环节，它涉及多个核心要素，这些要素共同作用，确保化学课堂的顺利进行和教学目标的达成。

（1）教学内容的组织与安排

化学教师需要深入研究教材，理解并掌握化学知识的内在联系和逻辑结构，进而根据学生的学习需求和认知水平，对教学内容进行科学合理的组织和安排。这包括确定教学重点、难点，设计教学顺序，以及选择合适的教学方法和手段，等等。通过精心组织教学内容，教师可以确保课堂信息的传递具有条理性、连贯性和层次性，从而有助于学生更好地理解和掌握知识。

（2）课堂氛围的营造与调节

课堂氛围是指在课堂上形成的一种特定的情感、态度和行为的总和，它会对学生的学习状态和学习效果产生深远影响。化学教师需要关注课堂氛围的变化，及时采取措施进行调节。例如，当课堂氛围过于沉闷时，教师可以通过引入趣味实验、生动的案例或有趣的问题等方式，激发学生的学习兴趣和积极性；当课堂氛围过于浮躁时，教师可以通过强调课堂纪律、调整教学节奏或引导学生深入思考等方式，使课堂氛围回归平稳。通过营造积极、健康、和谐的课堂氛围，化学教师可以为学生创造一个良好的学习环境，促进其身心健康发展。

（3）教学节奏的把握与调整

教学节奏是指在教学过程中，教师根据教学内容和学生的反应灵活调整教学速度、教学强度和教学节奏等，以使学生保持注意力集中，激发学生学习兴趣。化学教师需要密切关注学生的学习状态，根据课堂实际情况，适时调整教学节奏。例如，在讲授复杂概念或原理时，教师可以适当放慢教学速度，以提高讲解的详细程度和拓展内容的深度；在进行实验操作或练习时，教师可以适当加快教学速度，以提高学生的实践能力和动手能力。通过灵活把握和调整教学节奏，化学教师可以确保教学过程中学生始终保持最佳学习状态，从而提高教学效果。

（4）师生互动的引导与促进

师生互动是指在教学过程中，教师与学生之间进行的信息交流、情感沟通和行为互动。化学教师需要积极引导学生参与课堂讨论、提问和实验等活动，鼓励学生发表自己的观点和见解，培养其批判性思维和创新能力。同时，化学教师还需要关注学生的情感需求和心理状态，及时给予关爱、支持和帮助，建立良好的师生关系。通过师生互动的引导与促进，教师可以激发学生的学习兴趣和积极性，培养其自主学习和合作学习的能力。

化学课堂调控涉及教学内容的组织与安排、课堂氛围的营造与调节、教学节奏的把握与调整，以及师生互动的引导与促进等多个核心要素。化学教师需要深入理解并掌握这些要素的内涵和作用机制，灵活运用各种调控策略和方法，以提高化学教学的质量和效率。

3. 化学课堂调控的要点

化学课堂调控涉及多个核心要点。

（1）教学目标

在化学课堂开始之前，教师需要清晰地设定教学目标。这些目标应涵盖知识、技能和情感态度等多个维度，以确保学生的全面发展。在教学过程中，教师需要围绕这些目标展开教学活动，通过有效的提问、讲解、演示和实验等手段，引导学生逐步达成目标。同时，教师还需及时检测学生的学习成效，根据反馈结果调整教学策略，以确保教学目标的顺利实现。

（2）课堂氛围

课堂氛围会对学生的学习状态和学习效果产生重要影响。化学教师需要关注课堂氛围的变化，通过积极的语言、生动的案例、有趣的实验等方式，激发学生的学习兴趣和积极性，营造出积极向上、生动活泼的课堂氛围。同时，化学教师还需根据学生的反应和课堂实际情况灵活调整课堂氛围，如通过适当的引导、提问或讨论等方式，使课堂氛围保持适度的紧张和活跃度，以促进学生的深度学习和思考。

（3）教学节奏

化学教师需要密切关注学生的学习状态，根据课堂实际情况适时调整教学节奏。在讲授复杂概念或原理时，教师可以适当放慢教学速度；在进行实验操作或练习时，教师可以适当加快教学速度。通过灵活把握和调整教学节奏，教师可以确保教学过程中学生始终保持最佳学习状态，从而提高教学效果。

（4）学生参与度

化学教师需要积极引导学生参与课堂讨论、提问和实验等活动，通过小组合作、角色扮演、辩论等方式，提高学生的课堂参与度。同时，教师还需关注学生的学习需求和心理状态，及时给予关爱、支持和帮助，以建立积极的师生关系，促进学生的自主学习和合作学习。通过提升学生的参与度，教师可以激发学生的学习热情和积极性，培养其批判性思维和创新能力。

（5）课堂纪律

课堂纪律是确保教学活动顺利进行的基础。化学教师需要制定明确的课堂规则，并向学生解释这些规则的重要性和必要性。在教学过程中，教师需要密切关注学生的行为表现，及时纠正不良行为，维护课堂秩序。同时，教师还需通过表扬、奖励等方式鼓励学生遵守课堂规则、积极参与课堂活动。通过维护良好的课堂纪律，教师可以为学生创造一个安静、有序、和谐的学习环境，以提升教学效果和学习效率。

化学课堂调控涉及教学目标的明确与达成、课堂氛围的营造与调节、教学节奏的把握与调整、学生参与度的提升与维持，以及课堂纪律的维护与管理等多个核心要点。这些要点共同作用，以确保化学课堂的顺利进行和教学目标的达成。化学教师需要深入理解并掌握这些要点的内涵和作用机制，灵活运用各种调控策略和方法，以提高化学教学的质量和效率。

（三）演示能力

教师的演示能力，是指在知识传授过程中，利用直观教具和实验展示，有效阐述事物特征及其发展变化过程的一种教学技能。在化学教育领域，这一能力显得尤为重要。化学教师经常需要通过展示直观教具或进行实验演示，引导学生观察、分析和总结，从而帮助学生获得对化学现象和原理的感性认识。一名具备准确且高效演示能力的教师，能够清晰地展示实验过程，精确地解释实验现象，有效引导学生通过观察实验现象深入理解化学知识，进而增强其感性认识。因此，提升教师的演示能力，是优化化学教学效果、促进学生理解和掌握化学知识的重要手段。通过不断精进演示技巧，化学教师可以更有效地激发学生的学习兴趣，提升其科学素养。

1. 演示的作用

化学教学演示在化学教育过程中发挥着举足轻重的作用。它不仅是教师传授知识、解释化学现象的重要手段，也是学生获取直观感知、深入理解化学原理的有效途径。

通过化学教学演示，教师能够借助直观教具和实验展示，将抽象的化学概念和原理具体化、形象化，从而帮助学生更好地理解和掌握。演示过程中，教师可以清晰地展示化学反应的过程和结果，引导学生观察实验现象、分析反应机理、归纳化学规律，从而增强学生的感性认识，提升其理性思维。

化学教学演示还能够激发学生的学习兴趣和积极性。生动的实验现象、丰富的实验内容，以及教师精准的演示技巧，能够吸引学生的注意力，激发其好奇心和探索欲，使其更加主动地参与化学学习。通过参与和观察实验，学生能够感受到化学的魅力和乐趣，进而产生对化学学科的热爱和追求。

同时，化学教学演示也是培养学生实验技能和科学素养的重要途径。在演示过程中，教师可以指导学生正确操作实验器材、掌握实验方法，培养其观察、分析、归纳和推理等科学思维能力。

化学教学演示在化学教育中具有不可替代的作用，它不仅仅是知识传授的重要手段，更是学生科学素养和创新能力培养的重要途径。

2. 演示的类型

演示作为一种重要的教学手段，在教育领域中呈现出多样化的类型，每种类型都以其独特的方式促进知识的传递和理解。在教育实践中，演示可以依据不同的标准和目的进行分类，这些类型共同构成了演示的丰富体系，为教学提供了多样化的选择。

（1）根据演示内容的不同，可以将演示分为实物演示、模型演示、图表演示和实验演示

实物演示是指利用实际物体进行展示，使学生能够通过直观感知了解事物的特征和性质。这种类型的演示适用于那些难以用语言准确描述或学生对其缺乏直接经验的事物，如矿石、动植物标本等。模型演示是通过缩小或简化的模型来展示复杂系统或结构，如地球仪用于展示地球形状和地理分布，物理模型用于解释物理现象，等等。图表演示是利用图表、图形等视觉元素来呈现数据和信息，如统计图表用于展示数据分布和趋势，流程图用于解释过程步骤，等等。实验演示则是通过现场操作实验来展示科学原理或现象，这种类型在理科教学中尤为常见，如化学实验中的化学反应演示、物理实验中的力学原理展示等。

（2）根据演示方式的不同，可以将演示分为教师演示和学生演示

教师演示是指由教师进行的演示活动。这种类型在教学中占据主导地位，因为它能够确保全体学生都能观察到演示内容，同时教师可以通过讲解和解释来引导学生理解演示所展示的原理和概念。学生演示则是指由学生进行的演示活动。这种类型通常用于巩固所学知识、培养学生的实践能力和表达能力。在学生演示过程中，教师可以通过观察学生的操作过程和结果，评估学生的学习效果，并为学生提供反馈和指导。

（3）根据演示媒介和技术的不同，可以将演示分为传统演示和现代演示

传统演示主要依赖于实物、模型、图表等传统媒体进行展示；现代演示则是利用现代技术手段，如多媒体技术、虚拟现实技术等来呈现演示内容。现代演示具有更强的互动性和沉浸感，能够为学生提供更加丰富和生动的学习体验。例如，在化学教学中，教师可以利用虚拟现实技术模拟化学反应过程，使学生能够在安全的环境中观察和理解化学反应的机制和结果。

演示的类型多种多样，每种类型都有其特点和适用场景。在化学教学实践中，教师应根据教学内容、学生特点及教学条件等因素综合考虑，选

择合适的演示类型来辅助教学。同时，教师应不断探索和创新演示方式和方法，以提升演示的效果和质量，为学生的学习和发展提供更好的支持。

3. 演示的构成要素

演示作为一种高效的教学手段，在教育领域中扮演着至关重要的角色。其构成要素是演示的基础框架，确保了演示活动的顺利进行和教学效果的最大化。

（1）演示的内容

内容是演示的灵魂，它决定了演示所要传达的信息和知识。在化学等理科教学中，演示内容通常涉及实验过程、科学原理、现象解释等，这些内容的选择应紧密围绕教学目标和学生的学习需求。为了确保内容的准确性和科学性，教师需要深入研究教材，了解相关领域的最新研究成果，同时根据学生的认知水平和学习特点进行适当调整。此外，内容的呈现方式也至关重要，它影响着学生对信息的理解和接受程度。因此，教师需要采用生动、形象、直观的方式呈现演示内容，如利用图表、动画、实验装置等辅助手段，以吸引学生的注意力，增强其学习兴趣。

（2）演示的形式

演示的形式是演示活动的外在表现，它决定了演示的呈现方式和互动程度。形式的选择应根据教学内容、学生特点及教学条件等因素综合考虑。在化学教学中，常见的演示形式包括教师现场操作实验、播放视频资料、利用虚拟实验平台等。这些形式各有优劣势，教师应根据具体情况进行选择和优化。例如，现场操作实验能够让学生近距离观察实验现象，感受实验氛围，但可能受到时间、空间和安全等因素的限制；虚拟实验平台能够模拟真实实验环境，提供丰富的交互体验，但可能无法完全替代真实实验带来的感受。因此，在选择演示形式时，教师需要权衡利弊，找到最适合当前教学情境的演示方式。

（3）演示的媒介

演示的媒介是连接内容和形式的桥梁，它决定了演示信息的传递方式和效率。随着科技的发展，演示媒介日益多样化，从传统的黑板、幻灯片到现代的多媒体设备、虚拟现实技术等，这些都为演示提供了更多的可能性。在化学教学中，教师可以利用投影仪、电脑等设备展示实验过程、反应原理等，也可以利用虚拟现实技术模拟实验环境，让学生身临其境地感受化学世界。这些媒介的选择应根据教学内容、学生特点及教学条件等因素综合考虑，以确保演示信息的清晰、准确和高效传递。

（4）演示的反馈与评估

演示的反馈与评估是保障演示效果的关键环节。通过反馈与评估，教师可以了解学生对演示内容的理解程度和学习效果，进而调整教学策略和方法。在化学教学中，教师可以通过观察学生的反应、提问和讨论等方式收集反馈信息，也可以利用问卷、测试等评估工具对学生的学习成果进行量化评估。这些反馈与评估结果能够为教师提供有价值的参考信息，帮助其不断优化演示内容和形式，提升演示效果。

演示的内容、形式、媒介、反馈与评估等要素相互关联、相互作用，共同构成了演示的基础框架。在教学实践中，教师应全面考虑这些要素的影响，不断优化演示设计，以提升教学效果和学生的学习体验。

四、化学说课能力

说课作为一种教学方法，旨在通过阐述教学设计思路、解析教材内容及教学实施策略，提升教师的教学能力和专业素养。其核心在于"说"，即教师需清晰、系统地表达教学构想。在中学化学教育领域，说课要求教师深入理解中学化学教材内容，依据课程标准和学生特点，初步设计教学方案，并能够对现有说课案例进行深入剖析，借鉴优秀经验，反思自身不足，从而提升说课能力。教师应能运用说课知识，科学、流畅地完成一整节化学课的说课，全面展现教学理念、方法、过程及预期效果，为实际教学提供有力支撑，促进教学质量和学生学习效果的提升。

（一）说课的概念

说课是一种教学准备与展示活动，其核心在于教师通过对教学内容的深入理解与分析，系统阐述教学设计思路、教学方法、教学过程及预期教学效果。它不仅是教师进行教学反思、提升教学能力的重要途径，也是教师间交流教学经验、共享教学成果的有效方式。

在说课过程中，教师需要深入研读教材，准确把握教学内容的核心价值与重难点，同时结合学生的认知特点和学科要求，科学合理地设计教学目标、教学策略和教学活动。通过说课，教师能够清晰地展示其教学构想，包括如何激发学生的学习兴趣、如何引导学生进行知识建构、如何培养学生的学科素养等。

说课还强调教师对教学过程的全面规划与预设，包括教学环节的安排、时间分配、师生互动方式、教学资源的利用等，以确保教学的有序进行，高效达成教学目标。同时，说课要求教师能够预估教学过程中可能遇到的问题和挑战，并提前制定应对策略，以应对实际教学中的不确定性和复杂性。

说课是一种综合性的教学准备与展示活动，它要求教师具备深厚的教学理论素养、丰富的教学实践经验及敏锐的教学洞察力，通过系统的阐述与反思，不断提升自身的教学能力和专业素养，为学生的全面发展提供有力保障。

（二）说课的意义

1. 突出教学理念

说课的核心在于教学理念的展示与应用，而非单纯的教学流程叙述。教学理念作为说课的灵魂，指引着教学活动的设计与实施。在化学教学备课阶段，教师应首先明确教学理念，并将其作为教学活动的根本指导原则。教学理念不仅仅是教师素养的体现，更是教学活动高效进行的内在动力。说课过程中，教师应将教学理念置于引领性位置，通过具体的教学设计、策略选择及实施过程，充分展现教学理念的指导作用。缺乏教学理念支撑的说课，将失去其应有的深度、力度与光彩，难以达到预期的教学效果。因此，说课要求教师深入挖掘并阐述教学理念，确保其在整个教学过程中的核心地位。

2. 诠释教学思想

说课是一种深层次的教学活动阐述，它超越了简单的教学设计或方案说明，能够深刻反映教师的教学思想。在化学教学中，说课不仅仅涉及教案的复述，更包含对授课过程的预测与预演，体现了教师对学情和教学任务的深入理解。在准备说课内容时，教师应注重对教育理论的深刻诠释，将个人的教育思想和教学思路清晰、完整地呈现出来。这一过程要求教师对教学过程组织策略有独到的见解和规划，能够准确表达教学理念与实际教学活动的结合方式。因此，说课不仅仅是对教学方案的展示，更是教师教学思想与教育理论素养的综合体现。

3. 体现教学能力

说课作为教师教学活动的重要组成部分，其功能在于推动教师的教学研究由经验型向科研型深化，促进教师角色由单纯的"教书匠"向具备深厚教育理论素养的"教育家"转变。在化学教学中，通过说课，教师得以运用教育理论指导教学实践，详细阐述教学设计的过程，实现了理论与实践的紧密结合。这一过程不仅展现了教师对教学内容的深入理解和对教学技能的娴熟运用，也充分体现了教师的教学能力和专业素养。因此，说课不仅展示教师个人的教学风采，也是其教学能力全面提升的重要途径。

4. 展现教学境界

说课作为教师教学活动的重要展现形式，其结果深刻反映了教师的教学境界。教师在说课过程中所展现的创新意识，是教学境界的至高体现。在化学教学中，通过对教学设计的创新阐述，教师能够集中展示其独特的教学见解和独到的教学安排。这些创新不仅体现在对教学内容准确而深刻的把握上，也展现在对教学环节独具匠心、别具一格的设计中。因此，说课不仅是教师教学能力的展示，也是其教学境界与创新意识的综合体现，它要求教师具备深厚的专业素养、敏锐的教学洞察力及持续的创新精神，以不断推动教学质量的提升。

5. 展示演讲才华

从技巧的角度来说，说课作为一种以口头表达为主的教学活动，能够充分展现教师的演讲才能。在化学课说课过程中，清晰、准确地传达课程内容、教学目标及教学策略等要素至关重要。这一过程要求教师不仅对教学内容有深刻的把握，还需具备出色的口头表达能力和演讲技巧。说课实质上是教师内在专业素养的外在展现，它要求说课者要有扎实的专业知识、良好的演说技巧与心口协调的能力，以有效地传达教学构想，展示个人教学风采与综合素质。因此，说课不仅仅是教学设计的展示，更是教师演讲才华与个人魅力的综合体现。

（三）说课的目的

说课的一个重要目的在于促进教师间的交流。通过交流，教师能够相互了解备课的方法与技巧，深化对教材内容的理解，并依据课程标准和教材共同制定教学目标，同时结合学情与教情确定教学重难点。在化学教学中，说课可以促进教学方法的分享，教师在交流中探讨教学设计中的主要教学方法，并讨论如何在组织教学时有效融合教法与学法。说课还能够成为教师交流教学程序设计思路的"平台"。说课的过程能够极大地激发教师参与教育教学的积极性，促使教师在有限的时间内主动领悟先进教育教学理论的精髓，从而能够灵活高效地驾驭课堂教学，提升教学质量。

（四）说课的功能

1. 提升教学效果

说课的核心功能在于提升教学效果。通过说课，教师能够系统地梳理教学思路，明确教学目标与策略，从而优化教学设计，确保教学活动的科学性和有效性。在化学教学中，说课能够促使教师深入分析教学内容，精准把握教学重难点，同时能够结合学情制订针对性强的教学计划。此外，说课还能够促进教学方法与手段的创新，使教师不断探索和实践更加高效的教学方式，以激发学生的学习兴趣和主动性。通过说课，教师间的教学经验得以交流和借鉴，教师共同进步，最终实现教学效果的显著提升。因此，说课是提升教学质量、优化教学效果的重要途径。

2. 帮助教师提高理论水平

说课的重要功能之一在于助力教师提升教育理论水平。为了更好地完成说课，教师需深入研读教育理论，并将其融入教学设计中，这一过程促使教师对教育理论有更深刻的理解和把握。在化学教学中，说课要求教师系统阐述教学思路、教学目标及教学策略，促使教师反思教学实践，将理论与实践紧密结合，从而深化其对教育规律的认识。此外，说课过程中的交流与研讨能够促使教师相互借鉴教育理论的运用经验，不断拓展教育视野，提升教育素养。因此，说课不仅仅是教学设计的展示，更是教师提升教育理论水平、实现专业成长的重要途径，有助于教师构建更加科学、系统的教学知识体系。

3. 促进教研工作的有效开展

说课的核心功能之一在于推动教研工作的深入实施。通过说课，教师能够系统地展示教学设计与实施过程，从而促进教学经验的交流与分享，为教研活动提供丰富的素材与案例。在化学教学中，说课促使教师深入反思教学实践，发现问题，探索解决方案，从而推动教学方法与手段的创新。此外，说课还能促进教师间的相互学习与借鉴，增强教研团队的凝聚力与协作能力，为教学质量的持续提升提供有力保障。因此，说课不仅仅是教师个人教学能力提升的重要途径，更是推动教研工作有效开展、促进教学质量整体提升的关键环节。

（五）说课的内容

说课涵盖了教学活动的多个方面，旨在全面反映教师的教学设计与实施思路，是综合且系统的展示。具体而言，说课的内容主要包括以下几个方面。

1. 明确阐述教学内容的选择与安排

在化学教学中，教师应根据课程标准、教材要求及学生的实际学习情况，精心选择教学内容，确保其既符合教学大纲的要求，又能满足学生的学习需求。同时，教师还需对教学内容进行科学合理的安排，明确教学重难点，以便在教学过程中有针对性地加以突破。

2. 详细介绍教学目标的确立与达成路径

教学目标是教学活动的导向，它规定了教学活动的方向与预期成果。在化学课说课过程中，教师应清晰地阐述教学目标，包括知识目标、能力目标及情感态度价值观目标等，并说明如何在教学过程中逐步实现这些目标。此外，教师还需分析教学目标与教学内容、学生实际及教学方法之间的内在联系，确保教学目标的达成路径既符合教学规律，又具有可操作性。

3. 深入剖析教学方法与手段的运用

教学方法与手段是实现教学目标的关键。在化学课说课中，教师应详细阐述所选择的教学方法与手段，包括讲授法、讨论法、实验法、多媒体辅助教学等，并说明这些方法与手段如何与教学内容、学生特点及教学目标相匹配。同时，教师还需分析这些方法与手段在激发学生兴趣、促进学生主动学习、提高教学效果等方面的优势与不足，以便在教学过程中灵活调整与优化。

4. 关注教学过程的组织与实施

教学过程是教学活动的核心环节，它决定了教学目标的达成程度与教学效果的好坏。在化学课说课过程中，教师应详细描述教学过程的设计与实施步骤，包括导入新课、讲授新知、巩固练习、总结提升等环节，并说明每个环节的具体内容与教学方法。同时，教师还需分析教学过程中的师生互动、生生互动及教学资源的利用情况，确保教学过程的流畅性与高效性。

5. 对教学评价与反馈进行阐述

教学评价是教学活动的重要环节，它有助于教师了解学生的学习情况，调整教学策略，提高教学效果。在化学课说课过程中，教师应明确阐述教学评价的方式与内容，包括课堂观察、作业批改、单元测试等，并说明如何根据评价结果给予学生及时的反馈与指导。同时，教师还需分析教学评价在促进学生全面发展、提高教学质量等方面的作用与意义。

说课的内容涵盖教学内容的选择与安排、教学目标的确立与达成路径、教学方法与手段的运用、教学过程的组织与实施，以及教学评价与反馈等多个方面，在化学教学过程中，通过说课，教师能够系统地梳理教学思路，明确教学设计与实施的关键点，从而不断提升教学质量与效果。

五、化学听评课能力

（一）听课能力

在教学活动中，听课作为一种普遍且关键的学习方式，对于教师的成长具有重要意义。教师是否具备听课的能力、能否有效听课，以及采取何种方式听课，直接关系到其能否有效把握常规教学的精髓。听课本质上是一种借助感官及辅助工具，如眼、耳、手等，从实际课堂中搜集教学信息的过程，在这一过程中感性认知逐步升华至理性思考。它不仅是一种学习、评价教学活动的手段，也是一种促进教师间相互交流、学习与自我反思提升的重要途径。因此，听课被视为提升教师教学能力的关键策略，对于促进教师个人成长及教学质量的整体提高具有不可替代的作用。

1. 化学听课的类型

化学听课的类型多种多样，旨在满足不同层次、不同需求的教学与学习活动。具体而言，化学听课的类型可以从多个维度进行分类，以体现其多样性和针对性。

（1）根据听课目的的不同，化学听课可以分为观摩学习型、教学研究型和评价考核型

观摩学习型听课侧重于教师之间的相互学习与借鉴。听课者通过听取优秀教师的化学课，学习其教学方法、技巧及课堂管理等方面的经验，可以提升自身的教学水平。教学研究型听课更加注重对化学教学问题的深入探讨与研究。听课者通过听课收集教学案例，分析教学现象，探讨教学规律，为教学改革与创新提供理论与实践依据。评价考核型听课则主要用于对教师教学质量的评估与考核。听课者通过听课了解教师的教学能力与水平，为教师的职称评定、绩效考核等提供依据。

（2）根据听课主体的不同，化学听课可以分为教师听课、学生听课及专家听课

教师听课是教师之间进行教学交流与研讨的重要方式。听课者通过听课了解同行的教学风格、方法及效果，以便相互学习、共同提高。学生听课是学生学习化学知识、掌握化学技能的主要途径。学生通过听课了解化学的基本概念、原理及实验操作技能，培养科学思维与创新能力。专家听课是指由化学教育领域的专家学者进行的听课活动，旨在评估化学教学的质量与水平，提出改进建议，推动化学教育的改革与发展。

（3）根据听课内容的不同，化学听课可以分为新知授课型听课、复习巩固型听课及实验探究型听课

新知授课型听课主要关注新知识的引入与讲授。听课者通过听课了解

教师如何引导学生理解化学概念、掌握化学原理，以及如何运用化学知识解决实际问题。复习巩固型听课侧重于对已学知识的回顾与巩固。听课者通过听课了解教师如何帮助学生梳理知识体系、提高解题能力。实验探究型听课则更加注重化学实验的设计与操作。听课者通过听课了解教师如何指导学生进行实验探究，培养学生的实验技能与创新精神。

（4）根据听课组织形式的不同，化学听课可以分为公开课、示范课及随堂课等

公开课是教师面向全校或更大范围展示教学成果的听课活动，旨在推广优秀教学经验，促进教学交流。示范课是由优秀教师或专家进行的示范教学活动，旨在展示先进的教学理念与方法，为其他教师提供学习的榜样。随堂课则是教师日常教学过程中的听课活动，听课者旨在了解教师的教学常态，发现教学中的问题，提出改进建议。

化学听课的类型具有多样性和针对性，能够满足不同层次、不同需求的教学与学习活动。通过不同类型的听课活动，教师可以相互学习、共同提高，学生可以更好地掌握化学知识与技能，专家可以对化学教学质量进行评估与指导，从而推动化学教育的改革与发展。

2. 化学听课的作用

听课在教育活动中扮演着至关重要的角色，其作用是多维度的且意义深远。具体而言，在化学教学中，听课在促进教师专业成长、提升教学质量、推动教学改革及增进教育交流等方面均发挥着不可替代的作用。

（1）听课是教师专业成长的重要途径

通过听课，教师可以观察到其他教师的教学风格、方法及技巧，从中汲取宝贵的教学经验。如实验演示、问题引导等的实际应用，这种直观的学习方式有助于教师拓宽教学视野，了解不同的教学理念与实践，从而反思并优化自身的教学方法。听课过程中的观察、分析与总结，能够促使教师不断积累教学经验、教学技能，进而实现个人专业能力的持续提升。

（2）听课对于提升教学质量具有显著作用

在化学教学听课过程中，教师可以观察到其他教师在教学过程中的优点与不足，从而借鉴其成功经验，避免类似错误。同时，听课也为教师提供了一个自我审视的平台，通过对比自身的教学实践，教师可以发现自身

在教学设计、课堂管理、师生互动等方面的不足，进而采取针对性的改进措施。这种基于实践的学习与反思，有助于教师不断提升教学质量，为学生提供更加优质的教学服务。

（3）听课是推动教学改革的重要动力

在教育改革的大背景下，听课是一种重要的研究与实践方式。在化学教学中，通过听课，教师可以深入了解教学改革的最新动态与成果，学习并借鉴先进的教学理念与方法。同时，听课也为教师提供了一个交流与研讨的平台，通过与其他教师的互动与讨论，教师可以共同探讨化学教学改革中的热点与难点问题，为教学改革的深入实施提供有益的思路与建议。

（4）听课有助于增进教育交流与合作

在教育国际化的背景下，听课成为一种跨地域、跨文化的教育交流方式。在化学教学中，通过听课，教师可以了解到不同国家、不同地区的教学实践与经验，增进对教育多样性的认识与理解。同时，听课也为教师提供了一个展示教学成果的平台，通过与其他教师的交流与互动，教师可以分享自己的教学心得与经验，促进教育资源的共享与整合。

听课在教育活动中具有举足轻重的作用。它不仅是教师专业成长的重要途径，也是提升教学质量、推动教学改革及增进教育交流与合作的关键手段。因此，教育部门和学校应高度重视听课活动，为教师提供更多的听课机会与资源，以推动教育事业的持续健康发展。

（二）评课能力

1. 评课的概念

所谓评课，简单理解就是评价课堂教学活动。评课一般指评课者在听课后对授课教师的教学行为和结果进行一系列评价的活动，是在听课活动结束之后进行的针对讲课教师的一类行为。广义的课堂教学评价一般包括教学过程和结果、教师和学生等方面，也就是说，只要是针对教学中的这几个方面进行的评价都可以被认为是课堂教学评价。在评价时，评课者运用科学的评价方法和手段，对课堂教学的过程和效果给予一定的价值判断。

2. 化学评课的目的

化学评课的目的在于通过系统、全面且客观的评价过程，深入剖析化学课堂教学的各个方面，以促进教学质量的持续提升与教学改革的深化推进。具体而言，化学评课旨在达成以下几个核心目标。

（1）评估教师的教学能力与专业素养

通过对化学课堂教学的细致观察与分析，评课能够揭示教师在教学设计、课堂管理、教学技巧及对学生学习需求的把握等方面的优势与不足。这种评价不仅有助于教师自我审视，明确个人在教学实践中的强项与短板，从而采取针对性的改进措施提升教学能力，同时也为教育管理部门提供了对教师进行专业发展与培训需求的准确判断依据。

（2）优化化学课堂教学内容与教学方法

在化学教学评课过程中，通过对教学目标、教学内容、教学策略及教学资源的深入审视，可以发现并纠正教学内容与实际需求脱节、教学方法单一陈旧等问题。这有助于教师根据学生的学习特点与需求，调整教学内容，创新教学方法，提高教学的针对性与实效性，从而激发学生的学习兴趣，促进其全面发展。

（3）提升学生的学习效果与学习体验

评课不仅关注教师的教学表现，而且重视学生的学习成果与感受。在化学教学中，通过对学生在课堂上的参与度、学习成果及学习满意度等方面的评估，可以判断教学是否达到了预期目标，学生的学习需求是否得到了满足。这有助于教师及时调整教学策略，优化教学环境，为学生提供更加个性化和高效的学习体验，促进其知识与技能的提升。

（4）推动化学教育教学改革与创新

在化学教学评课过程中，教师可以分享教学经验，交流教学心得，共同探讨教学改革的方向与路径。这种基于实践的交流与研讨，有助于激发教师的教学创新热情，推动化学教育教学方法与理念的更新，为化学教育的持续发展注入新的活力。

化学评课不仅仅有助于提升化学课堂教学的质量，更为培养具有创新精神与实践能力的高素质化学人才奠定了坚实基础。

3. 化学评课的特征

化学评课作为教育评价领域的一项重要活动，有其独有的特征与重要性。

（1）高度的专业性

这一特征体现在评课过程中，其基础是对化学学科知识的深入理解与把握。评课者需具备扎实的化学专业知识，能够准确判断教学内容的科学性、准确性，以及与实际应用的关联性。同时，评课还需关注化学教学方法的适宜性，如实验操作的规范性、理论讲解的透彻性等，这些都要求评课者具备较高的专业素养。

（2）全面性与系统性

评课不是对某一节课或某一教学环节的简单评价，而是需要对整个教学过程进行全方位、多角度的审视。在化学教学中，这包括教学目标的设定是否合理、教学内容的组织是否科学、教学方法的选择是否恰当、教学效果的达成度如何等方面。评课者需综合考虑这些因素，形成全面、系统的评价结论，为教学改进提供有力支持。

（3）实证性与客观性

在化学教学评课过程中，评课者需依据实际教学情况，通过课堂观察、学生反馈、教学成果等多种途径收集数据，以实证为基础进行评价。同时，评课者应秉持客观公正的态度，避免主观臆断或偏见影响评价结果。这种实证性与客观性确保了评课结果的准确性与可信度。

（4）互动性与参与性

评课不仅仅是对教师教学成果的检验，更是教师间相互学习、共同提升的过程。在化学教学评课过程中，评课者与被评者之间应进行充分的交流与沟通，共同探讨教学问题，分享教学经验。这种互动性与参与性有助于激发教师的教学创新热情，推动教学改革的深化。

（5）明确的导向性与发展性

评课的目的不仅仅在于对过去教学的总结与反思，更在于对未来教学的规划与指导。在化学教学中，评课者需根据评价结果，提出具体可行的改进建议，为被评者指明教学改进的方向。同时，评课也应关注教师的个人发展需求，为其提供有针对性的培训与发展机会，促进教师的专业成长。

化学评课以其高度的专业性、全面性与系统性、实证性与客观性、互动性与参与性，以及明确的导向性与发展性，成为提升化学教学质量、推动教学改革与发展的重要手段。

第三章 初中化学 PBL 教学方法

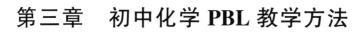

第一节 初中化学概念的 PBL 教学

初中化学概念涵盖构成物质的微粒、物质的性质与变化、质量守恒定律、溶液等多个核心要素，这些概念构成了学生学习化学的基石。作为化学科学的启蒙阶段，义务教育阶段的化学教学旨在引导学生从微观视角认识物质世界，培养其形成初步的微粒观与元素观。通过感受物质世界的多样性与奇妙，以及体验科学方法在研究客观世界中的成功应用，学生得以为后续学习物质结构、结构对性质的影响，以及化学变化中的量化关系等奠定坚实基础。若学生在这一阶段未能清晰、准确地掌握化学基本概念，随着知识体系的逐步扩展与深化，其概念理解将趋于模糊，学习负担亦将不断加重。因此，在义务教育阶段，重视并强化化学基本概念的教学显得尤为重要。

一、初中化学概念学习的特点

化学概念作为对化学事物的精炼概括，是化学科学发展历程中的重要成果，蕴含了人们头脑中经过系统组织与保持的化学经验，构成了化学思维的基石与核心要素。化学概念的表述，包括其中的每个字、词、句及注释，均经过严格、审慎的推敲，确保了其科学性与完整性。因此，化学概念的学习被视为掌握化学知识的基础，对化学概念清晰与否直接关系到后续化学知识学习的成效。在化学课程标准中，基本概念的学习要求被明确列出，且在中考中占据相当分值，凸显了其在教学体系中的关键地位。初中化学教学的核心目标之一，便是使学生能够掌握一系列最基础的化学概念，进而初步理解物质的微观构成。

化学概念不仅是化学知识学习的重要组成部分，而且是贯穿化学教学全过程的关键要素。它是将化学现象与事实通过比较、综合、分析、归纳、类比等科学方法进行抽象，进而得出的理性认识，是化学现象本质的高级思维体现，为化学学科知识体系的构建提供了坚实基础。化学概念的学习不仅仅是对化学现象的描述，更是对化学知识深刻理解的体现，对于培养学生的科学素养与化学思维能力具有不可替代的作用。

（一）抽象性

初中化学概念的学习具有显著的抽象性特征，这一特点主要体现在以下几个方面。

首先，初中化学概念往往涉及原子、分子、离子等微观粒子，以及化学反应、化合价等抽象概念。这些概念难以通过直观感知获取，需要学生借助抽象思维进行理解和掌握。学生需要在脑海中构建出这些微观粒子的形象和化学反应的过程，这需要较强的抽象思维能力。

其次，初中化学概念的表述通常使用严谨的化学术语和符号，如化学式、化学方程式等。这些术语和符号本身具有高度的抽象性，需要学生进行深入理解和记忆。学生在学习过程中，需要将这些抽象的符号与具体的化学现象联系起来，形成完整的化学知识体系。

最后，初中化学概念的学习还需要学生具备一定的逻辑推理能力。学生在学习过程中，需要通过逻辑推理，将已有的化学知识与新的化学概念进行关联和整合，以形成新的认知结构。这种逻辑推理过程同样需要学生具备较强的抽象思维能力。

初中化学概念的学习具有显著的抽象性特征。学生在学习过程中，需要不断提升自己的抽象思维能力，以便更好地理解和掌握这些概念。同时，教师也需要在教学过程中注重培养学生的抽象思维能力，通过直观演示、模型、图表工具、实验操作等方式，帮助学生将抽象的化学概念与具体的化学现象联系起来，提升学生的学习效果。

（二）系统性

初中化学概念的学习体现出系统性的显著特点，这一特点贯穿于整个学习过程之中。

初中化学概念并非孤立存在的，而是相互关联、相互依存，构成了一个完整的知识体系。学生在学习过程中，需要逐步建立起对各个化学概念的理解，并在此基础上形成对化学知识整体框架的认识。这种系统性的学习不仅有助于学生更好地理解和掌握各个概念，还能促进他们运用所学知识解决实际问题。

初中化学概念的学习要求学生具备综合运用知识的能力。在学习过程中，学生需要将新学的概念与已有的知识进行整合，形成新的认知结构。这种整合过程需要学生具备较强的系统性思维，能够把握各个概念之间的联系和区别，以便更好地理解和运用所学知识。

初中化学概念的学习还需要学生注重知识的迁移和应用。学生需要将所学的化学概念应用于实际问题中，通过实践来加深对概念的理解和掌握。这种迁移和应用过程同样需要学生具备较强的系统性思维，能够将所学知识灵活运用，解决实际问题。

初中化学概念的学习具有显著的系统性特点。学生在学习过程中，需要注重知识的整体性和关联性，构建知识网络，培养系统性思维，以便更好地理解和掌握化学概念，提高综合运用知识的能力。

（三）阶段性

初中化学概念的学习过程呈现出鲜明的阶段性特征，这一特点在学生的知识构建与能力提升中起着至关重要的作用。

在初中化学的学习初期，学生主要接触的是基础性的化学概念，如物质的性质、化学反应的类型等。这些概念的学习为学生后续深入探究化学世界奠定了坚实的基础。在这一阶段，学生需要重点理解并掌握这些基础概念，形成对化学学科的基本认识。

随着学习的深入，学生开始接触更为复杂和抽象的化学概念，如分子、原子结构和化合价等。这些概念的学习要求学生具备更强的思维能力和更高的认知水平。在这一阶段，学生需要运用已学知识，通过逻辑推理和实验验证等方式，逐步深化对化学概念的理解。

到了初中化学学习的后期，学生则需要将所学的化学概念进行综合应用，解决实际问题。这一阶段的学习要求学生具备扎实的知识基础和灵活的思维能力，能够将所学知识融会贯通，形成完整的知识体系。

初中化学概念的学习过程具有明显的阶段性特征，因此学生需要在不同的学习阶段，根据自身的认知水平和知识储备，有针对性地学习和掌握化学概念，逐步构建起完整的化学知识体系，为未来的化学学习和科学研究打下坚实的基础。

二、初中化学概念学习的障碍

化学知识体系的建立离不开对化学概念的精确构建，化学概念构成了系统学习化学理论的重要基石。对学生而言，概念是思维活动的核心，通过思维活动形成并掌握概念是认知事物本质的关键步骤，也是促进学生思维能力乃至创新能力发展的基础。若化学概念掌握不牢固或理解模糊，将无法构建其正确意义。例如，缺乏对原子、分子等基本概念的理解，学生将难以深入学习原子结构、分子结构理论。若不能深入理解和运用化学概念，学生将无法从本质层面认识物质属性、掌握物质变化规律，更无法预见和控制物质变化。因此，概念的学习与掌握既是学生学习化学的重点，也是教师教学的重要目标。实践表明，化学概念是初中化学教学中难度较高的内容，无论对教师的教学还是学生的学习均构成挑战。

（一）初中化学概念教学存在的问题

化学概念在初中化学学习过程中占据核心地位，但常因教学和学习方法的不当而显得枯燥且难以掌握。一方面，部分教师在教学上过于侧重解题能力的培养，忽视了对化学概念的系统传授，导致学生对概念的认识缺乏深度与广度；另一方面，学生在学习过程中往往过于关注题目的解答，倾向于从题目中直接获取概念的理解，缺乏系统性的概念学习与知识体系构建，使得化学概念的学习难以达到理想效果。这种教学方式与学习策略的偏差，共同导致了化学概念学习的碎片化与低效性，影响了学生对化学知识的全面掌握与深入理解。

1. 学生在学习概念时记不住、不理解

初中生在初次接触化学学科时，往往怀揣着强烈的好奇心和浓厚的学习兴趣，这种积极的学习态度促使他们在化学学习上投入较多精力，因此初期的学习效果通常较为显著。然而，随着化学学习内容的逐渐深入，学生面临的知识难度和学科任务量亦随之增加，这在一定程度上削弱了他们

的学习兴趣和动力。在这一转变过程中，学生开始遇到化学概念理解上的困难。相较于初期学习的直观性和趣味性，深入学习阶段的化学概念往往更加抽象和复杂，需要学生具备更强的逻辑思维能力和知识迁移能力。然而，部分学生由于兴趣减退和学科负担加重，难以保持持续的学习热情和高效的学习状态，因此在化学概念的理解、记忆和运用上遇到较大挑战。

学生在面对复杂的化学概念时容易出现理解不透彻、记忆不牢固的情况，进而影响到在实际问题中的灵活应用。这种学习上的困境不仅影响了学生的化学学习效果，还可能对其整体学业成绩和自信心产生不利影响。因此，如何使学生（自己）在化学学习过程中保持学习兴趣，提升其对化学概念的理解和运用能力，成为教师和学生共同面临的重要课题。

2. 教师在概念教学中轻理解、重练习

在初中化学日常教学中，部分教师过分强调教学的实效性，导致在概念教学中存在轻理解、重练习的现象，对概念间内在联系的探讨相对匮乏。教师在课堂上未能充分阐释化学概念的内涵，致使学生未能真正掌握其精髓。学生往往依赖于课后的死记硬背和机械套用，通过大量习题训练来提升解题准确率。这种学习方式缺乏知识内化的过程，难以形成深刻的理解和记忆。

随着知识点的不断累积，学生难以将已学知识整合成体系，导致他们在面对化学概念时感到烦琐复杂，进而影响了学习兴趣。例如，在教授物质的量和摩尔质量等概念时，尽管学生能够熟练运用相关公式解题，但部分学生可能并不清楚 n 和 M 所代表的具体含义，对摩尔质量这一概念的实质也缺乏深刻理解。这种教学方式和学习策略不仅限制了学生思维能力和创新能力的培养，还可能导致学生对化学学科产生厌倦情绪。因此，初中化学教师需要重新审视教学方法，注重概念教学的深度与广度，强化学生对概念间联系的理解，促进学生知识的内化与体系的构建。只有这样，才能有效提升学生的化学学习兴趣和综合能力。

（二）初中化学概念学习存在的障碍

1. 学习动力不足造成的学习障碍

在初中化学概念学习过程中，学习动力不足是一个显著的学习障碍。

这一障碍主要体现在学生对化学概念的学习缺乏足够的兴趣和积极性，导致他们在学习过程中难以保持专注和深入思考。

学习动力不足的学生往往对化学概念的学习缺乏主动探索的精神，他们可能只是被动地接受教师传授的知识，缺乏自主思考和质疑的勇气。这种消极的学习态度不仅影响了他们对化学概念的理解和掌握，还可能导致他们在面对学习困难时容易产生放弃的念头。

学习动力不足的学生在化学概念学习过程中往往缺乏有效的学习策略。他们可能只是机械地记忆和背诵化学概念，而缺乏对概念间内在联系和本质特征的理解。这种死记硬背的学习方式不仅难以形成深刻的学习记忆，还可能导致学生在运用化学概念解决实际问题时感到困惑和无力。

因此，初中化学教师需要关注学生的学习动力问题，通过激发学生的学习兴趣和积极性，引导他们形成积极的学习态度和有效的学习策略。教师可以通过设计生动有趣的化学实验、引入贴近生活的化学应用案例等方式，增强学生对化学概念学习的兴趣和动力，从而使其克服学习动力不足造成的学习障碍。

2. 对化学概念理解不到位造成的学习障碍

在化学学习过程中，对化学概念理解得不充分是构成学生学习障碍的关键因素之一。当学生未能准确把握化学概念的内涵与外延及概念间的逻辑关系时，他们在后续的学习中会遇到诸多困难。

若学生对化学概念的理解仅停留在表面，未能深入挖掘其本质特征，那么他们在面对复杂问题时，往往难以灵活运用所学知识进行解答。这种理解上的浅显不仅限制了学生解题能力的提升，还可能导致他们在化学学习中产生困惑和挫败感。

对化学概念理解不到位的学生，在构建化学知识体系时也会遇到障碍。他们可能无法将新学的概念与已有的知识进行有效整合，导致知识体系出现断层或混乱。这种知识结构的不完整会进一步影响学生对化学知识的深入理解和全面掌握。

因此，初中化学教师在教学过程中应重视学生对化学概念的理解程度，通过深入浅出的讲解、生动的实例演示及有效的练习等方式，帮助学生深化对化学概念的认识。同时，教师还应鼓励学生主动思考、积极提问，以促进他们对化学概念的深入理解和全面掌握，从而克服理解不到位造成的学习障碍。

3. 化学概念的阶段性特点引起的学习障碍

化学概念的阶段性特点在学习过程中可能引发一定的学习障碍。随着化学学习的深入，学生需面对逐渐复杂和抽象的化学概念，这些概念在不同学习阶段呈现出明显的层次性和递进性。若学生未能及时适应这种阶段性变化，便可能在概念理解、记忆及应用上遇到困难。特别是在新旧概念的衔接和整合上，学生可能会感到困惑，难以形成完整的知识体系。这种由化学概念的阶段性特点带来的学习障碍，要求学生具备更强的适应能力和学习策略，以有效应对不同学习阶段的概念挑战，确保学习的连贯性和系统性。

4. 学生已有的认知基础造成的学习障碍

在化学概念学习过程中，学生已有的认知基础可能成为学习的一大障碍。若学生先前的学习经历中未能构建起坚实的科学基础，或对相关前置知识掌握不牢固，那么在面对新的化学概念时，他们可能会感到难以理解和接受。这种认知上的不足会限制学生对新概念的深入探究和理解，导致他们在化学学习中陷入困境。因此，学生需具备一定的先验知识和认知能力，以有效支撑和促进对化学概念的学习，否则，已有的认知基础可能成为其化学学习道路上的绊脚石，影响学习效果和进度。

三、初中化学概念 PBL 教学思路建构

鉴于化学概念具备抽象性、系统性和阶段性的特征，学生在学习过程中往往会遇到诸多挑战。作为教师，应当采取有效的教学方法帮助学生克服这些难题，确保他们顺利完成初中化学学习任务，并为高中阶段的深入学习奠定坚实基础。基于此，我们倡导在化学概念教学中引入基于问题的教学（Problem-Based Learning，PBL）模式。

PBL 教学通常以具体问题为起点，以问题的解决和成果的形成为终点。在此过程中，为了确保探究活动的顺利进行，PBL 教学中的问题被设计得

具有层次性，以适应不同学生的学习需求。在课堂上，教师扮演着引导者的角色，通过引入实际元素、在认知层面设置问题、及时给予学生反馈等多种支持性手段，引导学生进入问题空间，激发他们的探究欲望，促使他们主动探索新的领域和信息。这种教学模式不仅有助于加深学生对化学概念的理解和掌握，还能培养他们的批判性思维、问题解决能力和自主学习能力，为他们的终身学习奠定坚实基础。因此，在化学概念教学中应用 PBL 模式是提升教学质量和学生学习效果的有效途径。

（一）联系生活实际，让学生自主构建概念体系

在化学概念的教学过程中，教师应积极联系生活实际，以此为切入点，引导学生自主地构建化学概念体系。通过将化学知识与学生的日常生活紧密联系起来，教师可以帮助学生更直观地理解化学概念，降低学习难度，同时激发学生的学习兴趣和积极性。

教师可以通过引入生活中的实际案例、现象或问题，引导学生运用化学知识进行分析和解释。在这个过程中，学生将有机会自己观察、思考和实验，从而加深对化学概念的理解。例如，教师可以利用厨房中的常见物品设计化学实验，让学生在动手实践中领悟化学原理，自主构建相关概念。

教师还可以鼓励学生自主寻找生活中的化学现象，并运用所学知识进行解释和探究。这种学习方式不仅能够提升学生的自主学习能力和问题解决能力，还能培养他们的观察力和创新思维。

总之，联系生活实际进行化学概念教学，能够帮助学生将抽象的化学知识与现实生活相结合，实现知识的内化和迁移。通过这种教学方式，学生可以更加深入地理解和掌握化学概念，为后续学习打下坚实的基础。

（二）巧用实验，让学生强化概念理解

在化学概念的教学过程中，巧妙地运用实验环节是强化学生概念理解的有效途径。实验不仅能够直观地展示化学现象，还能够使学生在动手操作的过程中深化对化学原理的认识，从而更加牢固地掌握相关概念。

教师可以通过设计一系列与化学概念紧密相关的实验，让学生在实践中观察、分析和总结。在实验过程中，学生可以目睹化学反应的发生，动手操作实验器材，自己验证化学原理，这种亲身体验能够极大地加深他们

对化学概念的理解和记忆。

教师还可以引导学生对实验结果进行思考和讨论，鼓励他们提出自己的见解和疑问。通过师生间的互动和交流，学生可以进一步加深对化学概念的理解，同时培养自己的批判性思维和问题解决能力。

总之，巧妙地运用实验环节进行化学概念教学，能够使学生在实践中学习、在思考中成长，从而更加全面地理解和掌握化学知识。这种教学方式不仅能够提升学生的学习兴趣和积极性，还能够培养他们的实践能力和创新精神，为他们的未来发展奠定坚实基础。

第二节　初中元素化学的 PBL 教学

化学学科的核心研究对象是物质，而物质种类繁多、形态各异。初中阶段作为化学教育的启蒙时期，教学内容仅精选了在生活与生产中常见且典型的少数物质作为代表，旨在让学生通过学习这些物质，掌握其性质、用途及制备方法，为未来的学习、生活及职业生涯奠定坚实基础。元素化学教学涵盖了物质的组成、结构、性质、用途、制备方法及其与生产生活的关联等多个方面，是初中化学教学的重要组成部分。这些知识不仅是学生日后在工作和生活中频繁接触、需要了解和应用的基本常识，也是中学化学理论性知识学习的基石。在中学化学教材中，元素化合物知识占据了相当大的比重，同时，它也是中学化学理论学习的载体。因此，元素化学构成了中学化学知识体系的基础和框架，贯穿于整个中学化学教学之中。

元素化学在中学化学教学中具有举足轻重的地位和作用。它不仅是学习其他化学知识的前提和基础，也是培养学生情感态度与价值观、开发智力、提升能力的重要素材。此外，元素化学知识与人们的日常生活和社会发展紧密相连，具有极高的实用价值。因此，重视元素化学的教学，对于提高学生的科学素养、促进其全面发展具有重要意义。

一、初中元素化学学习的特点

（一）直观生动，知识容易接受

初中阶段元素化学的学习具有直观性和生动性的特点，使得相关知识更易于被学生接受。在这一学习阶段，元素化学的内容通常以直观的形式呈现，如通过实验观察物质的性质变化，或利用图表、模型等辅助工具展示物质的微观结构和组成。这种直观的教学方式能够激发学生的学习兴趣，帮助他们更轻松地理解元素化学的基本概念、原理和规律。同时，由于初中元素化学的知识点相对基础且贴近生活实际，因此学生在学习过程中能够较为顺利地掌握相关知识，为后续深入学习化学打下坚实的基础。

（二）涉及面广，有一定的规律

初中阶段元素化学的学习特点显著，涉及面广，涵盖物质的性质、结构、变化等多个方面。在学习过程中，学生能够接触到众多元素及其化合物的性质与用途，以及它们之间的相互作用和转化规律。这些知识点虽然繁多，但并非杂乱无章，而是遵循着一定的化学原理和规律。因此，学生在学习时，可以通过理解和掌握这些基本规律来更好地把握元素化学的精髓，形成系统的知识体系。同时，较广的知识面也为学生提供了更多的学习机会和实践空间，有助于培养他们的科学探究能力和创新思维。

（三）贴近生活，结合生产实际

初中阶段元素化学学习的特点在于其贴近生活，紧密结合生产实际。在学习过程中，学生不仅能够接触到元素及其化合物的理论知识，还能够了解到这些知识在日常生活和工业生产中的广泛应用。通过将元素化学知识与生活实际相结合，学生能够更加直观地理解物质的性质、变化规律，以及它们在自然界和人类社会中的作用。这种结合不仅增强了学习的趣味性和实用性，还有助于学生对化学知识形成全面认识，提高他们的科学素养和实践能力。同时，贴近生活、结合生产实际的教学方式也为学生未来的职业发展和终身学习奠定了坚实的基础。

二、初中元素化学学习的障碍

元素化合物知识的学习是一个涉及知识递进、积累、对比与迁移的复杂过程。在这一过程中，初中生常面临学习障碍，这与其特定的心理发展阶段密切相关。初中生通常处于十一二岁至十四五岁的年龄区间，正处于由幼稚向成熟的过渡阶段，独立性与依赖性并存，性格特征复杂多变。在认知层面，尽管初中生的观察能力有所发展，能按教学要求持续观察，但观察的精确度和深度尚显不足，难以透过复杂现象洞察本质。因此，在学习元素化合物知识时，初中生可能因学习方法不当、学习能力局限，或受教师教学方法、教学进度不合理及课程难度梯度过大等因素影响，产生学习障碍，进而影响学习效果。

（一）元素化学教学存在的问题

初中元素化学的教学内容聚焦于常见物质的性质、用途及制备法等知识点。在实际教学中，教师常采用多样化的教学手段，如实验演示、视频播放及图片展示等，以期达到更好的教学效果。然而，在元素化学的教学过程中，仍存在一些亟待解决的问题。例如，部分教师在教学方法上可能过于传统，缺乏创新，导致学生难以深入理解元素化学的本质和规律。同时，学生个体差异的存在，使得统一的教学方式可能无法满足所有学生的学习需求，导致部分学生产生学习困难。因此，如何在元素化学教学中创新教学方法、兼顾学生个体差异，成为当前教学中亟待解决的重要问题。

（二）元素化学学习存在的障碍

1. 知识零散，容易混淆——造成记忆障碍

学生在学习元素化学时，常会遇到知识零散、易于混淆的问题，这构成了记忆的一大障碍。不少学生反映，化学领域需要记忆的内容繁多，即使能暂时记住，也难以持久，且容易在记忆中出现混淆。这种现象的产生，主要归因于元素化合物知识点总量庞大且形式多变。学生在面对这些多样化的知识点时，若采取孤立的学习策略，未能形成有效的知识联结，便会感到知识零碎杂乱，记忆负担显著加重。

元素化学的知识点涵盖众多物质的性质、用途、制备及反应规律等方面，这些知识点之间既相互独立，又存在一定的内在联系。学生在学习过程中，若未能建立起清晰的知识框架，将各个知识点有机地串联起来，便容易陷入"既难记又难学"的困境。这种体验不仅增加了学生的学习负担，还可能削弱他们对化学学习的兴趣和动力。

因此，教师在教授元素化学时，应注重知识的系统性和整体性，引导学生建立知识间的联系，形成知识网络，从而降低记忆难度，提高学习效率。同时，教师还应关注学生的学习方法和记忆策略，帮助他们找到适合自己的学习方式，突破记忆障碍。

2. 生搬硬套，不知其因——造成运用障碍

在学习元素化合物知识的过程中，学生应当注重理论与实践的结合，实现心智与操作的同步发展，而非仅仅停留于表面的认知。换言之，学生不仅仅要掌握物质的基本属性、存在形态等"是什么"的层面的知识，更要深入探究其背后的反应原理、操作要点等更深层次的原因。这就要求学生在学习时，能够积极主动地思考，多问几个"为什么"，以增进对知识的理解和内化。

在实际学习过程中，部分学生往往过于依赖死记硬背，忽视了知识的内在联系和本质规律，导致在运用知识时显得生硬刻板，缺乏灵活性。他们可能能够复述出某些物质的性质或反应方程式，却难以根据具体情境灵活运用所学知识解决实际问题。

为了避免出现这种生搬硬套、不会灵活运用的现象，学生在学习元素化合物知识时，应当注重培养自己的批判性思维和问题解决能力。通过深入思考、主动探究和实践操作，学生能够逐步建立起对知识的全面理解和深刻认识，从而在不同情境下灵活应用所学知识，解决实际问题。同时，教师也应在教学过程中注重引导学生深入思考，培养他们的探究精神和创新意识。

3. 知识孤立，缺乏关联——造成提取障碍

学生在学习元素化合物知识时，若未能将各个知识点有效关联起来，形成系统的知识网络，便容易陷入知识孤立的困境。这种孤立状态不仅增加了记忆的负担，还可能导致在需要运用知识时出现提取障碍，即难以从记忆中迅速、准确地调取所需信息。

元素化合物知识涉及众多物质的性质、用途、制备及反应规律等方面，这些知识点之间存在一定的内在联系和逻辑顺序。学生在学习过程中，若未能意识到这些联系，只是孤立地记忆各个知识点，便难以形成完整的知识体系。当需要解决实际问题时，他们可能无法迅速地从记忆中提取出相关的知识点，从而导致思维受阻，无法有效地运用所学知识。

因此，为了避免知识孤立造成的提取障碍，学生在学习元素化合物知识时应注重知识的关联性和系统性，通过深入思考、主动探究和实践操作，逐步建立起各个知识点之间的联系，形成清晰的知识框架。同时，教师也

应在教学过程中注重知识的整合和拓展，引导学生发现知识之间的内在联系，培养他们的系统思维和综合能力。这样，学生便能够在需要时迅速、准确地从记忆中提取所需信息，有效地运用所学知识解决实际问题。

4. 灵活性差，难以迁移——造成迁移障碍

学生在学习元素化合物知识时，若未能充分理解和内化所学内容，仅停留在表面记忆层面，便可能导致在面临新问题或新情境时，难以将已有知识灵活迁移应用，此即所谓的迁移障碍。这一障碍的根源在于学生缺乏将知识转化为解决实际问题的能力，以及在不同情境间建立联系的能力。

因此，为了突破迁移障碍，学生在学习元素化合物知识时，应注重培养自己的思维灵活性和问题解决能力，通过积极参与课堂讨论、实验操作等实践活动，加深对知识的理解和内化，逐步形成将知识应用于不同情境的能力。同时，教师也应在教学过程中注重培养学生的迁移意识和迁移能力，通过设计具有挑战性和开放性的问题，引导学生运用所学知识解决实际问题，提高他们的知识迁移能力。

三、初中元素化学 PBL 教学思路建构

在初中阶段，元素化学作为化学学科的基础内容，对于学生构建化学知识体系、培养科学探究能力具有重要意义。然而，传统的教学模式往往侧重于知识的传授与记忆，忽视了学生主体性的发挥和问题解决能力的培养。为了克服这一弊端，引入以问题为导向的教学思路，对于初中元素化学的教学改革具有重要意义。PBL 教学思路强调以真实世界的问题为学习起点，通过引导学生主动探索、合作解决问题，促进学生对知识的深入理解与灵活应用。

（一）注重学生认知思路的构建

元素化学领域知识点多且复杂，涵盖面广，相似内容众多，这些特性无疑增加了学生的学习负担，特别是在记忆层面。然而，知识本质上是相互关联而非孤立存在的，其学习与掌握遵循一定的认知规律。鉴于元素化学的特点，初中元素化学的教学策略需注重通过巧妙的问题设计，引导学

生构建系统的认知框架，以更有效地内化并整合新知识，最终形成紧密相连的知识网络。

在实际教学中，教师应充分利用元素化学知识间的内在联系，设计具有启发性、连贯性的问题序列，逐步引导学生深入探索。这些问题不应仅聚焦于知识点的直接记忆，更应强调对知识本质的理解和应用，鼓励学生通过思考、讨论和实践，揭示知识间的深层联系。通过这种方式，学生能够在解决问题的过程中逐步构建起对元素化学知识的全面认知，将零散的知识点串联成网，形成结构化的知识体系。

总之，面对元素化学知识点繁多、记忆难度大的挑战，初中教师应积极运用问题设计的教学策略，帮助学生把握知识间的内在联系，构建系统的认知框架，从而更有效地掌握元素化合物知识，提高学习效率和质量。

（二）加强学生对物质的感知

在教学过程中，教师应积极利用实验演示、生活生产实例、视频及图片等多种教学手段，直观展现元素化合物知识中的具体内容，从而充分调动学生的视觉与听觉感官，增强他们的直观感知能力。学生被生动有趣的实验吸引，是学习过程的一个良好开端。然而，值得注意的是，在实验结束后，部分学生的学习注意力可能会迅速减弱。针对这一现象，教师需要精心设计教学问题，在学生注意力尚未消退之前，激发他们的持续思考。通过引导学生综合运用听、看、说、写、思等多种学习方式，教师能够利用有效的问题进一步强化学生对化学物质的感知与理解。这样的教学策略不仅有助于维持学生的学习热情，还能促进他们对元素化合物知识的深入探索和全面掌握。

1. 引导思考，感知深层原因

在探索物质性质的学习过程中，生动且富有启发性的实验扮演着不可或缺的角色。实验直观展示了物质在特定条件下的行为表现，即实验现象。通过这些现象，学生还可以直观地认识物质的化学性质。然而，实验的价值远不止于此。在实验进行的过程中或结束后，教师可以充分利用这些关键时刻，通过精心设计的问题链，逐步引导学生深入思考，挖掘实验背后的深层原因，从而拓展学习的深度和广度。

教师可以根据实验现象提出一系列循序渐进的问题，这些问题旨在激发学生的好奇心和探索欲，促使他们不仅仅关注实验的表面现象，更关注现象背后的本质和规律。通过引导学生对实验现象进行细致观察、对实验数据进行理性分析，以及对实验结果进行逻辑推理，教师可以帮助学生逐步构建起对物质性质的全面理解。这种以问题为导向的学习方式不仅能够增强学生的批判性思维和问题解决能力，还能够促使他们在学习中保持持续的兴趣和动力。

生动的实验是探索物质性质的重要工具，教师的适时引导和问题设计则是帮助学生深入思考、感知深层原因的关键所在。通过这一教学策略，学生可以更加全面、深入地理解物质的化学性质，为后续的化学学习奠定坚实的基础。

2. 引导探究，感知形成过程

在化学教学中，教师可通过设置问题作为学习的切入点，激发学生的探究欲望，引导他们通过小组合作与班级讨论的方式，深入分析问题、探索问题解决方案，并在解决问题的过程中逐步感知知识的形成与发展脉络。实验演示与生活生产实例的融入为学生提供了丰富的感知素材，使他们能够对所学物质有更全面、更深入的认识。

教师应当强调，学习元素化学不应仅仅停留于对化学实验表面现象的观赏层面。学生需具备细致观察实验现象的能力，更需在问题的引导下，积极思考、深入探究，以加强对物质的深层次感知。通过这一过程，学生不仅能够更好地理解物质性质与反应规律，还能在问题解决中锻炼思维能力，提升科学素养。

因此，教师在设计教学活动时，应注重问题的启发性和连贯性，通过问题链引导学生逐步深入探究，同时鼓励学生结合实验观察与生活经验，进行多角度、多层次的思考与分析。这样的教学策略有助于学生在探究过程中逐步构建起系统的知识框架，深化对元素化学知识的理解与掌握。

（三）帮助学生构建知识关联

元素化合物知识不是孤立的知识点，它涵盖物质的组成、结构、性质及制取方法等多个方面，并且与化学概念及理论之间存在着紧密的内在联系。化学概念与理论的形成，离不开元素化合物知识的支撑与丰富。缺乏丰富的元素化合物知识，化学概念与理论将显得空洞乏味，难以被学生有效理解和接受。相反，当元素化合物知识作为基石时，化学概念与理论便能得以生动展现，便于学生深入理解和掌握。

学生在学习理论性知识时，往往需要通过积极的思维活动对众多具体事例进行深入分析与概括，从而提炼出同类事物的共同关键特征。这一过程对于概念的学习和理解至关重要。具体事例的丰富程度及关键特征的显著性，将直接影响学生掌握概念的深度和广度。因此，在化学教学中，教师应注重通过丰富的元素化合物知识实例引导学生分析与概括，帮助他们建立起化学概念与理论之间的内在联系，形成系统的知识体系。

元素化合物知识在化学学习中扮演着至关重要的角色，它不仅是化学概念与理论形成的基础，也是学生理解和掌握这些概念与理论的关键。通过丰富的具体事例和深入的分析概括，学生能够更好地把握化学知识的本质，构建起完整且连贯的化学知识体系。

1. 在元素化学教学中渗透概念理论

在元素化学的教学过程中有效地融入概念理论等其他相关知识，是一个至关重要的教学策略。这一策略的实施可以将学生已掌握的元素化合物知识作为切入点，通过逐步深入的方式，自然地引入并渗透化学概念、理论等更深层次的内容。这样的教学方式不仅能够帮助学生巩固已学的元素化合物知识，还能在原有知识的基础上拓展其知识视野，深化其对化学学科的整体理解。

教师可以先引导学生回顾和总结已学的元素化合物知识，以作为新知识学习的起点。在此基础上，通过精心设计的问题和案例，教师逐步引导学生探究元素化合物背后的化学原理与规律，进而引入相关的化学概念和理论。这一过程不仅有助于学生建立新旧知识之间的联系，还能激发他们对化学学科的好奇心和探索欲。同时，通过拓展性的学习活动，如课外阅读、实验探究等，教师可以进一步丰富学生的学习体验，拓宽他们的知识视野。这样的教学策略不仅有助于提升学生的化学素养，还能培养他们的自主学习能力和科学探究精神，为其未来的化学学习奠定坚实的基础。

2. 用概念理论引领元素化学教学

在化学教学体系中，当学生对概念理论、科学方法等知识已有一定程度的掌握时，教师便可以巧妙地以这些已有知识为引领，展开元素化合物知识的教学。具体而言，教师可以以学生熟悉的概念理论和科学方法作为桥梁和纽带，引导学生逐步进入元素化学的学习领域。

在实际教学中，教师可以先复习和巩固学生已掌握的概念理论和科学方法，以此为基础，逐步引入元素化合物的相关知识。教师通过循序渐进的方式，帮助学生建立起新旧知识之间的联系，使他们能够在已有的知识框架中更加顺畅地理解和接受新的元素化合物知识。这种教学策略，不仅能够有效地利用学生已有的知识资源提升教学效果，还能帮助学生构建起系统的化学知识体系。在掌握元素化合物知识的同时，学生也能够更加深入地理解化学学科的本质和规律，提升化学素养和科学探究能力。

因此，教师应注重在化学教学中充分发挥概念理论和科学方法的引领作用，以帮助学生更好地理解和掌握元素化合物知识，促进他们化学学习能力的全面发展。

第三节　初中化学用语的 PBL 教学

化学用语作为国际通行的专业表述方式，在化学学科中占据核心地位，是认知与理解化学不可或缺的手段，也是科学研究与科学家间沟通的桥梁。它凭借精确的符号系统，将宏观与微观的化学信息高度凝练，实现了对化学世界的精准描绘。尤其在处理复杂、抽象的信息时，化学用语的优势尤为显著。在学习与解决化学问题的过程中，学生需频繁运用化学符号进行信息转换。对于正处于化学学习启蒙阶段的初中生而言，掌握化学用语不仅仅是获取基础知识的前提，更是培养化学思维与抽象能力的关键。因此，以化学用语为媒介开展化学学科思维训练，对学生的抽象思维能力发展具有至关重要的作用。

一、初中化学用语学习的特点

化学用语是依据国际标准制定的，用于描绘物质构成、结构及变化规律的符号体系，构成了初中化学教学的基础知识框架，同时也是深入学习和研究化学不可或缺的工具。它广泛渗透于初中化学教材的各个章节，与元素化合物知识、化学实验、化学计算，以及化学基本概念和原理等紧密相连。初中化学中的化学用语涵盖元素符号、化学式、化学方程式及化合价等多个方面，其中元素符号作为核心，是构建物质组成与结构认知的基础，化学式则成为揭示物质化学反应规律的关键。化学用语作为化学学科特有的表达形式，是对化学信息的精炼与概括，是对化学现象的反映，是运用化学思维解决问题的重要基石。化学用语具有以下特点。

（一）通用性、规范性和科学性

化学用语，作为全球化学界共同遵循的统一符号体系，展现了无与伦比的通用性。这一特性使得化学用语能够跨越语言和文化的界限，成为任何具备基础化学知识的个体都能理解的语言，从而极大地拓宽了其应用范围，增强了交流效能。与自然语言相比，化学用语避免了因语言多样性带来的交流障碍，确保了化学信息的无障碍传递，真正实现了国际的无缝沟通。

化学用语所蕴含的化学信息具有高度的普遍性和可接受性，其社会效用和价值远超其他文字语言。它不仅仅是化学家交流思想的工具，更是推动化学学科在全球范围内发展的重要力量。这种规范化的化学符号语言构成了化学领域的专业术语，为化学家提供了一个共同的语言平台，促进了化学知识的共享与传承。

化学符号的发展有着漫长而复杂的历程，它们是在化学实践中不断精炼和完善的产物。这些符号不仅专门用于表示化学对象，而且在化学领域中具有特定的含义和科学性。即使某些化学符号在形式上与其他学科的符号相似，如数学中的"+"和"="，在化学方程式中失去了原有的数学意义，转而承载了化学特有的含义。这种"借用"与"转化"，体现了化学学科对其他学科知识的吸收与融合，也彰显了化学符号的灵活性和适应性。

在化学研究中，化学用语的使用确保了研究结果的准确性和可重复性。化学家通过化学用语彼此交换信息，使得不同民族的科学家能够共享研究成果、观测数据和理论成果，从而进一步推动化学学科的发展。这种跨文化的交流与合作不仅促进了化学知识的更新与迭代，也为解决全球性化学问题提供了可能。

化学用语的通用性、规范性和科学性，使其成为化学学科不可或缺的重要组成部分。它不仅为化学家提供了一个共同的语言平台，促进了化学知识的交流与共享，而且为化学学科的发展注入了强大的动力。在未来的化学研究中，化学用语将继续发挥其不可替代的作用，引领化学学科不断向前发展。

（二）表述简明，内涵丰富

化学用语，作为化学领域特有的表达工具，具备以简约形式精准传达丰富化学信息的能力。相较于冗长的文字描述，化学符号的使用显著降低了信息的表述成本，使得化学信息在人的长时记忆中占据的空间更为紧凑。

这种简约性不仅提升了信息处理的效率，也促进了化学知识的有效传播与记忆。

化学用语不仅仅能够简洁地表示化学信息，更具备将宏观化学现象转化为微观表征的能力。它允许化学家以符号语言替代冗长的化学概念表述，从而在进行化学研究时能够更加直接、高效地捕捉和表达化学现象的本质。这种转化不仅简化了化学问题的表述，也为化学家提供了更为直观、具体的思考工具。

在化学研究过程中，化学家依赖化学用语进行思考和推理，以解决各种复杂的化学问题。从简单的化学概念推演到复杂的系统联结与转换，化学用语都是不可或缺的媒介。它使得化学家能够在思维活动中自由地进行概念的转换、过渡与联结，从而构建出完整的化学知识体系。

因此，在学习化学用语时，学生不应仅仅停留于对化学符号的机械记忆，而应深入理解其背后的化学意义。这要求学生不仅仅要掌握化学符号的基本表征，更要能够洞察其内涵与外延，理解其在化学知识体系中的位置与作用。只有这样，才能真正掌握化学用语，从而更有效地进行化学学习和研究。

化学用语的学习过程，实际上是一个深入理解化学知识、提升化学思维能力的过程。它要求学生在掌握化学符号的同时，能够将其与化学现象、化学概念及化学知识体系紧密联系起来，形成一个完整、系统的化学认知框架。这种认知框架的建立不仅有助于学生更好地理解和记忆化学知识，而且能够提升学生解决化学问题的能力，推动学生在化学研究领域取得更大的进步。

（三）化学用语学习环环相扣

元素符号、化学式及化学方程式，这三者在化学学习中构成了紧密相连的知识体系。其中，元素符号构成了这一体系的基础，它不仅是化学世界的"字母表"，也是理解后续化学知识的起点。元素符号的学习为学生打开了通往化学世界的大门，使他们能够初步认识化学元素的种类与特性。

化学式，作为元素符号的拓展与延伸，进一步揭示了物质的组成与结构。通过化学式的书写，学生不仅能够理解物质是由哪些元素构成的，还能洞察到元素之间的比例关系，以及它们在物质中的存在形态。在这一过程中，对于元素符号及化合价的熟练掌握显得尤为重要，它们是构建正确化学式不可或缺的关键因素。

化学方程式则是化学用语体系中更为复杂且富有内涵的部分。它不仅是化学反应过程的直观表述，而且是揭示化学变化规律的重要工具。在书写化学方程式时，学生需要综合运用元素符号、化学式及化学反应原理，将化学反应的始态与终态以符号化的形式准确表达出来。这一过程不仅锻炼了学生的符号运用能力，也深化了他们对化学反应本质的理解。

元素符号、化学式及化学方程式的学习并非孤立的，而是与其他化学知识紧密相连的。例如，通过化学式的学习，学生能够更好地理解物质的分类（如纯净物、混合物、单质、化合物、氧化物、酸、碱、盐等），这对于他们构建完整的化学知识体系至关重要。同时，掌握化学式及化学方程式的书写内涵，有助于学生更从容地应对种类繁多的酸碱盐及其相互反应，从而进一步提升他们的化学素养与问题解决能力。

元素符号、化学式及化学方程式在化学学习中构成了一个紧密相连、层层递进的知识体系。它们不仅各自承载着独特的化学信息，而且在相互关联中共同构建了化学世界的符号化表述。因此，在学习化学用语时，学生应注重知识的连贯性与整体性，通过综合运用与深入理解，逐步构建起完整且扎实的化学知识体系。

（四）化学用语学习枯燥乏味

初中生初次踏上化学的学习之旅，往往始于对化学学科的初步认识及实验基本操作的学习，随后逐步接触并探索日常生活中较为熟知的物质，如空气、氧气等。在这一初始阶段，教师通常会高度重视实验教学，旨在凸显化学学科的独特魅力，以此激发学生的好奇心与学习兴趣。然而，随着学习的深入，学生将不可避免地面临种类繁多的化学用语的学习挑战，而这些化学用语往往缺乏直观的实验支撑。

化学用语，作为化学学科特有的符号体系，具有高度的规范性和约定俗成的特点。它们不仅承载着丰富的化学信息，还构成了化学思维的基石。然而，对于初学者而言，这些化学用语往往显得抽象且难以捉摸，因为它们与具体的宏观、微观物质之间缺乏直观的联系。在这种情况下，学生往往需要通过大量的强化记忆来掌握这些化学用语，这无疑增加了学习的枯燥感和难度。

由于缺乏体验性学习的机会，学生难以将化学符号与具体的物质世界建立起联系，因此他们在运用化学用语时容易感到困惑和迷茫。此外，化学用语本身具有点多面广、相似相异的特点，这使得学生在分辨和记忆时面临极大的挑战。他们往往发现，即使在课堂上听懂了教师的讲解，在实际运用时却常常出错，这种"一听就懂，一用就错"的现象极大地削弱了他们的学习信心。

更为严重的是，由于学生在学习化学用语时缺乏成功的体验，他们的学习兴趣往往会逐渐降低。化学用语作为化学学科的重要组成部分，其学习效果的好坏直接影响到学生对整个化学学科的兴趣和态度。因此，当学生在化学用语的学习上遭遇挫折时，他们可能会对整个化学学科产生抵触情绪，从而影响到后续的学习效果。

初中生在学习化学用语时面临的挑战不容忽视。为了激发学生的学习兴趣，提升他们的学习效果，教师需要采取更为灵活多样的教学方法，将化学用语的学习与具体的实验、生活实例相结合，帮助学生建立起化学符号与物质世界之间的联系。同时，教师还应注重培养学生的自主学习能力和问题解决能力，使他们在面对化学用语时能够更加从容不迫，从而保持对化学学科的持久兴趣。

二、化学用语学习的障碍

（一）化学用语教学存在的问题

在化学用语的教学过程中，确实存在着一系列亟待解决的问题。

首先，一方面，化学用语本身具有高度的抽象性和规范性，这对学生构成了不小的学习挑战。学生在初次接触化学用语时，往往难以将其与具体的化学现象或物质建立联系，导致理解上的困难。另一方面，化学用语数量众多，且存在许多相似或容易混淆的符号，这增加了学生的学习负担，使他们在记忆和运用化学符号时容易出错。

其次，在教学方法上，部分教师可能过于注重知识的传授，而忽视了对学生思维能力和学习方法的培养。他们可能更多地采用灌输式的教学方式，缺乏对学生个体差异的关注，导致教学效果参差不齐。同时，化学用语的教学往往缺乏足够的实践环节，学生难以在实践中深化对化学用语的理解和掌握。

最后，化学用语的学习还要求学生具备一定的空间想象能力和逻辑推理能力，而这些能力并非所有学生都能在短时间内迅速提升。因此，在教学过程中，如何有效地提升学生的这些能力，也是教师需要面对的一个重要问题。

化学用语教学存在的问题主要包括化学用语本身的抽象性和规范性带来的学习挑战、教学方法的单一性、实践环节的缺失，以及学生个体能力的差异等方面。为了解决这些问题，教师需要不断探索和创新教学方法，注重培养学生的思维能力和学习方法，同时关注学生的个体差异，以全面提升化学用语的教学效果。

（二）初中化学用语学习存在的障碍

1. 学科知识维度的障碍

（1）缺乏对元素符号和元素之间关系的本质认识

在化学学习过程中，一个显著的问题在于学生对元素符号及其所代表的元素之间关系的本质的认识存在不足。元素符号作为化学学科的基础，不仅是构成化学式、化学方程式等化学用语的基本单元，也是连接宏观物质世界与微观原子结构的桥梁。然而，许多学生在学习过程中往往只是机械地记忆元素符号，没有深入理解其背后的化学意义及元素之间的相互关系。

元素之间的关系，包括它们在自然界中的存在状态、相互转化规律及它们在化学反应中的行为等，构成了化学学科的核心内容。然而，由于缺乏对元素符号及其关系的本质认识，因此学生在面对复杂的化学问题时，往往难以灵活运用所学知识，这便会导致其解题能力受限。

对元素符号和元素关系的理解不足，还可能导致学生在化学学习中产生困惑和误解。例如，他们可能无法准确判断化合物中元素的化合价，或者无法正确理解化学反应的机理和过程。这些问题不仅影响了学生的学习效果，也阻碍了他们对化学学科的整体把握和深入理解。

因此，为了提升化学学习的效果，教师需要加强培养学生对元素符号及元素关系本质的认识：通过引导学生深入理解元素符号的化学意义，揭示元素之间的内在联系，帮助学生建立起完整的化学知识体系，从而为他们后续的化学学习打下坚实的基础。

（2）缺乏对化学用语内涵的把握

在化学学习的过程中，一个显著的问题在于学生对化学用语内涵的把握存在不足。化学用语，包括元素符号、化学式、化学方程式等，是化学学科特有的表达形式，不仅承载着丰富的化学信息，还构成了化学思维的基石。然而，许多学生在学习过程中，往往只是停留在对这些化学用语的表面记忆上，没有深入理解其背后的化学意义及所表达的化学概念。

缺乏对化学用语内涵的把握，导致学生难以将化学用语与具体的化学现象、化学反应及物质结构等建立起联系。这不仅影响了学生对化学知识的全面掌握，也阻碍了他们在解决实际问题时灵活运用化学用语的能力的发展。例如，在面对复杂的化学反应方程式时，学生可能只是机械地记忆其书写形式，而无法准确理解反应的本质和过程。

对化学用语内涵的把握不足，还可能使学生在化学学习中产生误解和困惑。他们可能无法准确判断化合物的组成和性质，或者无法正确理解化学反应的机理和条件。这些问题不仅降低了学生的学习效率，也削弱了他们对化学学科的兴趣和信心。

因此，为了提升化学学习的效果，教师需要加强学生对化学用语内涵把握的培养：通过引导学生深入理解化学用语的化学意义，揭示其背后的化学概念和原理，帮助学生建立起完整的化学知识体系，从而为他们后续的化学学习奠定坚实的基础。

（3）缺乏对化学用语学习的有机统一的认识

在化学教育实践中，一个核心的问题在于学生往往缺乏对化学用语学习的有机统一认识。化学用语，包括元素符号、化学式、化学方程式等，是化学学科内部各个知识点之间紧密相连的纽带，构成了化学思维的逻辑框架。然而，许多学生在学习过程中未能将这些化学用语视为一个有机整体来理解和掌握，而是将它们割裂开来，孤立地学习。这种缺乏有机统一认识的学习方式，导致学生难以形成完整的化学知识体系。他们可能能够记忆单个的化学用语，但在面对复杂的化学问题时，却难以将这些用语综合运用，从而无法准确理解和解决化学问题。此外，由于缺乏对化学用语之间内在联系的认识，学生在记忆和运用这些用语时，容易感到混乱和困惑，从而影响学习效果。

为了提升化学用语学习的效果，教师需要引导学生建立起对化学用语学习的有机统一认识。这包括帮助学生理解各个化学用语之间的逻辑关系，揭示它们之间的内在联系，解释如何在具体化学情境中灵活运用这些用语。通过构建这样的知识体系，学生可以更加系统地学习和掌握化学用语，提高化学学习的效率和质量。

缺乏对化学用语学习的有机统一的认识是当前化学教育中亟待解决的问题。教师需要采取有效措施，引导学生对化学用语形成全面、系统的理解，从而提升学生的化学素养和问题解决能力。

2. 综合能力维度的障碍——学习方法及思维方式的偏差

在化学学习过程中，学生常面临综合能力维度的障碍，这主要体现在学习方法及思维方式的偏差上。学习方法的不当导致学生难以有效整合化学知识，形成系统的学习体系。他们可能过于依赖机械记忆而忽视了理解与应用的重要性，故而在面对复杂化学问题时缺乏灵活应变的能力。此外，部分学生在学习中缺乏主动探索的精神，习惯被动接受知识，这限制了他们自主学习和问题解决能力的提升。

思维方式的偏差同样对学生的化学学习构成挑战。一些学生可能过于注重细节而忽视了整体性的思考，导致他们在理解化学概念、原理及反应过程时，难以把握其本质和内在联系。同时，受传统思维模式的影响，部分学生可能缺乏创新思维和批判性思维，难以提出新的见解或质疑现有理论，这限制了他们在化学学习中的深入探索和发现。

为了克服这些障碍，教师需要引导学生调整学习方法，注重理解与应用，鼓励主动探索和自主学习。同时，教师还应培养学生的整体性思维和批判性思维，帮助他们形成科学的思维方式，提高化学学习的效率和质量。通过这些措施，学生可以更好地掌握化学知识，提升化学学习的综合能力，为未来的学术研究和职业发展打下坚实的基础。

3. 情感维度的障碍——缺乏兴趣和存在畏难情绪

在化学学习过程中，学生常常面临情感维度的障碍，这主要表现为缺乏兴趣和存在畏难情绪。兴趣是学习的内在动力，然而，部分学生可能对化学学科缺乏足够的兴趣，导致他们在学习过程中缺乏主动性和积极性。这种缺乏兴趣的状态不仅影响了学生的学习效果，也削弱了他们对化学知识的探索欲望和求知欲。

与此同时，畏难情绪也是学生在化学学习中常见的情感障碍。面对复杂的化学概念、反应原理及实验操作，部分学生可能感到困惑和挫败，进而产生畏难心理。这种情绪状态会进一步加剧学生的学习困难，形成恶性循环。他们在面对化学问题时，可能更容易放弃思考，选择逃避或依赖他人，从而无法有效提升化学学习的能力。

为了克服这些情感障碍，教师需要关注学生的兴趣点，设计生动有趣的教学活动，激发学生的学习兴趣。同时，教师还应鼓励学生在面对困难时保持积极的心态，通过提供适当的指导和支持，帮助学生逐步克服畏难情绪，树立自信，增强化学学习的动力。通过这些措施，学生可以更加积极地投入化学学习，提升学习效果，实现个人潜能的充分发展。

三、初中化学用语 PBL 教学思路建构

化学用语不仅是化学教学中不可或缺的核心要素，也是学生学习化学的关键工具。作为中学化学基础知识和基本技能教学的关键组成部分，化学用语的教学成效直接关乎学生化学素养的构建，以及学生学习化学的积极性和主动性的培养。

以问题为导向的化学用语教学策略，强调学生的主动探索与学习。该方法将学习过程与具体任务或问题相结合，引导学生在复杂且有意义的情境中深入探究，通过自主探究和合作学习解决问题，并在此过程中掌握隐含的科学知识，形成解决问题的能力，同时培养自主学习的能力。其根本目的在于全面提升学生的学习能力，并为学生树立终身学习的意识和培养终身学习的能力奠定坚实基础。

（一）以规范化学用语的书写为起点

在化学教育过程中，规范化学用语的书写是起点，是学生构建化学知识体系、培养严谨科学态度的基石。化学用语，作为化学学科特有的表达方式，其准确、规范的书写不仅是精准传达化学知识的基本要求，也是学

生培养化学思维、提升学科素养的重要途径。

从规范化学用语的书写入手，有助于学生形成良好的学习习惯和严谨的学术态度。在书写过程中，学生需要仔细辨析每个化学符号、化学式及化学方程式的含义，这不仅加深了他们对化学知识的理解，还锻炼了他们的注意力、记忆力和逻辑思维能力。同时，规范化学用语的书写也是化学交流的基本要求。在化学领域，准确、清晰的化学用语是科学家之间沟通、交流的重要工具。通过规范书写，学生能够更好地理解和运用化学知识，与同行进行有效的学术对话，从而拓宽视野，深化对化学世界的认识。

规范化学用语的书写还能够提升学生学习化学的兴趣和自信心。学生在书写过程中不断取得进步，他们的成就感就会油然而生，从而激发出对化学学习的热情，增强克服困难的勇气。

规范化学用语的书写，对于学生培养化学素养、提升化学学习能力具有重要意义。

（二）以构建微观粒子模型图为突破口

在化学学习的进程中，学生会逐步接触并需掌握大量化学用语。然而，面对日益增多的专业术语，部分学生感到理解困难，这加剧了他们学习化学的挑战性，甚至使他们逐渐丧失了学习兴趣。这一困境的根源之一在于，学生未能在脑海中构建出准确的微观粒子模型图，导致他们对微观粒子与宏观物质之间的关系存在片面理解，二者之间的联系被人为割裂。

微观粒子模型图作为连接微观世界与宏观现象的桥梁，对于深化化学知识的理解至关重要。缺乏这一关键认知工具，学生在理解化学反应、物质结构及性质变化等核心概念时，往往难以形成全面、系统的认识。这种认知上的断层不仅阻碍了学生内化化学知识，也影响了他们运用所学知识解决实际问题的能力。

因此，以构建微观粒子模型图为突破口，成为解决这一问题的有效策略。教师通过引导学生构建并不断完善微观粒子模型图，可以帮助他们直观地理解微观粒子间的相互作用、排列方式，以及它们如何共同决定宏观物质的性质。这一过程不仅能够增强学生的空间想象能力和逻辑思维能力，还能够激发他们对化学世界的探索兴趣，促进化学学习的深入与持久。

（三）以典型例题为抓手，厘清化学用语的内涵和外延

化学用语作为化学学科的核心表达工具，具备以简约形式精准传达丰富化学信息的能力，同时能够将宏观的化学现象与微观结构紧密联系起来，展现出其深厚的内涵与宽广的外延。为了深入理解并熟练掌握化学用语，以典型例题为抓手成为一种高效的教学策略。

典型例题不仅涵盖化学用语的基本用法，还融入化学知识的实际应用，能够帮助学生从多个角度和层面把握化学用语的内涵。通过分析例题，学生可以清晰地看到化学用语如何精确描述物质的组成、结构、性质及变化规律，进而加深对化学概念的理解。同时，典型例题还展示了化学用语的外延，即其在不同化学情境下的灵活运用。这些例题往往涉及复杂的化学反应、物质间的相互作用及实验数据的解析，要求学生能够运用所学的化学用语进行推理和计算，从而解决实际问题。这一过程不仅锻炼了学生的逻辑思维和问题解决能力，还促进了他们化学素养的全面提升。

综上所述，以典型例题为抓手，能够帮助学生全面而深入地理解化学用语的内涵与外延，掌握化学用语在化学学习和研究中的重要作用，为后续的化学学习奠定坚实的基础。

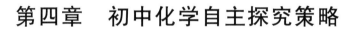

第四章　初中化学自主探究策略

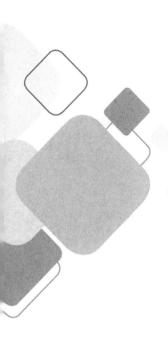

第一节　自主探究研究概述

探究无疑是一种核心的学习方式，其重要性在于，通过探究获得的知识往往更加深刻且生动。然而，在长期的初中化学教学实践中，教师普遍采用的是"讲授式"教学模式。这种模式并非完全排斥探究活动，而是侧重于教师将自身探究所得的知识传递给学生。然而，这种间接且被动的知识获取方式难以充分满足学生的实际需求，也不利于学生对知识的深度理解。

随着新课程标准的深入实施，学生的课堂主体地位得到了明确强调。为了巩固学生的这一地位，新课程标准倡导在教学过程中充分发挥学生的自主性。其中，探究活动成为学习过程中不可或缺的一环。因此，"自主"与"探究"这两种理念日益紧密结合，并在教学实践中展现出极其重要的应用价值。

新课程标准要求教师在设计教学活动时应注重激发学生的探究欲望，鼓励学生主动参与、积极探索。通过探究活动，学生可以自己体验知识的形成过程，从而加深对知识的理解和掌握。同时，探究活动还有助于培养学生的创新精神和实践能力，为学生的全面发展奠定坚实基础。因此，在初中化学教学中，教师应积极转变教学模式，注重培养学生的探究精神和自主学习能力。

一、研究背景

（一）教育改革背景

21世纪，人类社会已全面迈入知识经济的新纪元，科技的飞速进步如同一股不可逆转的潮流，深刻地改变着世界的面貌。在这一时代背景下，科学知识的更新速度前所未有，新知识、新技术层出不穷，使得终身学习成为个人适应社会发展、紧跟时代步伐的必备条件。终身学习不仅仅是对个人能力的持续提升，更是应对未来挑战、把握发展机遇的关键所在。在此背景下，自主探究能力作为一项核心技能，其重要性日益凸显，成为个体必备的基本素质之一。提升自主探究能力不仅能够帮助个体独立获取知识、解决问题，还能激发创新思维，培养持续学习的习惯，是实现个人全面发展、适应知识经济时代要求的必然选择。

在教育领域，尤其是在当前教育改革不断深化、教育理念不断更新的背景下，培养学生的自主探究能力已成为教育工作的重点之一。这一教育理念尊重学生的主体地位，不仅体现了以人为本的教育思想，还着眼于学生的长远发展，致力于培养具有创新精神和实践能力的未来人才。自主探究能力的培养不仅有助于学生形成积极主动的学习态度，提高学习效率，还能增强学生的自信心和责任感，为其终身学习打下坚实的基础。

初中化学作为初中阶段的一门重要基础学科，同样承担着培养学生自主探究能力的重要任务。化学是一门以实验为基础的科学，其独特的学科特点为培养学生的自主探究能力提供了丰富的资源和广阔的空间。在化学学习过程中，学生需要通过观察实验现象、分析实验数据、总结实验规律等环节，逐步掌握科学探究的基本方法，形成科学思维的习惯。这一过程不仅要求学生具备扎实的基础知识，而且要求学生具备独立思考、勇于探索的精神。

在当前的初中化学教学中，教师应积极转变教学观念，从传统的讲授式教学向探究式、项目式等以学生为主体的教学模式转变。通过设计具有探究性的学习任务，如化学实验设计、化学问题解决等，激发学生的探究欲望，引导学生在探究过程中发现问题、分析问题、解决问题，从而培养其自主探究能力。同时，教师还应注重培养学生的信息素养，教授学生如何运用信息技术手段获取化学知识、分析化学信息，进一步提高其自主探究的效率和质量。

培养学生的自主探究能力是顺应时代发展、促进学生全面发展的需要。在初中化学教学中，教师应充分发挥化学学科的独特优势，通过设计丰富多样的教学活动，激发学生的探究兴趣，培养其自主探究能力，为学生的未来发展奠定坚实的基础。

（二）素质教育对初中化学教学的要求

素质教育作为一种促进学生德、智、体、美、劳全面发展的教育理念，对初中化学教学提出了更为深入与细致的要求。这些要求不仅旨在提升学生的化学知识水平，而且强调培养其科学素养、创新思维、实践能力和终身学习的能力。

1. 素质教育强调初中化学教学应注重学生科学素养的培养

科学素养教育不仅仅包括对化学基本概念、原理和实验技能的掌握，更重要的是有助于学生形成科学的思维方式，具备科学探究的能力。因此，初中化学教学应设计一系列具有探究性质的教学活动，如实验探究、案例分析等，让学生在实践中发现问题、解决问题，从而培养其观察、分析、推理和实验设计的能力。同时，教师应注重引导学生关注化学与日常生活、社会发展和环境保护的紧密联系，培养其运用化学知识解决实际问题的能力，引导其形成科学的价值观和责任感。

2. 素质教育要求初中化学教学激发学生的创新思维

创新思维是现代社会对人才的基本要求之一，也是个人持续发展和适应未来变化的关键。在化学教学中，教师应鼓励学生大胆质疑、勇于探索，培养其批判性思维和创造性解决问题的能力。例如，可以通过设计开放性的实验项目，让学生在实验过程中自主设计实验方案、选择实验器材和试剂，甚至尝试改进实验方法，从而激发其创新思维和设计实验的兴趣。此外，教师可以引入化学前沿领域的知识和技术，如纳米化学、绿色化学等，让学生了解化学科学的最新发展动态，拓宽其视野，激发其探索未知领域的热情。

3. 素质教育要求初中化学教学强化学生的实践能力

实践能力是学生将所学知识应用于实际情境的能力，也是检验其学习成果的重要标准。在化学教学中，教师应注重实验教学的开展，确保每位学生都能自己动手进行实验操作，掌握基本的实验技能和实验方法；同时，还应鼓励学生参与课外科技活动、化学实验竞赛等，通过实践锻炼提升自己的实验技能和团队协作能力。此外，教师还可以结合社会热点问题和实际案例，设计具有实际应用价值的化学研究项目，让学生在实践中深化对化学知识的理解，培养其解决实际问题的能力。

4. 素质教育要求初中化学教学关注学生的个体差异和全面发展

每个学生都是独一无二的个体，具有不同的兴趣、特长和发展需求。因此，在化学教学中，教师应尊重学生的个性差异，因材施教，为每个学生提供适合其发展的学习资源和机会。同时，教师还应关注学生的身心健康和全面发展，通过丰富多彩的化学课外活动、心理健康教育和生涯规划指导等，帮助学生树立积极向上的学习态度和生活态度，促进其全面发展。

素质教育对初中化学教学提出了全面而深入的要求。这些要求旨在通过化学教学培养学生的科学素养、创新思维和实践能力，关注学生的个体差异和全面发展，为培养具有创新精神和实践能力的未来人才奠定坚实的基础。

（三）初中化学教学的特点

教学方法与学习方式的选取应紧密贴合具体的教学内容，这要求我们对学科特性及教学特点有充分的认知。初中化学课程的核心目标在于为学生奠定坚实的化学基础知识，并在此过程中逐步培养其化学思维能力。具体而言，初中化学教学旨在使学生能够运用化学视角审视并解析各类现象与问题，进而形成科学的认知框架与价值观念。因此，在教学实践中，教师应深入理解初中化学的学科本质，结合教学目标与学生的认知特点，灵活选择教学方法与学习方式，以有效促进学生化学知识的积累与化学思维的发展，同时培养其科学精神与价值观念。具体来看，初中化学的教学特点主要表现在以下三个方面。

第一，在知识的构成上具有严谨的逻辑特征。化学，作为一门基于实验的理工科学科，其知识体系展现出严谨的逻辑性。初中化学的教学内容设计，旨在通过逐步深入的方式引领学生踏入化学世界的大门。课程初始，教学聚焦于基础的化学现象，旨在帮助学生构建对化学基本概念及学科价值的基本认识。此阶段，学生将接触并理解诸如化学实验、化学反应、化合物、过滤及沉淀等基本概念，这些内容的重点在于对概念与方法的辨析与领悟，定性学习的成分占据主导，整体难度适中。随着课程的推进，教学内容逐步深化，聚焦于从化学视角剖析物质世界的本质，如原子、元素、化学价及化学式等，引导学生对化学反应进行定量研究，实现知识从定性到定量的跨越。随后，课程进一步拓展至对酸碱盐、金属及氧化合物等基本物质的详细介绍，旨在为学生构建化学知识体系打下坚实基础。从整体来看，初中化学的教学内容遵循由简至繁、由单一至广泛的原则，学习过程则实现从定性到定量、再到两者有机结合的递进。这种精心构建的知识体系，不仅有助于学生系统地掌握化学知识，而且能够有效促进其化学学习能力的提升，为学生未来的化学学习之路奠定坚实的基础。

第二，对学生逻辑思维能力具有较高要求。初中化学教学对学生的逻辑思维能力提出了较高要求。在教学的初期阶段，由于化学知识与学生的日常生活紧密相连，并辅以生动有趣的实验，大多数学生能够较为轻松地接受和理解所学内容。然而，随着教学内容的逐步深入，学生开始面临更为复杂的化学问题，此时，部分学生可能会出现学习思路不清晰的情况。这一现象的产生，主要源于化学学习过程中其他学科知识的渗透与融合。在解决化学问题时，往往需要综合考虑多种因素，如实验条件、实验现象及伴随产生的多种化学现象等。例如，在分析铁的氧化过程时，学生需首先根据实验条件和现象，判断是发生了缓慢的潮湿氧化还是剧烈的燃烧氧化；在此基础上，还需借助其他辅助性实验，进一步确定氧化产物的具体成分，如 Fe_3O_4 或 Fe_2O_3。这一过程要求学生不仅具备扎实的化学基础知识，而且具备良好的逻辑思维能力，以应对复杂多变的化学问题。因此，在初中化学教学中，教师应注重培养学生的逻辑思维能力，引导学生学会综合分析、判断推理，以更好地应对化学学习中的挑战，提升化学素养和综合能力。

第三，课程安排比较紧凑。初中化学课程在初三阶段正式开设，教学安排相对紧凑。在这一年中，学生需从化学知识的初步接触迅速过渡到对化学知识的掌握与应用，时间紧迫且任务繁重。尽管素质教育理念强调学习不应仅以应试为目的，但中考作为学生学业生涯中的一个重要节点，其重要性不容忽视。因此，在初三化学教学中，学生既要快速适应新课程的学习节奏，又要理解与记忆大量琐碎且相互关联的化学知识。在这一过程中，学生不仅需要扎实掌握化学基础知识，还需具备将知识融会贯通的能力。面对如此繁重的教学任务，教师应采取高效的教学策略，注重培养学生的化学学习能力，通过恰当的教学方法，如实验教学、情境教学等，激发学生的学习兴趣，引导其主动探索化学世界的奥秘。同时，教师还应帮助学生建立化学知识之间的联系，形成系统的知识框架，以促进学生对化学知识的深入理解与掌握。只有这样，学生才能在有限的时间内有效提升化学素养，为未来的化学学习及科学素养的培养奠定坚实基础。

无论是初中化学课程改革与素质教育的整体要求，还是初中化学的教学特点，都折射出对学生自主探究能力的要求。因此，如何培养学生的自主探究能力是初中化学教学中教师应该重点思考的问题。

二、自主探究的含义及特征

（一）自主探究思想的起源

自主探究思想的起源可追溯至人类对知识探索的本能追求及对自我认知的不断深化。自古以来，人类便对周围世界充满好奇，渴望理解自然界的奥秘，这种求知欲成为推动科学进步与文明发展的强大动力。在漫长的历史长河中，哲学家、思想家及科学家通过不断的观察、实验与反思，逐渐形成了自主探究的思维方式。

古希腊哲学家如苏格拉底、柏拉图及亚里士多德等，通过对话与辩论的方式，倡导对真理的追求应基于个人的思考与探索，而非盲目接受权威的观点，这为自主探究思想奠定了哲学基础。文艺复兴时期，人文主义思想兴起，强调人的价值与尊严，鼓励个体独立思考，进一步促进了自主探究精神的发展。

进入现代科学时代，伽利略、牛顿等科学家通过实证研究与实验验证，开创了科学方法的新纪元，强调观察、假设与实验验证在知识获取中的重要性，进一步推动了自主探究思想在科学领域的实践与应用。随着时代的发展，自主探究不仅成为科学研究的核心原则，也逐渐渗透到教育、艺术等多个领域，成为推动社会进步与创新的重要力量。

自主探究思想的形成是一个历史悠久且不断演化的过程，它根植于人类对知识的渴望与对自我认知的追求，经过历代思想家与科学家的共同努力，逐渐发展成为推动人类文明发展的重要思想体系。

（二）自主探究的含义

自主探究，作为一种学习方式与思维模式，其核心在于个体主动、独立地探索知识、解决问题并构建个人知识体系的过程。它强调学习者在认知活动中的主体地位，鼓励个体基于内在动机，通过自我驱动的方式，对未知领域进行深入的探索与学习。

在自主探究的过程中，学习者需具备高度的自主性，能够自我设定学习目标，选择适合自己的学习资源与方法，并对学习过程进行自我监控与调节。同时，探究过程往往伴随着问题的提出与解决，学习者需运用批判性思维对所学知识质疑、分析与验证，以形成更为深刻的理解与认识。

自主探究还强调知识的建构性，即学习者在探索过程中不仅仅接受外部信息，更要通过个人经验与认知结构的整合，创造性地构建个人知识体系。这一过程不仅有助于提升学习者的认知能力与问题解决能力，也能激发其创新思维与创造力。

自主探究是一种强调学习者主体地位、注重自我驱动与知识建构的学习方式，它鼓励个体主动探索未知，通过问题解决与知识创新实现个人认知与能力的全面发展。

（三）自主探究的特征

1. 教学角度

自主探究的实施始于教师角色的转变。在教学活动中，教师需摒弃传统教育理念，打破固有教育模式，革新教学方法，确保学生成为课堂学习的核心主体。这一变革促使教师的角色发生深刻变化，教师不仅仅是知识的传递者，更是课程的创新开发者、教学环境的精心设计者、学生学习进程的积极推动者与合作伙伴、学习方向的明智引导者与组织者，以及知识资源的有效管理者。通过这些角色的融合与转换，教师能够更好地支持学生的自主探究学习，促进其全面发展。因此，在自主探究学习模式中，从教师教学角度来看，教学过程具有以下特征。

（1）组织性与引导性

在自主探究学习模式中，教师的角色发生了显著变化。教师转变为学生学习历程的组织者与引领者，能够灵活调整教学策略以适应学生的学习需求。学生的自主探究成效很大限度上依赖于教师能否为其指明正确的学习路径，提供有效的探究方法，以及基于学生知识基础和认知水平给予恰当的指导。此模式下，教学的核心在于有效的组织与引导，其特点在于启发而非直接告知，引导而不全然揭示，让学生在探索中自行领悟。教师需指导学生进行自我审视，明确学习目标，从而确立清晰的教学方向；引导学生合理搜集与利用学习资源，自主设计高效的学习方式；维护学习过程中积极的心理氛围，帮助学生深入理解知识的内涵与价值；鼓励学生对学习过程及成果进行自我评估，并激发其潜能。

总体而言，在自主探究学习模式中，教师扮演的最为关键的角色便是组织者与引导者，通过一系列精心设计的指导活动，不仅能够促进学生对知识的主动探索与建构，还能够培养其自我反思与自我提升的能力，为学生的全面发展奠定坚实的基础。

（2）促进性与激励性

在自主探究活动中，学生的学习态度对最终的学习成效具有至关重要的影响。因此，在组织学生开展自主探究时，教师需充分发挥促进与激励作用，确保学习活动的高效进行。为实现这一目标，教师应注重对学生的适时调控与科学评价。调控需及时且精准，以确保学习活动能够按照预定目标顺利进行。评价则应采用形成性评价方式，重点关注学生的探究过程，而非仅仅关注最终结果。通过形成性评价，教师可以及时了解学生的学习进展与问题，从而提供有针对性的指导与反馈。

在学生的探究过程中，教师还应鼓励学生进行自我调控，培养其自主学习能力。自我调控不仅有助于学生更好地管理自己的学习时间与进度，还能激发其内在的学习动力，使其更加积极主动地参与到学习活动中。

教师在自主探究活动中应充分发挥促进与激励作用，通过适时调控、科学评价，以及引导学生自我调控，使学生能够更加积极主动地学习，从而逐步成为知识的自我建构者，实现学习成效的最大化。

2. 学习角度

在自主探究学习模式中，最主要的变化集中在学生学习中，从学生学习的角度来看，自主探究学习主要具有以下特征。

（1）能动性与自觉性

在化学自主探究学习模式中，能动性无疑是最为显著且根本的特征，这一特征与传统教学模式中学生常处于的被动状态形成了鲜明对比。在自主探究这一充满探索性的活动中，学习过程宛如一座巍峨大厦，其牢固的根基深深植根于学生的能动性之中。该模式将对学生的深切信任、充分尊重及能动性的极致发挥视为不可或缺的基石。在这一框架下，学生能动性的具体体现便是主动与自觉。从这一独特且深刻的视角出发，自主探究可被精准地诠释为一种洋溢着主动精神与自律意识的学习范式。

自觉学习，犹如一盏明灯，映照出学习主体在自主探究征途中所展现出的规范性认知与自我约束的光辉。学生能动性的充分发挥，深刻地体现为学习主体内心深处的一种醒悟与觉醒，这种觉醒是学生对自身学习目标、行为、要求及意义的深刻洞察。正是这份觉醒赋予了学生约束与规范自身学习行为的强大力量，促使他们在学习之路上不断奋进、持之以恒。

如此强调学生的能动性与自觉性的根源在于，每位学生均是一个独一无二的个体，他们拥有相对独立的思想意识、价值取向及思维判断能力。在自主探究活动中，学生对于教师的指导并非盲目遵从或全盘接受，而是会经过自己更加积极的思考与判断，进行有选择的吸收与内化，从而不断丰富和完善自身的知识体系。

（2）独特性

在学习历程中，每位学生的内在体验与心灵世界均展现出独特的风貌，各自拥有迥异的观察视角、思考路径、分析框架及问题解决策略。简而言之，学生群体彰显出高度的个性化特征，而这种个性化正是通过多样化的学习方式得以体现的。进一步而言，学生的独特性可视为一种差异性，此差异性根源于先天遗传因素与后天家庭、社会环境等诸多条件的综合作用。因此，在针对同一知识内容的探究活动中，学生的学习进度、理解深度等方面自然而然地呈现出参差不齐的态势。鉴于此，在推行自主探究学习模式时，教师应当全面而深入地理解并尊重学生的个体差异，并以此为出发点，结合学生的具体状况，引导学生探索并发展出更具个人特色的学习方式，以期达成各具特色的学习目标，同时确保每位学生的个性化潜能得以充分释放与展现。

（3）情感性

自主探究学习过程的深远意义远远超越了单一学习方法与学习理念的革新范畴，它更是一个情感深度投入与心灵触动的过程。在这一学习过程中，学生需巧妙地运用更为适宜的策略与方法，以维持对学习旅程的盎然热情。当这份热情被充分点燃时，学习活动便不再是横亘在学生面前的沉重负担，而是转化为一种令人心旷神怡、充满愉悦的享受，进而有力地推动学习效率的显著提升。

反之，若学生对所学知识未能燃起丝毫热情，那么他们往往会以一种消极懈怠的情绪踏入学习的殿堂。在这种情绪的笼罩下，学生的学习动力将大打折扣，尤其在遭遇学习瓶颈与挑战时，他们更容易心生畏惧，止步不前，这种心态无疑会成为学习效果提升的巨大绊脚石。因此，在自主探究学习的广阔天地里，教师应当致力于将学习活动塑造为一个洋溢着欢乐与满足的过程，让学生在学习之旅中不仅能够收获知识的果实，也能体验到探索与发现的无穷乐趣。

为此，教师需要精心设计教学方案，巧妙融入趣味元素，激发学生的学习兴趣与好奇心。同时，学生也应积极调整心态，以更加饱满的热情与坚定的信念投身于自主探究的浪潮之中，共同营造一个充满活力与创造力的学习环境。

（4）创新性

创新，这一充满挑战与活力的概念，其根基深植于学习主体那颗永不满足、永远好奇的心灵之中。它是一种对周遭环境、纷繁事物及复杂事件进行深入自我探究与认知的高级学习活动。在自主探究这一充满探索精神的活动中，创新更是被赋予了更为重要且高级的地位。所谓创新性，其核心要义在于，学生在已掌握的知识框架之上，凭借自身的智慧与创造力，构建出能够指导实践、满足自我需求的实践理念模型。这一模型，犹如一座知识灯塔，照亮了学生前行的道路。具体而言，这种实践理念模型是学生在深刻洞察事物发展的客观规律、超前认知事物真理，以及明确而强烈的内在需求的基础上，通过创造性思维活动所孕育出的智慧结晶。它既是学生对既有知识的一种深刻领悟与把握，又是对所学知识边界的一种勇敢跨越与超越。在实践创新理念的引领下，学生原有的知识体系被充分激活与调动，知识系统得以重新组织与优化，学生的目标价值与潜能得到了淋漓尽致的展现与张扬。

具有创新性的自主探究学习过程不仅仅是对学生知识掌握程度的一次全面检验，更是对其创造力、批判性思维及问题解决能力的一次深度锤炼，为学生未来的成长与发展奠定了坚实的基础。

三、自主探究的目的

在当前多元化且注重个体发展的教育背景之下，众多学者普遍达成共识，认为学生的学习本质上应当是一种积极主动的建构历程。被动接受信息的传统模式难以引领学生达到理想的学习成效，唯有当学生基于既有的知识经验和认知框架，对外界纷繁复杂的知识刺激进行有意识地筛选与整合时，方能更为高效地构建当前事物的意义体系。推行自主探究的学习模式，其根本宗旨在于"授人以渔"，即传授给学生一系列具有实际应用价值的学习策略与方法，以此激发学生的内在求知欲与探索精神，促使他们在自主探索与实践中不断拓宽知识视野，深化理解层次，进而实现自身基本素质的全面提升与综合发展。具体来看，实行自主探究的主要目的可以概括为以下四点。

（一）培养学生的主体意识

在新课程改革浪潮中，有两个核心理念引领着教育教学的航向。其一，要充分关注并促进学生的全面发展，这一理念深刻要求教师深入钻研教学策略，以期点燃学生的学习热情，确保学生在课堂中占据主体地位，并积极鼓励他们投身探究活动，从而高效达成教学目标。其二，更加重视并实施"以学定教"的教学策略，要求教师细致入微地观察并考量学生的思维活跃度、参与程度、交往互动、注意力集中程度及情绪状态等多维度因素，进而对教学过程进行精细化调整与完善。不难发现，这两种理念均将学生的课堂主体地位置于核心位置，明确要求教师应以学生为中心，精心策划教学活动。因此，组织学生开展自主探究活动，其根本目的在于进一步巩固并强化学生的课堂主体地位，让他们的课堂主体作用得到充分彰显。

（二）培养学生的能动意识

在学生自主探究能力持续发展的过程中，学生的能动意识扮演着至关重要的角色，它不仅是推进这一过程的有效方法，而且是不可或缺的源泉与强大动力。教师需采用科学而恰当的方式充分激发学生的学习热情，以有效应对并化解学生在学习过程中可能出现的厌学情绪，促使学生更加积极主动地投身探究活动。与此同时，学生还需着力培养自控力、自律性及自我反省的心理素质。在自主探究的实践中，学生不仅仅要将学习内容视为认知的对象，更要将自己纳入认知的范畴，进行正确且客观的自我评价，进而对自己的行为进行科学的自我调节、严格的自我控制，以及积极的自我激励。唯有如此，学生方能在学习的每一个环节中都充分发挥出自身的主观能动性。

（三）培养学生的独立意识

长期以来，传统教学模式多采用"讲授式"，教师习惯于将现成的知识直接传授给学生，学生则处于被动接受与理解的状态。这种模式在无形中养成了学生的依赖心理。相比之下，自主探究学习模式则要求学生进行更为自主的探索与深刻的反思，教师不再直接提供结论，而是转变为组织者和引导者。从问题的发现、提出，到问题的分析与解决，这一系列过程均需学生独立完成。为此，教师在培养学生的独立探索精神时，应从两方面着手：一方面，要求学生实现学习上的自立，学会科学规划学习时间与进度，自主制订学习计划，并独立完成从预习、复习到自测、检验的完整学习过程；另一方面，致力于增强学生的自信与自强精神，通过组织个性化的自主探究活动，塑造学生的独立人格，让每个学生的独特个性得到充分展现与发展。同时，教师应积极发现并肯定学生的优点与长处，使他们在自主探究中收获成就感，进而不断强化独立意识。

（四）培养学生的创新意识

为了顺应现代社会快速发展的趋势及学生个性主动发展的迫切需求，当前教育领域对学生创新意识的培养给予了前所未有的重视。这一转变打破了以往教学中过于注重智力而忽视能力培养、过分看重结论而忽视过程探究的片面做法，使得教学活动能够更加积极地围绕学生展开，发挥出更为深远的积极影响。在培养学生创新意识的过程中，需妥善协调好两对至关重要的关系：一是智力与创造力的关系。智力无疑是创造力形成与发展的坚实基础，但创造力的强弱并不单纯取决于智力的高低，还与是否接受了相关的训练紧密相关。因此，需通过科学的方式组织学生参与创造力训练，以此锻炼并优化他们的思维方式。二是基础知识、技能与创造力的关系。基础知识与技能同样是创造力不可或缺的构成要素，故而，要发展学生的创造力，就必须使他们牢固掌握丰富的学科知识与学科技能。唯有如此，方能借助创造性的思维方式，将这些基础知识与能力有效转化为学生的创造力。

四、自主探究的意义

（一）顺应时代发展的需要

鉴于当前社会科技的迅猛发展态势，以及职业转换与知识更新频率的不断加速，教育工作者必须深刻认识到，在这样的知识爆炸式增长的时代背景下，试图将全部知识传授给学生已成为一项不可能完成的任务。个体仅凭在校期间的知识积累已远远无法满足自身发展的需求，因此，每个人都应树立起终身学习的理念与习惯。值得注意的是，学生的终身学习往往发生在学校环境之外，且缺乏教师的直接指导，这进一步凸显了自主探究能力的重要性。由此可见，自主探究能力已成为 21 世纪个体生存与发展的一项基本能力，它对于个人适应快速变化的社会环境、持续更新知识体系具有不可替代的作用。

（二）学生个体发展的需要

一方面，自主探究对提升学生在校期间的学习质量具有显著的积极影响。经深入调研发现，学习成绩优异的学生往往也具备较强的自主探究能力。这是因为，通过参与自主探究活动，学生能够更为深入地理解和掌握相关教学内容，这一特点与深度学习的理念高度契合。另一方面，自主学习能力是创新型人才不可或缺的一项基本素质。在促进个体全面发展的进程中，提升学生的自主探究能力具有极其重要的意义，不仅能够增强学生独立思考和解决问题的能力，而且为他们未来成为具备创新思维和实践能力的人才奠定了坚实的基础。因此，培养自主探究能力对于学生的学习成长及未来发展均至关重要。

（三）教学模式变革的需要

新课程改革的深入推进对学生的自主探究能力提出了更为严格的要求。这一要求的提出，源于教育工作者对传统教育模式弊端的深刻认识。与传统的"接受式"学习方式相比，自主探究学习模式更符合当前课堂教学的实际需求。值得注意的是，课堂教学中的自主探究并非放任学生各行其是，而是强调学生不应盲目追随教师，要在课前充分预习，在课堂上积极参与讨论，在课后及时复习巩固。通过这种方式，学生能够将学习的外在驱动力（"要我学"）转化为内在动力（"我要学"），从而充分激发学习的积极性与主动性。这一转变在当前教育背景下，对于大幅提升课堂学习效率具有至关重要的作用。

五、自主探究的理论基础

（一）教育心理学基础

1. 认知心理学

认知心理学的兴起与发展，相当程度上是对行为主义心理学的一种反叛，尤其是对行为主义所关注的"无内在机制的有机体"概念的批判。在探讨环境与个体之间的相互作用时，认知心理学主张个体并非被动地受环境摆布，而是能够对环境产生积极的影响。环境并不构成对人行为的决定性因素，它通常仅为个体提供一系列潜在的刺激。至于这些刺激对个体产生何种程度的影响，则取决于个体在学习过程中所形成的心理结构。因此，认知心理学认为，学习过程在本质上乃是学习者内部心理结构的一种重构，而非简单的刺激与反应之间的联结。这一观点深刻揭示了学习活动的内在机制与复杂性。基于这一基本观点，又衍生出了一些具体的理论主张，具体如下。

（1）理智发展的教育目标

教育旨在促进个体理智的全面发展，这是其核心且长远的目标。理智发展不仅仅关乎知识的积累与技能的掌握，更在于培养学生的批判性思维、逻辑推理能力及问题解决能力。教育的这一目标强调，学生应当学会独立思考，能够基于理性分析做出判断，而不仅仅是被动地接受信息。通过系统的学习与训练，学生的心智将逐渐成熟，能够应对复杂多变的社会与知识环境。理智发展的教育目标，旨在培养具有深刻洞察力、良好判断力及创新能力的未来人才，为社会的持续进步与个人的全面发展奠定坚实的基础。这一过程要求学生不仅仅在认知层面取得进步，更需在情感、态度及价值观上实现全面提升。

（2）动机—结构—序列—强化原则

动机—结构—序列—强化原则，是认知心理学融入教学过程的核心原则。首要的是动机原则。认知主义强调学生内在的心理倾向对学习至关重要，认为学生天生对学习内容怀有好奇心，教学的关键在于如何有效激发学生的好奇心，以调动其探究热情，进而推动智慧成长。其次是结构原则。教师应发挥引导作用，强化教学内容与学生既有知识间的联系，确保知识结构与学生的认知水平相契合。再其次是序列原则，即学习内容的呈现次序需充分考量学生的知识背景、动机状态及发展水平。最后是强化原则。认知心理学不主张过度依赖教师的外部强化，以免学生产生依赖心理，强调教师的强化应逐步由外部奖励转向内部奖励，以激发学生的内在动力。

（3）发现教学法

发现教学法在认知心理学中占据举足轻重的地位。布鲁纳强调，学生并非消极的知识接受者，而是积极的信息处理者。教师的核心职责在于为学生构建一个能够促进自主学习的环境，而非直接提供已整理完毕的知识体系。基于此，他极力推崇发现教学法，着重强调激发学生的内在学习动机、培养其直觉思维，以及重视学习过程本身。布鲁纳的这一观点深刻揭示了学生在学习过程中的主体地位，以及教师在促进学生主动学习方面所应扮演的角色，为教育实践提供了有力的理论支撑，强调了学生在学习活动中主动探索与建构知识的重要性。

2. 建构主义理论

严格来讲，建构主义理论可以被视为认知主义的一种延续，但在实际的发展过程中，又不断注入了新的内涵。建构主义理论的基本观点包括以下三个方面。

（1）知识观

建构主义理论主张，知识并非对客观世界的直接镜像反映，而是个体对客观世界的主观假设、诠释或假说，且随着认知的深化，对知识的理解亦会不断演变。因此，在应对具体问题时，需根据问题情境对既有知识进行再创造或加工。此外，即便知识已被广泛接受，也并不意味着所有学习者都能同等理解，因为理解知识的关键在于学习者基于自身知识经验进行建构，这一过程深受特定情境下学习者个人学习历程的影响。建构主义强调，知识的意义是学习者在特定情境中主动建构的，而非被动接收既定的事实。

（2）学习观

建构主义理论强调，学习过程本质上是个体自主进行知识建构的过程。与认知主义理论相呼应，建构主义学习观亦认为，学生在学习中并非被动接受信息，而是主动进行知识的理解和建构。在学习过程中，学习者基于自身的知识经验背景，积极地对外部信息进行筛选、处理与加工。随后，学习者对已获取的信息进行个性化解读，形成对信息意义的独特理解。不同学习者所具备的知识经验存在差异，他们在调动知识经验时会产生不同的反应，进而对信息的解释也会呈现多样性。这种基于个体差异的知识建构过程，体现了建构主义学习理论的核心理念。

（3）教学观

建构主义教学观着重指出，教学过程并非教师单向的知识传递，学习者获取知识亦非仅凭教师传授，而是在特定情境下，借助他人（如教师、同学）的协助及教学资料，通过意义建构得以实现的。故而，在教学过程中，教师应以学习者原有的知识经验为基石，引导其从中主动构建新的知识体系。换言之，教学实质上是知识的处理与转化过程，而非单纯的知识传递。在此过程中，教师与学生、学生与学生应携手探索问题，并在探索中不断交流、质疑，共同促进知识的深化与拓展。这种互动与合作的教学模式，旨在激发学习者的主动性与创造性，培养其独立思考与解决问题的能力。

建构主义教学理念的核心在于将学生置于中心地位，着重强调学生在学习过程中对知识的主动探索、发现及意义建构。为深入阐释教学过程的本质，建构主义提出了两大教学要素：一是教学情境的创设。建构主义主张教师应精心构建教学环境，巧妙设计问题，以营造出有利于学生知识建构的学习情境。二是协作与共享。这一理念贯穿于教学始终，是建构主义的核心概念之一。建构主义强调社会性互动的重要性，鼓励教师引导学生进行有效的交流与讨论，从而构建学习共同体。在这个共同体中，每位学生的智慧与思维都得以共享，共同促进知识的建构与完善。通过协作学习，学生能够相互启发、共同进步，实现知识的深化与拓展。

3. 人本主义理论

人本主义理论的核心特质在于着重强调人的正面本质与价值。该理论主张对人进行整体性研究，反对将人的心理片面地割裂为若干独立部分。人本主义深信，人的心理是一个统一且完整的系统，各心理要素之间相互关联、相互影响。此外，人本主义高度重视人的高级心理活动，如尊严、信念、热情等，认为这些要素对于个体的成长与发展具有举足轻重的作用。人本主义理论倡导，教育、心理治疗等领域应充分尊重并激发人的内在潜能与正面价值，以促进个体的全面发展与自我实现。通过关注并培养人的高级心理品质，人本主义致力于构建一个更加人性化、积极向上的社会环境。由此可见，人本主义从全人教育的角度对学习者的整个学习过程进行了解释，其中最重要的两个观点如下。

（1）以人性为本的教学目的

人本主义虽强调适宜的后天环境对人自然成长的重要性，但同时也指出，人的行为并非单纯由外部环境或刺激所决定，而是基于内在情感与意愿的综合、自主选择。部分人本主义者认为，教育的核心目标在于助力学生实现个性化发展，使其认知并珍视自身的独特性。为实现这一目标，教师应发挥引导作用，帮助学生明确学习目标与内容，同时营造积极的学习氛围，确保学生在有利的学习环境中自主挖掘知识的深层意义与价值。通过这一过程，学生的潜能得以充分激发，个性得到充分发展，从而实现全面发展的教育目标。人本主义教育理念强调学生的主体性与自主性，鼓励学生在探索与发现中不断成长。

（2）彰显主体的教学过程

人本主义教育理念强调"以学生为中心"的基本原则，认为这是实现"自我实现"教育目标的关键所在。该理论重视深入探究学生潜能、动机、兴趣、情感及认知等内心世界，要求教师在教学过程中充分尊重学生的自尊心与独立人格，致力于发展学生的个性。与此同时，认知主义也秉持相似观点，认为个体天生具备创造与求知的潜能，学习过程即将这些潜能充分发挥的过程，人的自我实现则是潜能不断释放的动态历程。因此，教育的重要使命之一就是创造最优条件，促进每位学生达到个人最佳状态，并帮助学生找到最适合自己的学习方法与内容，从而激发其内在潜能，使其实现全面发展。

（二）教育学基础

1. 主体性教育理论

教育的主体性，其核心在于强调在教学过程中学生应始终处于中心地位；教师的主导功能则体现在唤起学生的主体意向，使教育成为主体的内在需求，进而推动学生身心向更高层次发展。为确保学生的主体地位得到充分彰显，教师应积极营造以学生为中心的学习环境，激发学生的内在驱动力，培养其形成持久稳定的心理特质，进而激励学生更加主动、积极地投身于知识探索与获取。这一过程不仅关注学生的知识积累，而且重视其自主学习能力的提升与心理品质的塑造，旨在促进学生的全面发展与个性成长。

2. 终身教育理论

终身教育涵盖个体一生中所接受的各种教育形式，其核心主张在于为个体在需要时提供最佳的知识与技能获取途径。终身教育的主要特点体现在两个方面：一是终身性，这一特点打破了传统正规学校教育的时空限制，将学习视为一个持续不断、贯穿终身的过程；二是灵活实用性，意味着学习者可以自由选择适合自己的教育形式，学习的方式、内容、地点及时间等均可根据个人实际情况灵活安排。这种灵活性确保了学习者能够根据自身需求，选择最为适宜的学习路径，从而实现个人知识与技能的持续提升。终身教育强调教育的连续性与个性化，旨在促进个体的全面发展与终身学习能力的形成。

3. 元认知理论

简而言之，元认知指的是对认知过程的自我觉知与调控，即学习者对自身认知活动的有意识管理。元认知在学习中的作用主要体现在三个方面：首先，元认知具有知识引导作用，它涉及认知策略、目标及主体等多个层面，为学习者指明自主学习的方向。其次，元认知具有调控功能，通过对学习过程的监控与调节，如执行计划、监控策略、检查结果及改进措施等，确保学习过程的有效进行。最后，元认知具有启发效应，学习者在认知活动中产生的情感体验能激发其反思与自我调整。因此，元认知对于优化与完善学习过程具有不可忽视的重要作用。

第二节　初中化学实施自主探究的策略

为在初中化学教学中有效引导学生开展自主探究活动，教师需采取科学合理的教学策略。这些策略的制定应紧密贴合实际教学情境，并适时做出针对性调整。当前，初中化学教学致力于构建学生自主学习机制，着重培养学生的自主探究与创造性学习能力。教师实施自主探究策略，旨在探索并构建新型教学模式，以转变传统教学方式，激发学生的学习积极性，进而提升初中化学教学的质量与效益。

初中化学自主探究策略的核心内容聚焦于两大方面：一是激发学生的学习热情，鼓励学生主动学习，勇于尝试自学；二是引导学生动手实践，通过实验等实践活动培养其创新思维能力，使学生在实践中体验成功，并掌握自主探究的基本方法与技巧。

在实施自主探究策略时，应遵循以下原则：首先是实际性原则，需充分考量学生的年龄、认知水平及实践经验，同时评估教学设备及活动场所的实际情况，确保学生有效参与。其次是科学性原则，活动设计应紧密结合学科特点，遵循教育规律，根据学生认知规律开展，并在必要时进行适时纠正，以保障活动质量。最后是多样性原则，应避免活动形式单一，通过多样化的活动方式（如教师演示、学生讨论、实验、测评等）与教学手段（融合现代与传统教学手段），以及促进学生多样化的感官参与（如视听、动手操作、口头表达等），来丰富自主探究活动的内涵与形式，从而确保初中化学中的自主探究活动取得更佳成效。

一、培养初中学生自主探究能力

（一）激发学生学习动机

学习动机的激发是学生主动投入学习活动的重要先决条件。随着新课程标准的深入推行，教师应秉持"以学生为中心"的教育理念，全面审视并优化教学策略，着重思考如何有效激发学生的学习热情，进而促进学生学习能力的提升。在这一过程中，教师需要关注学生的兴趣点、认知特点及学习需求，通过创新教学方法、丰富教学内容、营造积极学习氛围等手段，充分调动学生的学习积极性与主动性。通过激发内在学习动机，不仅能够提升学生的学习效果，还能培养其自主学习与终身学习的能力，为学生的全面发展奠定坚实基础。为此，教师可以采取以下三个方面的策略。

1. 创设问题情境

问题情境是由个体面临的问题及所具备的相关经验共同构成的一个系统。一个恰当的问题情境，能够通过外部问题与内部知识经验之间的巧妙冲突，激发个体产生适宜的思考动机与最佳的思维导向。显然，正是这种知识经验上的冲突，驱动个体经历了"产生疑问—深入探究—深思熟虑—发现新知—解决问题"这一完整的自主探究历程。因此，教师在教学活动中应有意识地创设与教学内容紧密相关的悬念情境，以此集中学生的注意力、激发其思维活力、强化其记忆效果，从而促使学生达到一种理想的智力活动状态，为深入学习与有效探究奠定坚实基础。在初中化学教学中，创设问题情境的方法主要包括以下三种。

第一，联系自然现象、生活现象。化学作为自然科学的重要分支，与日常生活紧密相连，众多生活现象均可通过化学知识得到阐释。在教学过程中，教师可巧妙融入自然与生活中的实例，创设问题情境。以二氧化碳的性质为例，教师可列举诸如汽水开启后气泡涌现、饮用汽水易打嗝、夏季汽水瓶偶发爆炸等生活现象，引导学生围绕这些现象思考"二氧化碳的溶解性如何""其是否易受温度与压强影响"等问题。此类教学方法不仅有效活跃了课堂氛围，还显著降低了知识理解的难度，促进了学生对化学知识的深入掌握与灵活应用。

第二，合理利用新旧知识之间的联系或冲突。根据奥苏伯尔的同化理论，新知识往往可通过下位学习、上位学习及组合学习等途径习得。因此，教师应充分利用学生既有知识创设问题情境，将新旧知识间的联系作为知识增长点，或利用新旧知识间的矛盾激发学生深入探究的意愿，进而促进学生更为主动地参与自主探究活动。以初中化学为例，化学反应可根据其形式分为置换、分解、化合、复分解等类型，这些类型分散于不同章节。教师在教授每种反应类型时，可引导学生回顾并对比已学反应，通过对比分析，深化对新知的理解，同时巩固旧知，形成完整的知识体系，促进知识的有效迁移与应用。

第三，利用故事创设问题情境。鉴于中学生好奇心旺盛但注意力易分散的身心发展特点，为有效吸引学生的注意力，教师可借助富有趣味性的故事来创设问题情境。讲述与教学内容紧密相关的故事，不仅能够迅速抓住学生的兴趣点，还能在轻松愉快的氛围中引导学生深入思考，激发其探索未知的欲望。例如，在讲解化学元素或反应原理时，穿插科学家发现元素或揭示反应机理的生动故事，使学生在享受故事乐趣的同时潜移默化地接受新知，能够提升学习兴趣与效率。这种方式不仅丰富了教学手段，也促进了学生情感与认知的双重发展。

2. 组织化学实验

在化学教学过程中，化学实验是一个至关重要的环节，它不仅能够帮助学生直观理解抽象的化学原理，还能有效提升学生的实践操作能力。化学实验通过模拟真实的化学反应过程，使学生能够近距离观察化学变化，从而加深对化学知识的理解，牢固掌握化学知识。在实验的组织过程中，教师需要精心设计实验方案，确保实验的安全性、科学性和有效性。首先，教师应明确实验目的，选择合适的实验材料和方法，确保实验能够准确反映化学原理。其次，在实验前，教师应向学生详细讲解实验步骤、注意事项及安全规范，确保每位学生都能正确、安全地进行实验操作。再其次，教师还需密切关注学生在实验过程中的表现，及时给予指导和帮助，确保实验顺利进行。最后，实验结束后，教师还应组织学生对实验结果进行讨论和分析，引导学生总结实验经验、提炼化学知识，从而进一步提升学生的化学素养和实践能力。精心组织的化学实验不仅能够有效提升学生的学习兴趣和参与度，还能培养他们的科学探究精神和实验操作能力，为学生的全面发展奠定坚实基础。

3. 活用信息技术

信息技术教学利用多媒体等信息教学手段，旨在实现教学全过程的数字化，以提升教学效率与质量。它依托于现代教育理念，运用信息化教学手段，要求教学环境、技术、模式、内容、组织形式及教学观念等实现全方位信息化。

为有效激发学生的学习动机，教师应高度重视信息技术在教学实践中的应用。生动形象的动画演示、视频录像等多媒体资源的应用，能够显著激发学生的求知欲，促使学生进入最佳学习状态。特别是在化学学科教学中，信息技术的引入能够引导学生将观察视角从宏观层面拓展至微观层面，打破传统教学中的空间与时间限制，使学生对物质世界形成更为全面而深入的理解，从而有效缩短学生的认知过程，加速知识内化。

教师可以利用三维模拟软件展示分子结构、化学反应过程等微观现象，让学生直观感受化学变化的本质。同时，通过网络资源平台，学生可以接触到丰富的化学案例、实验视频等，从而拓宽学习视野，增强学习兴趣。信息技术的广泛应用不仅丰富了教学手段，也极大地提升了化学教学的互动性和实效性，为学生提供了更加高效、多元的学习环境。

（二）组织自主合作探究

化学学科以其严谨的知识结构著称，对学生的思维能力提出了较高要求。鉴于初中阶段学生的思维发展水平尚待提升，合作学习成为增强学生自主探究能力、确保探究质量的有效途径。自主合作探究模式鼓励学生为达成共同学习目标，采取明确分工的互助性学习方式。此模式虽强调自主性，但非孤立学习，而是通过激发全体学生的学习热情促使每位学生都能积极投入学习与探究，从而在合作中减少错误，实现个体与集体利益的和谐统一。在实施自主合作探究时，应遵循一定原则，确保合作过程高效有序，促进学生全面发展。

1. 合理划分小组成员

在自主合作探究模式的实施过程中，小组构成的合理性对探究成效具有显著影响。划分小组成员时，需关注以下两方面：一是小组规模控制。建议每组人数维持在 4~5 人，以确保探究活动的顺畅进行，同时让每位学生都能有效参与其中。二是遵循"组间同质、组内异质"原则。即各小组整体水平相当，以保障探究活动的公平性；在小组内部，则应有意识地组合具有不同特点的成员，如在学习能力、性格特征、性别等方面存在差异，以便在探究过程中充分发挥每位成员的优势，形成互补效应，共同推动探究任务的高效完成。

2. 确立合作探究目标

在合作探究活动中，确立清晰的探究目标与任务是至关重要的，有助于确保学生的探究过程具有明确的方向性和针对性。明确的目标与任务不仅能够引导学生围绕核心议题展开深入探索，还能有效避免探究活动的盲目性和随意性，提高探究效率与质量。通过设定具体、可衡量的探究目标，学生可以更加聚焦于关键问题，有针对性地搜集信息、分析数据、讨论交流，从而确保探究过程有的放矢，最终达到深化理解、提升能力的目的。因此，在合作探究开始前，教师应与学生共同明确探究目标与任务，为后续探究活动的顺利开展奠定坚实基础。

3. 适当进行引导点拨

在学生的合作探究活动中，教师的有效引导对于保障探究活动的顺利进行具有举足轻重的作用。教师作为探究过程的引领者和辅助者，需通过精心设计与适时介入，为学生提供必要的指导和支持。通过明确探究方向、设定合理目标、提供资源支持、解答学生疑惑及适时反馈评价等方式，教师能够帮助学生克服探究过程中的障碍，保持探究活动的连续性和有效性。同时，教师的引导还需注重激发学生的主动性与创造性，鼓励学生在合作探究中勇于探索、积极交流，从而培养其问题解决能力和团队协作精神。因此，在合作探究活动中，教师的合理引导是确保活动成功实施的关键因素。

（三）优化学生学习方法

在实施自主探究策略时，教师应深刻理解"方法重于知识"的理念。对于学生而言，掌握有效的学习方法是通往学习成功的关键路径。因此，在初中化学教学中，教师应积极向学生传授实用的学习方法，并创造机会让学生灵活运用这些方法。通过教授学生如何高效记忆化学公式、理解反应机理、进行实验设计等，教师可以帮助学生构建自主学习的能力框架。

同时，教师应鼓励学生尝试不同的学习策略，根据个人特点调整学习方法，以达到最佳学习效果。通过这种方法论的教学，教师不仅仅传授了知识，更重要的是培养了学生自主学习的能力和持续学习的习惯。从实际情况来看，适用于初中化学的学习方法有以下三种。

1. 制订整体学习计划

学习计划作为学生自主学习的关键指南，在自主探究活动中扮演着至关重要的角色。制订一个切实可行的学习计划，能够帮助学生从个人实际出发，明确学习目标，并据此合理规划学习时间。该计划应兼顾长远与近期目标，既设定学习与发展的宏观方向，又包含分段执行的具体安排，确保计划的灵活性与可调整性。此外，学习计划的制订还需覆盖整个学期及日常（包括每周、每日）的学习内容、要求与任务，并特别考虑假期时间的利用，以便适时调整学习策略。通过这样周密的规划，学生能够更有效地管理学习进程，确保自主探究活动的有序开展与持续优化。

2. 培养课前预习习惯

优良学习习惯的培养对于提升自主探究能力至关重要，其中课前预习是一项需着重培养的习惯。课前预习，即学生在正式学习新知识前进行的自学准备，是课堂自主探究及实现理想学习效果的重要基石。因此，在正式授课前，教师应引导学生预习新课内容，使学生能对新知识进行初步理解与思考，进而促进学生自主学习与独立思考能力的提升。为避免学生预习的盲目性，教师可设计预习作业，如设置自学问题或提供自学提纲，以便更有效地引导学生思考与探究。教师组织学生对预习成果进行交流讨论，不仅能够深化学生对新课的理解，还能促进思维的碰撞与融合，为后续的自主探究活动奠定坚实基础。

3. 做好知识归纳总结

归纳总结作为一种高效的学习方法，在化学学习中尤为关键，尤其是针对知识点较为琐碎的化学学科。以"元素化合物"为例，初中化学内容涉及众多物质类型，包括多种单质、混合物及化合物，学生常感难以熟练掌握。因此，教师需将这些零散的知识点进行系统整理，揭示其内在联系，构建知识网络，以帮助学生形成清晰的知识体系。此外，归纳总结还便于知识的灵活记忆，教师应指导学生对所学知识进行适当加工，如通过图表、思维导图等形式使知识点更加直观、易于记忆。通过这种方法，学生能够更好地掌握化学知识，提升学习效率与效果。

二、构建化学自主探究教学模式

（一）转变传统教育理念

教学模式的有效实施必然植根于相应的教学理念之中。因此，为了成功构建初中化学教学中的自主探究教学模式，教师的首要任务便是根据新课程标准的最新要求，对既有的教学理念进行优化与革新。新课程标准强调学生的主体地位，倡导以学生为中心的教学理念，鼓励学生在教师的引导下，通过自主探究、合作学习等方式主动构建知识，提升问题解决能力。在此背景下，教师需要深刻领会新课程标准的核心理念，摒弃传统灌输式教学观念，转而注重培养学生的自主学习能力、创新思维及批判性思维。

教师应树立"以生为本"的教育观念，认识到每位学生都是独一无二的个体，拥有不同的学习风格和能力水平。在教学过程中，教师应尊重学生的个体差异，灵活调整教学策略，以满足不同学生的学习需求。同时，教师应积极创设开放、包容的学习环境，鼓励学生大胆质疑、勇于探索，为自主探究活动的顺利开展提供有力支持。

教师还需不断反思自身的教学实践，及时总结经验教训，持续优化教学策略，以更好地适应新课程标准的要求，推动初中化学自主探究教学模式的完善与发展。通过这一系列理念的转变与实践的革新，教师将能够更有效地引导学生进行自主探究学习，促进学生的全面发展。

（二）实施探究式教学

化学探究式教学，亦称"发现式学习"，是一种特殊的教学模式，其核心在于教授概念或原理时，教师不直接给出最终结论，而是通过提供具体问题或实例，引导学生通过观察、讨论、思考与实验等主动探究的方式，自行发现并掌握相关结论或原理。该教学模式的核心理念在于，在教师的适度指导下，学生成为课堂的主体，积极、自主地探索知识，掌握认识与解决问题的基本方法与步骤，深入理解研究对象的客观属性，揭示其发展动因及内部联系。

探究式教学强调学生的主体性，鼓励学生主动构建知识体系，而非被动接受。教师在此过程中扮演引导者与辅助者的角色，通过设计富有启发性的问题或情境，激发学生的好奇心与探索欲，促使他们在实践中学习、在探索中成长。这种教学模式不仅有助于培养学生的独立思考能力、批判性思维及创新能力，还能增强他们的团队协作意识与问题解决能力。

在化学探究式教学中，实验是不可或缺的一环。通过实验，学生能够直观感受化学现象，验证理论假设，从而深化对化学原理的理解，进而牢固掌握。同时，实验过程中的观察、记录、分析与讨论，也是培养学生科学素养与探究精神的重要途径。总之，化学探究式教学以其独特的教育理念与教学方式，为学生提供了更为丰富、多元的学习体验，有助于全面提升学生的化学素养与综合能力。

（三）实施分层教学

在学生的成长与发展过程中，学习能力的差异日益显现，这要求教师在初中化学自主探究教学模式中充分考虑学生的个体差异。为此，教师可引入分层教学法，即根据学生当前能力及知识水平，将其合理划分为多个水平相近的群体，并实施差异化教学策略。分层教学不仅涉及一般性的课堂授课，而且强调在教学要求与内容上的灵活性，以适应不同层次学生的需求。通过为不同层次的学生提供适宜的学习时间与空间，分层教学旨在促进每位学生在自主探究中都能得到充分发展，实现个性化教学，提升整体教学效果。分层教学策略的实际应用通常包括以下四个环节。

1. 学生编组

在分层教学中，科学的学生编组是基础。教师应依据学生思维水平、知识基础及心理因素等实际状况，将学生合理划分为高、中、低三个能力层次。对于高层次学生，因其学习能力较强，教师需设计更具挑战性的思维训练任务；对于中等层次学生，训练任务应侧重于知识的拓展与深化；对于低层次学生，训练任务则应是按教学大纲要求夯实基础。同时，学生编组需保持动态调整，随学习进展灵活变动，以确保分层教学的有效性与针对性，促进每位学生在适宜的学习环境中获得最佳发展。

2. 分层备课

分层备课是实施分层教学的前提保障。教师在备课过程中，需深入研读教学大纲与教材内容，据此设定差异化的教学目标；需明确区分教学内容的基础要求与拓展要求，即界定出所有学生必须掌握的基础知识，以及中、高层次学生应进一步掌握的深化内容。在此过程中，教师应特别关注学困生的转化工作，通过适宜的教学策略帮助其克服学习困难；同时，也要充分挖掘特长生的学习潜力，促进其个性化发展。通过分层备课，教师能更有效地满足不同学生的学习需求，为分层教学的顺利实施奠定坚实基础。

3. 分层授课

分层授课作为分层教学的核心环节，在化学教学中尤为重要。教师应根据不同层次学生的实际情况，精心设计授课起点，确保知识衔接顺畅，适度降低教学内容的难度梯度。在分层授课过程中，应坚持"学生为主体，教师为主导"的原则，确保每位学生都能充分参与学习活动，实现真正的教育公平。应通过灵活调整教学策略，使不同层次的学生都能在适合自己的学习节奏中进步，从而有效落实分层教学目标，促进全体学生的全面发展。

4. 分类指导

分类指导是分层教学成功的关键，它强调针对不同层次的学生采用个性化的方法和手段进行指导和帮助，充分践行因材施教的原则。在作业批改与课外活动中，教师亦需加强对各层次学生的针对性指导，以促进其持续发展。这一策略旨在推动学生向更高层次迈进，实现整体学习水平的优化与提升。通过精细化、个性化的指导，分类指导可确保每位学生都能以适合自己的节奏成长，最终达到教育质量的全面提升。

（四）实行多元化的教学评价

在化学教学中，实施多元化的教学评价体系对于全面评估学生的学习成效、促进教学质量提升具有重要意义。多元化评价不仅关注学生的知识掌握情况，还重视对学生能力发展、情感态度及价值观等多方面的综合评价。通过采用多种评价方法和工具，如课堂观察、作业分析、实验操作考核、同伴评价、自我评价及项目式学习评价等，教师可以更全面地了解学生的学习状况与成长轨迹。

课堂观察可实时捕捉学生的学习态度与参与度；作业分析能反映学生对知识点的理解深度与广度；实验操作考核直接评估学生的实践动手能力与科学探究精神；同伴评价与自我评价有助于培养学生的批判性思维与自我反思能力；项目式学习评价则通过综合性任务考查学生的综合运用能力与创新能力。

多元化的化学教学评价体系强调过程性评价与终结性评价相结合、定性评价与定量评价互补，旨在为学生提供个性化反馈，促进其全面发展。同时，这一评价体系也促使教师不断反思教学方法、优化教学策略，以更好地适应学生的多样化学习需求，共同推动化学教学质量的持续提升。

三、完善化学自主探究教学环境

（一）突破课时限制

在影响学生自主探究活动的诸多因素中，课时作为一个相对固定的要素，其局限性难以直接改变。鉴于此，教师应采取有效策略，充分利用教学时间，以减轻课时限制对自主探究教学模式可能产生的不利影响。通过精心规划教学活动，合理安排时间分配，如优化教学流程、提高课堂互动效率、利用碎片化时间进行即时反馈等，教师能够在有限的时间内实现教学效益的最大化。同时，鼓励学生在课外时间进行自主探究与预习复习，也是缓解课时紧张、促进自主探究学习的重要途径。通过这些措施，教师能够确保自主探究教学模式在有限的教学时间内得到有效实施，推动学生自主学习能力的提升。

1. 改变备课模式

新课程改革的推进导致了课时数量的缩减，但这并未减轻教师的教学负担，反而对教师提出了更高的要求。面对有限的教学时间，教师需要更加深入地钻研课程标准与教材内容，以确保在紧凑的课时内高效完成教学任务。这一过程要求教师不仅要对知识体系有全面而深入的理解，还需精准把握教学重难点，设计高效的教学方案，充分利用每一分钟，实现教学效果的最大化。因此，尽管课时减少，教师的教学准备与实施工作却需更加精细与高效，以适应新课程改革的需求。因此，教师需要在备课模式上进行一定的突破，具体表现为以下三个方面。

（1）将静态备课转变为动态备课

在传统教学观念下，备课往往被简化为教师依据教材编写教案的过程，教学过程严格遵循预设的教案进行，这种教学设计呈现出静态、机械的特点，往往难以达到最佳教学效果。新课程标准则强调"以学定教"，即教学设计应紧密围绕学生的实际需求展开。这样的"教案"具备显著的动态性特征，它被视为教师、学生、教材之间互动的结果。教学过程不再是一成不变的预设流程，而是在"发现问题—解决问题—产生新问题—解决新问题"的循环中不断推进。

因此，在新课程标准的指导下，教学设计应避免对课堂进行过度预设，而应只构建出教学过程的大致框架，为学生留下足够的自主探究空间。这样的设计理念旨在鼓励学生通过主动探索、合作交流等方式，不断完善自主探究活动，从而促进其全面发展。通过实施动态、开放的教学设计，教师可以更好地适应学生的个性化需求，激发其学习兴趣与潜能，提升教学质量与效果。

（2）将经验型备课转变为研究型备课

传统的备课模式相对封闭，教师主要依赖教材及参考资料，凭借个人教学经验独立完成教学计划的制订。然而，在当前教育背景下，开放式备课理念日益受到重视，备课的方式、形态及内容均发生了显著变化。当前，备课已逐渐演变为一种教学研究活动，每次教学计划的设计都是对过往教学方案的创新与超越，这促使教师的备课过程必须从经验导向转向研究导向。

开放式备课鼓励教师打破传统框架，积极吸纳新理念、新技术，通过团队协作、资源共享等方式，不断提升备课质量。教师需关注教育发展趋势，分析学生的特点与需求，结合课程目标，灵活设计教学活动，以实现教学效果的最优化。同时，在备课过程中，教师应注重反思与总结，不断探索更加高效、科学的教学方法，促进个人专业成长。因此，开放式备课要求教师不仅应具备扎实的专业知识与教学技能，还需具备持续学习、勇于创新的研究精神，以适应教育发展的新要求。

（3）将个体备课转变为集体备课

在新课程改革的推进过程中，教师在教学设计上面临的挑战与困难日益增多，单凭教师个人之力往往难以全面应对。因此，为提高备课质量并节省时间成本，教师应高度重视集体备课的价值。需要强调的是，倡导集体备课并非忽视教师个体的独特作用，集体备课是建立在个人充分备课的基础之上的合作机制，旨在通过集体智慧进一步丰富和完善备课内容。

集体备课作为一种团队协作模式，鼓励教师之间分享教学资源、交流教学经验、探讨教学难题，从而实现优势互补、共同提升。通过集体备课，教师可以就教学目标、内容组织、方法选择、评价设计等方面进行深入探讨，形成更加科学、合理的教学方案。同时，集体备课还能促进教师对新课程标准的深入理解与把握，确保教学活动更加符合教育改革的方向与要求。因此，教师应积极参与集体备课活动，充分利用集体智慧，不断提升教学设计的质量与效率。

2. 构建翻转课堂

在化学教学中构建翻转课堂模式，旨在通过调整课堂内外的时间分配，将学习的主动权交还给学生。传统教学模式中，教师通常在课堂上讲授新知识。翻转课堂则要求学生在课前通过观看视频讲座、阅读电子书、使用在线教育平台等方式自主学习课程内容；课堂上，教师转变为指导者和促进者的角色，与学生共同探讨、解决问题，深化学生对知识的理解。

构建化学翻转课堂，首先需要教师精心准备高质量的教学视频和学习材料，确保内容既符合课程标准，又能激发学生的学习兴趣。其次，教师应设计一系列探究性问题，引导学生在课前自主学习时进行思考，为后续课堂讨论奠定基础。再其次，在课堂上，教师应组织多样化的学习活动，如小组讨论、实验操作、问题解决等，以促进学生对知识的内化与应用。最后，教师还需关注学生的个性化需求，提供必要的个别辅导，确保每位学生都能在翻转课堂模式中获益。另外，构建化学翻转课堂还需充分利用信息技术手段，如在线测试、即时反馈系统等，以实时评估学生的学习效果，及时调整教学策略。

翻转课堂的实施不仅能够提升学生的自主学习能力，还能增强师生、生生之间的互动与合作，为化学教学注入新的活力。

（二）构建和谐师生关系

师生关系作为教学活动中不可或缺的一环，对课堂教学氛围有着深远影响。为了营造更加有利于初中化学自主探究的教学环境，构建和谐师生关系显得尤为重要。良好的师生关系能够促进师生间的有效沟通与互动，为学生创造一个更加开放、包容的学习氛围。在这样的环境中，学生能够更加自信地表达观点、提出问题，进而激发自主探究的热情与兴趣。因此，教师应积极努力，通过尊重、理解与支持学生，建立基于相互信任和尊重的师生关系，为初中化学自主探究教学的顺利实施奠定坚实基础。

1. 提高教学水平

"亲其师，信其道"，意指当学生尊敬并亲近教师时，他们更倾向于信任并主动学习教师所传授的知识。教师的教学水平与个人素质不仅关乎课堂教学效果，还直接影响着学生对教师的态度。为构建和谐的师生关系，教师应积极通过多种途径全面提升自身素质，包括专业知识、教学方法、师德修养等方面。这不仅有助于提升教学质量，而且能赢得学生的尊重与信任，为构建和谐师生关系奠定坚实基础。通过持续的自我提升，教师能够成为学生心中的榜样，从而进一步激发学生的学习热情与主动性。

2. 注重语言艺术

在知识传授过程中，语言是核心媒介，其特点对课堂教学中师生关系的构建具有显著影响。教师的语言应追求以下四个要点：首先，语言应深入浅出、通俗易懂，旨在促进学生理解与掌握知识，避免使用晦涩难懂的专业术语，要确保信息传递的有效性。其次，语言需具备引导性，通过启发式提问而非直接给出结论激发学生主动思考与探索的欲望，培养其自主学习能力。再其次，语言应逻辑严密。鉴于化学学科的严谨性，教师在表达时应确保语言逻辑清晰、条理分明，以体现学科特点，帮助学生构建系统的知识框架。最后，语言应生动活泼，通过富有感染力的表达方式，营造轻松愉悦的课堂氛围，避免课堂沉闷，从而构建和谐的师生关系，提升学生的学习兴趣与参与度。通过综合运用上述语言特点，教师不仅能有效传授知识，师生间的理解与信任也能在潜移默化中增进，从而促进师生关系的健康发展。

3. 实施情感教育

情感教育是与认知教育相辅相成的重要教育维度，是完整教育过程中不可或缺的组成部分。它强调在课堂教学中，教师应通过适宜的方法营造一种促进学习的和谐氛围，妥善处理认知与情感之间的平衡。通过情感交流，教师能够促进学生积极情感体验的增强，促进其情感世界的丰富与发展，进而激发学生对教学内容的好奇心与探索欲，助力学生形成独立健全的人格。情感教育在实践中的应用效果显著，它既可作为一种教学模式，指导整个教学过程的设计与实施，也可作为一种具体的教学策略，灵活应用于各个环节，以优化教学效果。情感教育不仅仅传授知识，更注重培养学生的情感智能，促进学生的全面发展。因此，情感教育在提升学生学习兴趣、增强教学效果及促进学生人格成长方面发挥着不可替代的作用。

（三）完善实验室管理

化学实验是深化理论知识理解的关键环节，而实验室作为开展化学实验的核心场所，对于完成化学教学任务至关重要。为充分发挥实验室的功能与价值，必须持续优化和完善实验室的管理措施。这包括加强实验室设备维护与更新、规范实验操作流程、确保实验安全、提升实验资源利用效率等方面。科学有效的管理，能够确保实验室环境的稳定与安全，为师生提供高质量的实验条件，促进化学实验教学的顺利进行，进而提升化学教学质量与效果。因此，完善实验室管理措施是保障化学实验教学有效开展的重要基石。

1. 建立开放性实验室

实验室的开放性主要体现在时间与内容两个维度上。学校应创造便利条件，确保师生拥有充裕的时间利用实验室资源进行教学与探究活动，从而使学生熟练掌握实验设备的使用方法。在内容层面，学生不仅可对教材规定的实验项目进行深入研究，开放性实验室还鼓励学生开展探索性的课外实验活动。这种开放性设计旨在激发学生的发散思维，培养其实验设计能力。具体而言，学生可根据个人兴趣与学术需求，自主设计实验方案，探索未知领域，或针对特定科学问题进行深入研究。实验室的开放不局限于传统教学时间，还涵盖课余时间，为学生提供了更加灵活的学习与研究的时间和空间。同时，仪器设备、化学试剂等实验室资源的全面开放，也为学生的自主探索提供了坚实的物质基础。通过实施这样的开放性策略，学校能够有效促进学生创新思维与实践能力的提升，为其科学素养的全面发展奠定坚实基础。

2. 构建创新性实验室

创新性实验课程是新课程标准下不可或缺的一环，对于全面提升学生的化学学习能力具有至关重要的作用。鉴于此，教师在实验教学中应摒弃传统的演示性教学模式，积极探索并实施探究性和创新性的实验教学策略。为实现这一目标，构建创新性实验室显得尤为重要，它为学生提供了进行科学探究的必要环境与条件。在创新性实验室中，学生不再受限于教材中的既定实验设计，而是能够充分发挥自身创造力，根据研究需求自主选择实验仪器与药品，自主设计实验内容，细致观察实验现象，并总结实验规律。这一过程不仅锻炼了学生的实验操作技能，而且激发了学生的创新思维与问题解决能力。通过创新性实验课程的实施，学生能够在实践中深化对化学原理的理解，提升科学探究能力，为未来的学术研究与职业发展奠定坚实基础。因此，构建创新性实验室、推进创新性实验教学，对于培养学生的创新精神与实践能力具有重要意义。

3. 建设环保性实验室

"绿色化学"作为当前初中化学教学的重要指导思想，要求在实验药品选择与实验流程设计中充分融入环保理念。为实现这一目标，首要任务是推进实验设备的小型化，以降低实验成本并减少资源消耗。其次，应优先考虑使用无毒无害的"绿色"原料，以减少对环境的污染。例如，可采用鸡蛋壳替代碳酸钙与盐酸反应制取二氧化碳，既经济又环保。最后，实验室应配备专业的废气、废液、废渣回收处理设备，确保实验过程中产生的废弃物得到妥善处理，既保护了环境，又实现了资源的循环利用与可持续发展。这一系列措施不仅响应了绿色化学的号召，还能够培养学生良好的环保意识与责任感，为其成为未来社会负责任的公民奠定坚实基础。同时，这些实践也有助于推动化学教育向更加绿色、可持续的方向发展。

4. 创建信息化实验室

现代教育技术的飞速发展对化学实验室的建设产生了深远影响。信息化实验室的构建，标志着多媒体设备在化学实验中的深度融合，为学生提供了高效处理实验数据、深入分析实验结果的先进平台。在化学实验中，尤其那些操作复杂度高或涉及有害物质的实验，传统教学方式可能难以确保安全与效果。信息化实验室则能借助多媒体设备，通过仿真实验的方式有效规避这些风险。仿真实验不仅能直观展示实验过程，还能确保学生在安全的环境下深入理解实验原理与步骤，从而极大地提升了学习效率与实验教学的安全性。此外，信息化实验室还促进了教学资源的数字化与网络化，使得优质实验资源得到广泛共享，进一步推动了化学实验教学的现代化进程。因此，加强现代教育技术在化学实验室中的应用，对于提升实验教学质量、培养学生创新能力具有重要意义。

四、优化初中化学课后探究活动

（一）组织社会调查

化学作为一门与社会生产、生活紧密联系的学科，社会调查活动在学生的自主探究中扮演着重要补充角色。社会调查是指调查者基于特定目的，有意识地对某种社会现象进行深入考察与分析，旨在获取社会真实情况的一种自觉认知活动。通过社会调查，学生能够走出课堂，将理论知识与社会实践相结合，深化对化学知识的理解与应用。同时，社会调查还能培养学生的观察、分析与解决问题的能力，促进其全面发展。因此，将社会调查融入化学自主探究活动，对于提升学生的综合素养具有积极意义。

1. 明确活动主题及意义

社会调查活动的顺利开展，必然建立在明确的活动主题之上。活动主题作为调查的核心导向，为整个调查过程提供了清晰的指引。在明确主题的引领下，调查者能够有针对性地设计调查方案、选择调查方法、收集并分析数据，从而确保调查工作的有序进行。一个精准且富有意义的主题，不仅能够激发调查者的探索热情，还能确保调查结果的有效性与针对性，为后续的决策与行动提供有力支持。因此，在社会调查活动中确立一个明确的活动主题至关重要，它是整个调查工作的基石与方向标。

2. 设计活动流程

一次有效的社会调查活动必须有完善的活动流程。通常来讲，活动流程的设计主要包括以下四个环节。

（1）活动准备

社会调查活动的复杂性往往超出了学生个体的能力范围，因此，根据活动任务的需求划分研究小组并明确各小组的责任分工成为确保调查顺利进行的关键。通过组建小组，学生能够在团队中相互协作、优势互补，共同应对调查过程中的挑战。同时，明确小组内各成员的具体职责有助于提高工作效率，确保每个环节都能得到有效执行。这种团队协作的模式不仅能够促进学生之间的交流与合作，还能培养他们的团队精神和组织协调能力，为社会调查活动的成功开展奠定坚实基础。

（2）制订活动计划

活动计划的制订应遵循以下原则：在教师指导下，由班长总体负责，组织核心成员实施，全体组员协同参与，共同制订本小组的活动计划；随后，班长需发挥协调作用，整合各小组的调查计划，形成统一的整体活动方案。此过程中，教师提供方向性指导，班长承担总体协调职责，确保各小组计划的有效衔接与融合，最终形成一个既体现小组特色又具整体性的活动计划，以保障社会调查活动的有序开展与高效推进。

（3）活动技能培训

在调查活动中，学生需掌握必要的技巧。具体而言，采访时应预先准备针对性强、具代表性的问题；交流中需保持语言亲切、礼貌，并及时记录整理访谈内容；观察时，应细致入微，聚焦于调研对象的主要特征以获取准确信息。同时，安全问题不容忽视，学生应严格遵守组长安排，避免单独行动，特别是在水域等特定调查环境中，需特别注意个人安全，确保调查活动顺利进行。这些技巧的掌握与应用，对于提升调查效率与质量至关重要。

（4）活动实施

活动实施通常是在所有准备工作就绪后展开。教师会根据教学计划为学生安排课外时间，引导他们按照预先设定的调查目标，走出校园进行实地考察。在调查过程中，学生需密切关注调研对象的现状，及时、准确地记录相关信息，以初步构建起一套完整的数据体系。此阶段，学生需运用之前所学的观察、采访等技巧，深入调研现场，全面收集第一手资料。教师在此过程中应发挥指导作用，确保调查活动的顺利进行，同时鼓励学生自主思考，培养其独立解决问题的能力。通过实地考察，学生不仅能够加深对课堂知识的理解，还能在实践中锻炼观察力、分析力及团队协作能力，为后续的数据处理与分析奠定坚实基础。此外，活动实施阶段也是检验前期准备工作成效的关键环节，有助于教师及时调整教学策略，优化后续教学活动。

3. 数据整理与分析

在整理社会调查活动中收集的资料时，首要步骤是进行检查鉴别，确保所收集的基本材料与研究活动的实际需求高度契合。随后，需对材料的真实性与准确性进行严格审核，以保障其可靠性，并真实反映调研对象的实际情况。对这些资料进行深入分析，则是将调查材料转化为有价值的研究成果的关键环节。在分析过程中，首先需通过图表等形式对数据进行初步处理，以实现信息的直观化展示。进而，需运用科学方法对数据进行细致审查，以揭示其本质属性。一般而言，社会调查数据的整理与分析主要采用定性与定量两种基本方法。定性分析侧重于对资料内容的深入理解与解释，定量分析则通过统计手段揭示数据间的数量关系与规律。两种方法相辅相成，共同构成社会调查数据分析的完整框架，为得出科学、准确的结论提供了有力支撑。综合运用这两种方法，能够更全面地理解调查数据，为后续研究与实践提供坚实依据。

4. 撰写社会调查报告

调查报告作为研究过程的核心成果，其撰写需遵循特定要求。首先，语言应通俗易懂，表述应直接明了，避免冗长与晦涩，确保读者能迅速把握报告主旨。其次，报告内容应条理清晰，以简洁明快的文字准确阐述研究内容与结论，无论描述调研现状还是论证研究观点，均应深入浅出，便于读者快速理解。再其次，在撰写过程中应保持客观中立，避免使用主观色彩浓厚的词句，确保叙述内容的真实性与准确性。最后，调研数据的呈现需严格核实，确保无误，以维护报告的专业性与可信度。总之，撰写调查报告时，应注重语言的简洁性、内容的客观性与数据的准确性，以便读者能够高效、准确地获取研究信息，从而为决策与实践提供有力支持。

此外，调查报告的结构应逻辑清晰、层次分明，先概述研究背景与目的，再详细展开调研方法、过程与结果分析，最后得出研究结论并提出建议。各部分内容应紧密相连，形成完整的逻辑链条，提升报告的整体质量、增强说服力。

（二）开展课外实验

实验作为化学教学的核心环节，贯穿于整个教学过程。因此，在初中化学的课后自主探究活动中，课外实验成为一种高效且实用的学习手段。通过课外实验，学生能够进一步巩固课堂所学知识，提升实践操作能力，并培养科学探究精神。这种学习方式不仅有助于激发学生的化学学习兴趣，还能加深学生对化学原理的理解与应用，促进知识的内化与迁移。课外实验以其灵活性、实践性和探索性，为初中化学的课后自主探究活动提供了丰富的素材与广阔的探索空间。学生的课外实验主要包括以下三种形式。

1. 家庭实验

家庭实验作为课堂化学教学的延伸，对于促进学生创新意识与创新能力的发展具有重要意义，同时也有助于加强化学知识与实际生活的联系，进而提升学生的化学学习能力。为确保家庭实验的有效开展，需注意以下几点：首先，教师应精心策划，提前布置实验任务，以便学生对实验内容有初步了解与准备。其次，实验内容的选择应倾向于简单易行，确保实验器材易于获取，实验步骤便于操作。例如，可采用家庭常见物品，如水杯代替烧杯、吸管代替导管、注射器代替量筒等，以降低实验门槛。再其次，教师应提供详尽的实验方法指导，涵盖实验用品的选取、反应原理的阐释及实验安全注意事项等，确保实验过程的安全与有效。最后，鼓励学生及时总结家庭实验经验，并在班级内进行交流分享，以促进知识的深化与拓展。家庭实验不仅能够增强学生的实践能力，还能激发其探索未知的热情，为化学学习注入新的活力。

2. 复习性课外实验

复习性课外实验指在学生已初步掌握课堂知识后，通过布置与课堂内容紧密相关的小实验，进一步巩固和提升课堂教学成效。此类实验的核心目的在于培养学生运用所学知识解决实际问题的能力，促进知识的内化与迁移。实验内容的选择应贴近学生生活实际，兼具趣味性与教育性，如自制净水器以理解过滤原理，探究淬火与回火对金属性质的影响以深化对金属材料特性的认识，制作叶脉书签感受化学在生活中的应用，利用蜡烛测定空气中的氧气含量以巩固气体体积比的概念，以及制作化学名片以展示化学元素的魅力，等等。这些实验不仅能够激发学生的学习兴趣，还能使学生在实践中加深对化学原理的理解，同时锻炼学生的动手能力与创新思维。复习性课外实验的组织与实施可以有效提升学生的学习效果，培养其综合运用知识解决实际问题的能力，为化学学科的深入学习奠定坚实基础。

3. 假期课外实验

鉴于初三学生初涉化学领域，部分学生尚未熟练掌握化学学习方法，加之日常学习任务繁重，因此课外小实验的效果往往不尽如人意。针对此情况，教师在日常教学活动中应持续向学生传授化学实验的相关知识，以增强学生的实验素养。在此基础上，教师可充分利用假期时间充裕的优势，组织学生开展综合性的探究实验。这类实验不仅能够加深学生对化学原理的理解，还能培养其归纳总结能力，进而逐步提升学生的探究意识与动手能力。通过综合性的探究实验，学生能够更系统地掌握化学实验技能，学会如何从实验中发现问题、分析问题并解决问题，这对于培养其科学素养及创新能力具有重要意义。因此，结合日常教学与假期时间合理设计并实施化学实验活动，是提升初三学生化学学习效果的有效途径。

（三）成立兴趣小组

兴趣小组是由拥有共同兴趣的学生自发组成的学习团体，它作为班级授课制的有益补充，为学生提供了自主探究的重要平台。通过参与兴趣小组活动，学生能够亲身体验科学探究的全过程，这不仅有助于激发他们的化学学习兴趣，还能有效促进化学教学质量的提升。在兴趣小组中，学生可以在相对自由、开放的环境中深入探讨化学问题，开展实验探究，从而加深对化学知识的理解与应用。因此，兴趣小组活动在化学教学中发挥着不可替代的作用，它不仅能够丰富学生的学习体验，还能培养其科学探究精神与实践能力。

1. 开放性原则

化学兴趣小组活动的核心特征在于学生的高度自主性，这要求活动内容的选择也应遵循开放性原则。开放性原则鼓励学生自主决策、自主操作、自主实践及自我体验，以此深化学生在活动中的认知与理解。通过自主选择活动内容，学生不仅能够根据自身兴趣与需求定制学习路径，还能在实践中锻炼独立思考与解决问题的能力。这种开放性的活动设计有助于激发学生的学习兴趣，培养其创新精神与实践能力，使化学学习成为学生主动探索、积极建构知识体系而非被动接受的过程。因此，坚持开放性原则对于提升化学兴趣小组活动的质量与效果具有重要意义。

2. 适用性原则

兴趣小组活动的有效实施依赖于学校及校外资源的支持，因此，在选择化学兴趣小组的活动内容时，需充分考虑本校及本地的实际情况，确保资源的可获取性与适用性。同时，活动内容的设计还需贴近学生的年龄特征与心理特点，以激发学生的兴趣，提升活动效果。结合学生的认知水平、兴趣偏好及心理发展阶段，选择既符合教育目标又贴近学生实际的活动内容，能够更有效地提升学生的参与热情与学习成效。因此，化学兴趣小组在规划活动时，务必遵循适用性原则，确保活动内容与参与者特点相匹配，以达到最佳教育效果。

3. 趣味性原则

趣味性是激发学生参与兴趣小组活动、深入探究化学知识的关键要素。为达成此目的，活动内容需具备足够的吸引力，以引发学生的探索欲望。教师应密切关注学生在活动中的情感体验与学习态度，确保活动内容既能激发学生的好奇心，又能满足其探索需求。同时，教师应鼓励学生发挥想象力与创造力，使活动过程成为学生展现个性、发挥潜能的舞台。富有趣味性的化学兴趣小组活动，不仅能提升学生的学习动力，还能培养其创新思维与实践能力，为化学学习增添无限活力。

4. 全面性原则

化学兴趣小组活动内容的选择，应遵循全面性原则，确保活动内容设计兼顾初中化学课程的多元培养目标。活动内容应融合理论与实践，既包含知识传授也注重技能训练，既涉及独立操作也鼓励合作探究。同时，活动内容需兼具科学价值与社会效益，确保探究活动既有深度也有广度。全面设计活动内容能够促进学生综合素质的提升，不仅能拓展其化学知识、增强其实验技能，还能培养其团队合作精神与社会责任感。因此，选择兴趣小组的活动内容应综合考虑初中化学教育的多方面要求，以实现学生的全面发展。

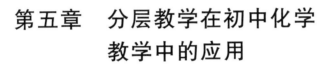

第五章　分层教学在初中化学教学中的应用

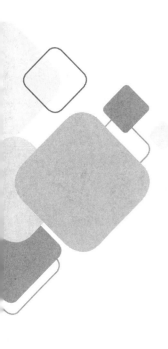

第一节　分层理念下的导学案编制

一、"分组分层—学案导学"编制的基本原则

（一）"分组分层"的原则及具体管理方法

"分组分层"教学策略旨在挖掘并发挥每个学生的潜能，确保每个学生均能获得个性化发展，体现教育公平。教师应营造轻松、和谐、愉快且充满公平竞争氛围的学习环境，以促进教学计划的顺利推进。构建合作学习小组，不仅可以促进学生的智力发展，而且可以培养其智力和情感，实现智商与情商的双重提升。这一策略强调不放弃任何一位学生，致力于其全面健康成长，体现了教育的人文关怀与全面发展理念。

1. 同组异质与异组同质

在分组教学策略中，"同组异质"与"异组同质"是两个核心概念，旨在优化合作学习效果，促进学生间的互补与公平竞争。

"同组异质"指的是在同一学习小组内，成员之间在性别、学习能力、兴趣爱好、性格特征等方面存在差异。这种差异性为小组成员提供了相互学习、互补优缺点的机会，有助于形成多元化的学习环境和丰富的交流视角。通过组内合作，学生可以从不同背景的同学那里学到新知识、新方法，拓宽视野，提升团队协作能力。

"异组同质"强调不同学习小组在整体实力、平均水平上保持相对均衡，以确保各组之间的竞争公平、合理。这种分组方式有助于营造一个公正竞争的环境，激发各组成员的积极性和进取心，促进整体教学质量的提升。同时，"异组同质"也有助于教师在评价各小组表现时采用统一标准，确保评价的客观性和公正性。

"同组异质"与"异组同质"的分组策略，既促进了小组内部的多样性和互补性，又保证了小组间竞争的公平性和整体教学质量的提升，是优化合作学习效果、促进学生全面发展的有效手段。

2. 分组及管理方法

(1) 选举班委会

班委会作为班级管理的核心团队，集中反映了学生的普遍诉求，是教师洞悉班级动态的关键窗口。班委会可提出多元化的小组分配建议，如设置7人、9人或11人小组，确保性别均衡、学习水平互补，并精心挑选综合能力突出的学生担任小组长，以强化团队凝聚力与领导力。小组长作为师生沟通的桥梁，需具备协调各方、解决问题的能力，与组员共同克服困难，推动小组目标的达成。此分组策略旨在通过合理配置资源，促进班级内部的和谐共生与共同进步，实现教育效果的最大化。

(2) 合理选配小组成员

构建学习小组时，成员选择需遵循"同组异质""异组同质"原则，综合考量班委推荐与教师对学生个体的深入了解，在尊重学生意愿的基础上，确保小组构成合理，促进组内成员间的互补与合作。教师应精心调整小组构成，确保组内层次分明，同时维持各小组间综合水平均衡，营造公平竞争的学习氛围。此策略旨在通过优化组合，促进组内成员相互扶持、共同进步，激发学生的学习潜能，形成积极向上的学习环境。

(3) 适当调整组内成员

小组构成在初期应保持相对稳定，以利于成员间相互了解与互补。随着时间的推移，各小组发展可能出现不均衡，差异逐渐显现。此时，教师需适时进行考核，重新评估学生间的差异，并结合日常观察深入了解各小组内部状况，适时进行成员调整。此过程旨在维持小组间的均衡竞争，确保每位学生都能在适宜的环境中持续进步，促进整体教学质量的提升。通过动态调整小组构成，可确保教学活动的有效性与公平性。

(4) 明确组内成员分工

在小组合作学习中，明确组内成员的分工是确保合作效率与质量的关键。教师应根据每位成员的特长与兴趣赋予其具体职责，如记录员负责整理讨论要点，汇报员负责向全班展示小组成果，资料员负责搜集相关信息，等等。明确的分工有助于增强成员的责任感与参与度，促进团队协作与资源共享。同时，定期轮换角色使每位成员都有机会体验不同职责，有助于全面发展个人能力，提升团队凝聚力与整体效能。通过科学合理的分工与合作，小组能够更有效地达成学习目标，促进成员间的相互理解与支持。

（二）导学案编制的基本原则与要求

1. 导学案的编制原则

导学案的编制需遵循一系列核心原则，以确保其在教学过程中的有效性与实用性。

（1）目标性原则是导学案编制的基础，即导学案应明确学习目标，引导学生围绕这些目标进行自主学习，使学习过程具有方向性和针对性。这些目标应具体、可衡量，能够指导学生进行有效的学习活动。

（2）导学性原则强调导学案应发挥引导学生学习的作用。它应包含引导学生自主学习的方法与策略，如问题引导、情境创设等，以激发学生的学习兴趣和探索欲望，培养其自主学习能力。

（3）系统性原则要求导学案在内容组织上应具有逻辑性和连贯性，确保知识点的有序呈现和逐步深入，帮助学生构建完整的知识体系。

（4）层次性原则体现为导学案应根据学生的不同学习水平和认知能力，设计不同难度和层次的学习任务，以满足不同学生的需求，促进全体学生的共同发展。

（5）探究性原则鼓励导学案中融入探究性学习活动，如实验、调查、讨论等，以培养学生的探究精神和创新能力。

（6）合作性原则强调小组合作学习的重要性，导学案应设计合作学习任务，促进学生之间的交流与合作，共同解决问题。

（7）情境性原则要求导学案结合学生生活实际和兴趣点，创设生动有趣的学习情境，提高学生的学习兴趣和参与度。

（8）开放性原则体现为导学案应鼓励学生提出自己的观点和见解，培养其批判性思维和创新能力。

（9）差异性原则要求教师在编制导学案时充分考虑学生的个体差异，为不同学生提供个性化的学习建议和资源。

（10）反思性原则强调导学案应包含学习反思环节，引导学生总结学习经验，发现自身不足，明确改进方向。

（11）激励性原则通过设定奖励机制、展示优秀作品等方式，激发学生的学习兴趣和积极性。

（12）时代性原则要求导学案紧密结合时代发展，融入新技术、新理念，使学习内容更加贴近现实，增强学习的时效性和实用性。

在遵循以上原则的基础上，教师还需注重导学案的实用性、可操作性和创新性，确保其能够有效指导学生的自主学习过程，提升教学质量和学习效果。同时，教师还应根据学生的反馈和学习效果，不断优化和完善导学案，以适应不同学生的学习需求和教学环境的变化。

2. 导学案的具体编制要求

在编制导学案时，需遵循一系列具体要求以确保其质量和有效性。

（1）目标明确是首要原则。即导学案应清晰地设定学习目标，这些目标需具有明确性、可衡量性和可达成性，以引导学生围绕这些目标展开有效的自主学习。

（2）内容精炼要求导学案在内容编排上应突出重点，避免冗余信息，确保学生能在有限的时间内快速抓住学习要点。同时，内容应逻辑清晰、条理分明，便于学生理解和记忆。

（3）方法多样是导学案编制的另一重要要求。导学案应综合运用多种教学方法和手段，如问题引导、案例分析、实验操作、小组讨论等，以激发学生的学习兴趣和主动性，培养其多样化的学习技能。

（4）难度适宜强调导学案应根据学生的实际情况和学习水平设计适当难度的学习任务。任务既不应过于简单以致缺乏挑战性，也不应过于复杂导致学生产生挫败感。适度增加挑战性任务，可以激发学生的探索欲望和学习动力。

（5）强调实践是导学案编制的又一关键要素。导学案应设计丰富的实践活动，如实验操作、社会调查、项目研究等，让学生在实践中学习、在应用中深化理解，提升其解决实际问题的能力。

（6）注重引导要求导学案在编制过程中应注重对学生的引导作用。通过设置问题、提供线索、给予提示等方式，引导学生主动思考、积极探索，培养其自主学习和解决问题的能力。

（7）鼓励创新强调导学案应鼓励学生提出新观点、新方法，培养其创新意识和创新能力。教师通过设置开放性问题和挑战性任务，激发学生的创新思维和想象力。

（8）及时反馈是导学案编制中不可或缺的一环。导学案应设计反馈机制，及时收集学生的学习情况和反馈意见，以便教师及时调整教学策略和辅导方式，确保教学效果的最大化。

（9）个性化设计要求导学案在编制过程中应充分考虑学生的个体差异和学习需求，为不同学生提供个性化的学习建议和资源支持，以促进全体学生的共同发展。

（10）技术融合是现代导学案编制的新趋势。教师应充分利用现代信息技术手段，如多媒体、网络资源等，丰富导学案的内容和形式，提高学生的学习兴趣和参与度。

（11）持续优化强调导学案是一个动态优化的过程。教师应根据学生的反馈和学习效果不断调整和完善导学案的内容和形式，以适应学生的学习需求和教学环境的变化。

导学案的编制需综合考虑多个方面的因素，以确保其在教学过程中的有效性和实用性。遵循明确目标、精炼内容、多样方法、适宜难度、强调实践、注重引导、鼓励创新、及时反馈、个性化设计、技术融合及持续优化等要求，可以编制出高质量的导学案，为学生的学习提供有力支持。

（三）化学导学案的编制规范

在编制化学学科的导学案时，需遵循一套严谨且系统的规范，以确保其能够有效指导学生的自主学习过程。导学案的基本构成应涵盖多个关键要素，以全面促进学生的知识掌握与能力提升。

导学案应明确标注课题名称，使学生一目了然地了解本次学习的核心内容。紧接着，应设定清晰的学习目标，这些目标需具体、可衡量，旨在引导学生明确学习方向、聚焦学习重点。同时，应指出重难点，帮助学生识别学习过程中可能遇到的挑战，并为其提供相应的学习策略。

在学习过程部分，导学案应详细规划学习步骤，包括预习、新课学习、巩固练习等环节，确保学习活动的有序进行。此外，通过知识链接，建立新旧知识之间的联系，可以帮助学生构建完整的知识体系。

自主探究环节是导学案的重要组成部分，鼓励学生通过独立思考、实验操作等方式，主动探索化学知识，培养其探究精神和创新能力。在此过程中，导学案可提供必要的引导和支持，如实验指导、问题提示等。

学习小结部分，导学案应要求学生总结本次学习的收获与体会，巩固所学知识，同时反思学习过程中的不足，为今后的学习提供借鉴。

为了检验学习效果，导学案应包含即时检测环节，通过练习题、小测验等形式，让学生及时检验自己的学习成果，发现存在的问题并及时纠正。

导学案的学习反思环节鼓励学生深入思考学习过程，分析自己的学习方法和策略是否有效，以及如何进一步提高学习效率。这一环节有助于培养学生的自我反思能力和自主学习能力。

化学导学案的编制应全面考虑学生的学习需求和发展特点，通过明确的学习目标、系统的学习过程、丰富的自主探究机会和及时的检测与反思，促进学生的全面发展。同时，导学案的设计应注重引导学生主动思考、积极探究，培养其创新思维和解决问题的能力，为其未来的学习和发展奠定坚实基础。

二、分层式导学案下初中化学课堂教学模式的构建

在初中化学课堂教学中，分层式教学模式下的导学案实践显示，导学案的编制与实施对学生的学习成效至关重要。导学案作为课堂教学的有力支撑，是教师基于教学经验与教材分析精心设计的产物。通过导学案，教师引导学生自主学习，能够凸显学生的主体性，有效促进其自主学习能力的发展。此教学模式不仅优化了课堂讲解时间，还为学生提供了更多自学、探究、讨论与交流的机会，确保了教学目标的最大化实现。导学案的应用是提升化学课堂教学效率、促进学生全面发展的有效途径。结合现有的教学实践经验分析，分层式教学下的导学案课堂教学模式可分为以下三种。

（一）提问—讨论—归纳—检测的导学案课堂教学模式

"提问—讨论—归纳—检测"导学案课堂教学模式的核心在于"导"。课前预习时，学生依托导学案充分预习，小组合作探究解决共性问题，教师针对个别难题给予辅导。课堂内，教师引导学生总结学习成果，并针对

共性难题及重难点知识点进行集中讲解，随后安排巩固练习。此模式能够有效促进学生自主学习与合作探究，适用于新课教学，有助于深化理解，提升教学效果。

（二）自主探究—质疑—小组合作探究—总结的导学案课堂教学模式

自主探究与小组合作探究相结合的导学案课堂教学模式在开放性的教学环境中展现出了显著优势，尤其适用于复习课堂。此模式强调以学生为中心，通过小组内部讨论及小组间意见交流，促进学生主动探索知识、提出疑问，并最终完成知识总结，构建个人知识体系。教师在此过程中扮演启发者与引导者的角色，为学生提供学习与交流的平台，助力学生将探究过程转化为自我学习能力，实现知识的内化与迁移。

（三）技能型导学案课堂教学模式

技能型课堂教学模式尤适用于初中化学实验探究等程序性知识教学，它要求学生具备严谨的学习思维与操作能力。在教学过程中，教师需运用引导性思维帮助学生解决推理实验结论与具体操作中的难题。通过导学与自主实验相结合，学生能够提升将理论应用于实践的能力，同时也会暴露认知等方面的不足。此模式充分调动了学生的知识储备，可以促进新知理解与实践深化，并在实验过程中潜移默化地增强团队协作能力，实现知识与实践的双重提升。

上述三种教学模式均为分层式导学案教学的主要实施策略，各具特色但均聚焦于将传统以教师为主导的教学活动转变为学生的自主学习过程。在化学课堂教学中，这些模式虽表现形式不同，却共同促进了学生学习效果的显著提升。它们鼓励学生主动探索、合作交流，有效增强了学生学习的主动性，拓展了学生学习的深度，实现了从教到学的根本转变，提升了教学质量与效率。

第二节　分层教学模式的教学实践

一、分层式导学案化学教学模式的三个环节

（一）课前

导学案在分层式化学教学模式中占据核心地位，其完成情况是衡量学生学习成效的关键。作为课前预习任务，导学案旨在引导学生重视新知预习，通过自主阅读、探索，对即将学习的内容形成初步认知。结合导学案中明确的学习目标与重难点，学生能够有针对性地进行预习，为后续课堂学习奠定基础。完成导学案的过程，实则是新知融入学生知识体系的第一步，为后续深入学习及能力提升奠定了坚实基础，体现了导学案在化学教学中的重要作用。

（二）课中

课前预习后，学生在课堂上能更准确地聚焦问题核心，引导教学向问题根源深入，促进合作探究，提高听讲效率。课堂上，学生积极参与小组讨论，共同解决难题，同时在教师引导下紧跟思维脉络，确保学习方向正确，有效达成教学目标。此过程不仅提升了课堂效率，还增强了学生的问题解决能力、团队协作能力及思维灵活性，实现了知识的深化理解与掌握。

（三）课后

课后，对导学案预设及课堂新生成的知识点进行总结归纳至关重要。此过程有助于知识的迁移与运用，从而形成完整的知识体系。应鼓励学生进行学习反思，以深化理解，促进知识结构优化。通过小组讨论，结合笔记，共同梳理知识点，教师可适时引导、解疑答惑。同时，在小组内分享

优秀学习方法可促进组员共同进步。良好的课后总结习惯是提高复习效率的关键，日积月累将为最终复习提供坚实支撑，使复习过程更为轻松高效。

二、分层式导学案化学教学模式的推广建议

（一）分层式导学案化学教学模式的应用建议

1. 分层式导学案教学需要将理论与个人教学实践相结合

导学案设计的科学性与合理性，对于提升学生学习效率及自主学习能力具有显著作用。通过广泛参考相关文献资料，开展集体备课活动，可以有效规避个体备课中可能存在的简单复制问题，确保导学案内容新颖、富有启发性，能够充分激发学生自主学习与探究的兴趣，激活其内在学习动力。在化学教学中，教师在设计导学案时，需深入研读教材，准确把握知识点与教学目标，同时紧密结合学生实际学习情况，考虑班级特色及自身教学风格，对导学案进行个性化调整与补充。这一过程旨在设计出更加贴合学生实际学习水平与学习习惯的个性化学习方案，确保每位学生都能在导学案引导下实现高效学习与自主发展。通过持续优化导学案设计，教师能够为学生提供更加精准、有效的学习支持，促进其全面发展。

2. 重视每个小组的构成和管理，切实提高合作学习效率

分组是分层教学的关键步骤，教师应精心组织班级分组，并选拔小组内表现突出的学生担任小组长。教师应向小组长明确其职责，增强其责任感，促使其在小组活动中有效协调组员任务、维护学习纪律。在化学教学中，在分层导学案教学模式下，教师需引导所有学生积极响应小组长安排，主动参与合作探究，自觉承担学习责任。同时，教师需特别关注学困生，提供额外帮助，并鼓励小组内成员间相互扶持，确保共同进步。此种方式旨在促使全体学生在导学案指导下形成良好的学习习惯，提升自主学习能力。教师还应持续观察各小组动态，适时调整分组策略，确保分组教学持续发挥积极作用，推动班级整体学习水平的提升。此外，小组合作与竞争机制可进一步激发学生的学习动力与团队协作能力，为学生全面发展奠定坚实基础。

3. 每节课课后及时对导学案进行反思、批阅和修改，以不断丰富和完善

导学案作为预设的教学方案，其实际效果及对学生个体的适用性需在课堂实践中进行验证。因此，在化学教学中，教师在课后应及时反思与总结教学经验与不足。具体而言，可通过观察学生在课堂内外的反应、作业完成情况等维度，全面收集教学效果的反馈信息。这些反馈不仅有助于教师准确评估导学案的实施效果，还能为后续的"推陈出新"提供有力依据。在总结过程中，教师应深入分析导学案的优势与局限性，思考如何进一步优化教学策略，以更好地满足学生的学习需求。同时，教师还应保持开放与创新的心态，勇于尝试新的教学方法与手段，不断探索更加高效、个性化的教学路径。通过持续的反思与创新，教师能够不断提升教学质量，确保导学案等教学方案能够更好地服务于学生的学习与发展。

4. 时刻更新教育理念，符合并响应新课程改革的要求

新课程改革背景下，教师需深刻认识到改革的重要性与紧迫性，并积极转变传统教育教学观念，确保教学理念与时俱进。在分层式导学案教学模式的应用中，教师应更加注重学生个体的身心发展及个性差异，明确教学的核心目标是教会学生如何学习而非单纯记忆知识。为此，教师应紧密结合初中化学学科特点，将分层式导学案教学模式融入教学实践，不断探索与创新，以制订出更加符合学生发展需求的教学方案。此过程要求教师持续反思与总结，针对教学实施中的具体问题与挑战，灵活调整教学策略，以期达到最佳教学效果。同时，教师还应积极参与专业培训与学术交流，不断提升自身专业素养与教学能力，为分层式导学案教学模式的完善与发展贡献力量。这一系列的努力旨在促进学生全面发展，提升初中化学教学的整体水平与质量。

5. 分层分组应是不断变换的

在化学教学过程中，教师应密切关注各小组学习动态，以确保各小组均衡发展为目标。每次测验后，教师需深入分析学生成绩变化，进行教学总结与反思，精准识别每位学生的学习进展与差异。基于这些分析，教师应灵活调整小组成员配置，以维持组间良性竞争态势，同时促进每位学生

健康成长。此过程要求教师不仅仅关注群体表现，更要细致入微地观察个体发展，确保教学调整既符合小组整体发展需求，又能有效支持每位学生的个性化成长。通过持续的监测、分析与调整，教师能够不断优化教学策略，为每位学生创造更加适宜的学习环境，从而在保持组间竞争活力的同时，促进全班学生的全面、均衡发展。

（二）分层式导学案化学教学模式的发展对策

分层式导学案化学教学模式在促进素质教育、提升学生自主学习与创新能力方面展现出显著优势，充分彰显了以学生为主体的教育理念。然而，在实际应用过程中，该模式也面临一些挑战与困难。由于学生间存在个体差异，分层教学成为必然之选，旨在满足不同学生的学习需求，促进其全面发展。然而，这一要求无疑增加了教师的工作难度，要求教师不仅需尊重并理解学生间的差异，还需灵活调整教学策略以适应这些差异。在化学教学中，教师需投入更多精力去了解每位学生的具体情况，设计个性化的导学案，确保每位学生都能在适合自己的学习节奏中获得成长。因此，虽然分层式导学案教学模式具有诸多优点，但其有效实施对教师的专业素养与教学能力提出了更高要求。面对这些挑战，教师需要不断提升自我，以适应分层教学的需求，从而更好地发挥该模式的教育价值。

1. 学校需加大支持力度和资金投入

分层式教学模式的实施对教室硬件设施提出了特定要求，例如需为各小组配备小黑板、调整课桌布局等，以适应小组合作学习的需要。同时，教师在传统教学模式的基础上进行导学案的编制，这一创新过程无疑增加了其工作量。学校应增加办公经费，为教师提供更多资源支持，激励教师更积极地投身于教学改革之中。为确保分层式教学模式的有效实施与教师专业能力的持续提升，学校还需加强对教师的系统培训。这一过程同样需要相应的资金投入，以覆盖培训材料、专家讲座、外出学习等多方面的费用。因而，分层式教学模式的推进不仅涉及教室硬件设施的升级，还要求教师投入更多时间与精力进行导学案编制，并需学校提供经费支持，以促进教师的专业成长与教学改革的深化。

分层式教学模式对于提升教学质量、促进学生个性化发展具有重要意义，尽管面临诸多挑战，但值得学校与社会各界给予充分关注与支持。

2. 完善制度，严格落实

学校规章制度应作为长效激励机制，确保稳定性和可持续性，为教学改革提供切实保障。时效性机制的灵活补充与完善虽有助于制度适应新情况，但长效性仍是制度的核心属性。教学改革需配套相应机制，以确保新教学模式的有效运行与监督评价。科学的规章制度是实施教学改革的基础，其明确性、具体性对于保障新教学模式的落实至关重要。制度设计需严谨，应避免个人主观意愿的干扰，确保制度的严肃性与可信度。各方应共同维护制度稳定，推动教学改革深入实施，确保教育质量与效果的持续提升。构建完善、稳定的制度框架，可为教学改革提供有力支撑，促进教育事业的健康发展。

3. 系统化培训

学校在推行新型教学模式过程中，对全体教师进行系统化培训是不可或缺的前提步骤，以确保每位教师在模式实施前能全面理解其核心理念与操作流程。此外，可组织教师赴相关学校进行实地考察与学习，通过体验与观察，深化教师对新教学模式的认识。考察结束后，学校可安排座谈会等交流活动，鼓励教师分享心得、探讨经验，促进相互学习与启发。此举措不仅能增进教师对新型教学模式的理解与认同，还能激发其在教学实践中的创新灵感，为教学模式的顺利推行奠定坚实基础。通过这一系列培训与交流活动，教师队伍的整体素质能够有效提升，从而确保新教学模式的有效实施与持续优化。

在培训与交流中应持续关注教师反馈，及时调整培训内容与形式，以满足不同教师的个性化需求，推动教学改革向更深层次发展。

4. 转变观念，变换角色

在实施分层式教学模式过程中，教师面临的最大挑战在于转变观念与角色定位。这是一个逐步适应的过程，要求教师从传统的知识传授者转变为学习的引导者和促进者。在此模式下，尽管教师的直接讲授减少，工作内容却更为细致，需深入研究学生需求与教学效果。因此，教师首先需调整心态，积极拥抱变革，以开放、包容的态度融入新的教学模式。在课堂上，教师应以伙伴的身份与学生共同探索知识，细致观察各层次学生的学习进展，灵活调整教学策略以满足不同学生的需求。同时，学案导学模式要求教师加速实现从"教"到"导"的角色转变，重点在于激发学生的自主学习兴趣，将学习主动权交还给学生，鼓励其在小组中自由表达与探索。在此过程中，教师需适时介入，解决学生困惑，关注各层次学生的学习状态，营造快乐的学习氛围，提升学生的创造力，为社会培养更多具有创新精神的人才。

5. 建立健全课堂教学评价体系

一堂课的成功，依赖于一个全面而系统的课堂评价体系。该体系应综合考量学生的主动性、课堂互动的生动性、教学活动的有效性、学生的进步情况及课堂的生成性等多个维度。评价范围需涵盖课堂内的学生表现、课堂达标率，以及年级组、学科组的综合评价，同时还应包括基层管理者对教师教学管理的评价。在构建评价体系时，应遵循几项关键原则：实事求是，确保评价结果的客观真实；公开透明，保障评价的公正性；鼓励创新，促进教学模式的不断优化；整改导向，针对评价中发现的问题提出改进建议。此外，评价标准的制定同样重要，它应包含对教师教学技能的量化评估，如板书设计、表情管理、教材处理能力等，同时也需建立对学生的量化评价标准，涉及学生的表达能力、合作精神、课堂氛围贡献等方面。这样全面而细致的评价体系，可以有效提升课堂教学质量，促进师生的共同成长。

第三节　分层式复习学案在初中化学教学中的应用

一、分层式复习学案设计的理论基础

（一）自我效能感理论

自我效能感理论是一种心理学概念，它关注个体对自己能否成功完成某一特定任务或行为的主观判断与信念。该理论认为，个体的自我效能感对其行为选择、努力程度、面对困难的坚持性及情绪反应等方面具有深远影响。一个拥有高自我效能感的人，更倾向于选择具有挑战性的任务，面对困难时能够坚持不懈，并在整个过程中保持较为积极的情绪状态。相反，自我效能感较低的人则可能回避挑战，易于在困难面前放弃，且更容易产生焦虑、沮丧等负面情绪。自我效能感并非固定不变，它可以通过成功经验的积累、替代性经验的观察、言语劝说及情绪状态调整等途径得到提升。在教育、职业发展、心理健康等多个领域，自我效能感理论均具有重要的指导意义，它提醒我们关注个体内在信念的力量，通过合理引导与培养，促进个人潜能的充分发掘与实现。

（二）教育目标分类理论

教育目标分类理论是教育心理学领域的一项重要理论，旨在将教育目标进行系统化、层次化的分类，以便更好地指导教学实践与评估。该理论将教育目标细分为多个维度和层次，通常包括认知、情感、动作技能三大领域。

二、分层式复习学案设计的策略

(一)学习分类

在分层式复习学案的设计中，学习分类是一项关键策略。此策略强调将学习内容按照不同的知识类型和学习要求进行细致划分，以适应学生个体间的差异性和学习需求的多样性。通过明确区分概念性知识、程序性知识、策略性知识等不同类型的学习内容，教师能够更有针对性地设计复习学案，确保每个学生都能在适合自己的层次上得到有效提升。同时，学习分类还有助于学生更加清晰地认识自己的学习目标和任务，从而提高复习效率和质量。在分层式复习学案的设计过程中，充分利用学习分类策略，不仅能够促进学生对知识的深入理解和掌握，还能有效提升学生的自主学习能力和问题解决能力，为他们的全面发展奠定坚实基础。

(二)设计策略

1. 学生分层

在分层式复习学案的设计中，实施学生分层策略是确保教学效果的关键一环。此策略基于对学生学习能力、兴趣及知识基础的全面评估，将学生合理划分为不同层次或小组。通过精准的学生分层，教师可以更准确地把握每位学生的学习特点和需求，进而设计出更加符合学生实际情况的复习学案。这种个性化、差异化的教学策略，有助于避免"一刀切"的教学模式，使每个学生都能以适合自己的学习节奏和难度进行有效复习。同时，学生分层策略还能激发学生的内在学习动机，鼓励他们在各自的能力范围内不断挑战自我，实现个人潜能的最大化。因此，在分层式复习学案的设计过程中，科学合理地实施学生分层策略，对于提升复习效率、促进学生全面发展具有重要意义。

2. 复习目标分层

在分层式复习学案的设计中，实施复习目标分层策略是提升复习效率与质量的关键举措。此策略强调根据不同学生的学习能力和学习进度，设定差异化、个性化的复习目标。具体而言，教师应深入分析每位学生的学习情况，包括知识基础、学习能力、兴趣偏好等因素，进而为其量身定制合适的复习目标。这些目标应具有层次性，既包含基础知识的巩固与加深，也涵盖拓展性、挑战性的学习任务，以满足不同学生的需求。实施复习目标分层策略，可以确保每位学生都能在适合自己的学习路径上取得进步，避免"一刀切"的复习方式可能带来的低效与挫败感。同时，这种策略还能激发学生的学习动力，鼓励他们在达成既定目标的基础上不断超越自我，实现个人能力的持续提升。因此，在分层式复习学案的设计过程中，科学合理地运用复习目标分层策略，对于优化复习效果、促进学生全面发展具有重要意义。

3. 复习内容分层

在分层式复习学案的设计中，实施复习内容分层策略是提升复习效率与效果的重要途径。此策略依据学生的学习能力和知识掌握程度，将复习内容划分为不同难度和深度的层次。具体而言，教师需对复习材料进行精心筛选与整合，确保每个层次的内容既符合该层次学生的学习需求，又能有效促进其知识体系的完善与能力的提升。对于基础较弱的学生，复习内容应侧重于基础知识的巩固与基本技能的训练；对于学有余力的学生，则可适当引入拓展性、探究性的复习内容，以激发其学习兴趣，培养其高阶思维能力。通过实施复习内容分层策略，不仅能够满足不同学生的学习需求，还能有效避免"一刀切"的复习方式所带来的低效与挫败感，从而提升整体复习效果。同时，此策略还有助于培养学生的自主学习能力，鼓励他们在适合自己的学习节奏中不断探索、勇于挑战，最终实现个人潜能的最大化。

4. 习题分层

在分层式复习学案的设计中，习题的选择是至关重要的一环，它直接关系到复习效果的优劣。为了确保习题的针对性和有效性，需采取分层策略，即根据不同层次学生的学习能力和复习目标，精心挑选难度适中、内容相关的习题。对于基础较为薄弱的学生，应侧重于选择基础性、巩固性的习题，旨在帮助他们巩固已学知识，建立扎实的基础；对于学有余力、追求更高层次的学生，则应提供更具挑战性、拓展性的习题，以激发他们的思维潜能，促进知识的深化与应用。此外，习题的选择还应注重多样性，涵盖选择题、填空题、解答题等多种题型，以满足不同学生的复习偏好和需求。实施分层式习题选择策略，可以有效提升复习的针对性和实效性，促进学生在各自的能力范围内取得最佳复习效果，进而实现整体学习水平的提升。

第六章　初中化学实验教学

第一节　新课程背景下的中学化学实验改革

一、新课程改革概述

（一）新课程改革的来龙去脉

1. 新课程改革的原因

新课程改革之所以势在必行，是因为教育所面临的社会环境已发生深刻变化。在知识经济时代与信息社会的背景下，知识以惊人的速度增长与更新，呈现出爆炸式的态势。面对这一现实，正处于成长关键期的学生，作为未来的社会接班人，必须不断学习，以适应快速变化的世界。在此背景下，培养学生具备持续学习的愿望、兴趣与方法，相较于单纯记忆知识本身，显得更为迫切与重要。新课程改革旨在通过调整教学内容与方法激发学生的学习兴趣，培养其自主学习能力，以适应知识经济时代对人才的需求。

新课程标准作为国家课程的纲领性文件，扮演着至关重要的角色。它不仅是国家对基础教育课程的基本规范与质量要求，也是教材编写、教学实施、评估反馈及考试命题的根本依据。新课程标准全面体现了国家对不同阶段学生在知识与技能、过程与方法、情感态度与价值观等多维度发展的基本要求。它详细规定了各门课程的性质、目标、内容框架，并为教学实践与评价提供了具体指导。通过明确课程性质与目标，新课程标准引导学生掌握核心知识与技能，同时注重培养其创新思维、实践能力及良好的情感态度与价值观。此外，新课程标准还对教学与评价提出了具体建议，为教育工作者提供了明确的方向与指导，有助于提升教学质量，促进教育公平，推动基础教育事业的持续健康发展。

综上所述，新课程改革的实施与新课程标准的制定，是应对知识经济时代挑战、促进学生全面发展的必然选择。它们共同构成了我国基础教育改革的重要组成部分，对于提升国民素质、培养创新型人才具有深远意义。通过新课程标准的引领与新课程改革的推动，我国基础教育体系将不断优化升级，为培养适应未来社会发展需求的高素质人才奠定坚实基础。

2. 新一轮的课程改革

当前，初中化学课程正经历着一轮深刻的改革，这一变革旨在适应新时代对化学教育的新要求，促进学生全面发展，提升其科学素养。此次改革聚焦于课程内容、教学方法、评价体系等多个维度，力求构建一个更加开放、多元、创新的化学教育体系。

在课程内容方面，改革强调化学知识与现实生活的紧密联系，注重知识的应用性与实践性。即通过引入更多贴近学生生活实际、反映科技前沿的化学知识，激发学生的学习兴趣，培养其解决实际问题的能力；同时，加强化学与其他学科的交叉融合，拓宽学生的知识视野，促进其综合素质的提升。

在教学方法上，改革倡导以学生为中心的教学理念，鼓励采用探究式、合作式等多元化教学模式。即通过引导学生主动发现问题、分析问题、解决问题，培养其独立思考、自主学习及团队合作的能力；此外，充分利用现代信息技术手段，如虚拟实验室、在线教育资源等，丰富教学手段，提高教学效果。

在评价体系方面，改革注重过程性评价与终结性评价的有机结合，强调对学生学习过程的全面关注。即通过建立多元化、个性化的评价标准，全面评价学生的知识掌握情况、能力发展水平及情感态度变化，鼓励学生展现个性，促进其全面发展；同时，加强对学生实验操作能力、创新思维能力及科学素养的综合评价，为培养具有创新精神和实践能力的人才提供有力支持。

初中化学课程改革还注重师资队伍的建设与提升。即通过加强教师培训、促进教师专业发展，提高教师的教学能力与科研水平，为改革的顺利实施提供坚实保障。同时，鼓励教师积极参与课程改革实践，不断探索适合学生特点的教学模式与方法，推动化学教育质量的持续提升。

总之，新一轮的初中化学课程改革旨在通过一系列创新举措，构建一个更加符合时代要求、促进学生全面发展的化学教育体系。这一改革不仅有助于提升学生的科学素养与创新能力，还为培养未来社会所需的化学人才奠定了坚实基础。

（二）新课程改革的具体内容

1. 新课程理念下的教师

新课程背景下，教师角色发生了显著变化，教师不仅是知识的传授者，而且是学生学习的引导者、促进者与合作者。在新课程理念的指导下，教师需不断更新教育观念，掌握现代教育技术与方法，以适应教育改革的新要求。教师需具备深厚的专业素养与广博的知识储备，能够灵活运用多种教学策略，激发学生的学习兴趣，培养其自主学习能力。同时，教师还应关注学生的个体差异，实施差异化教学，以满足不同学生的学习需求。

新课程理念下的教师还应是课程资源的开发者与利用者，能够创造性地利用教材、网络资源及生活实例等，丰富教学内容，拓宽学生视野。教师应鼓励学生参与课程设计与实施，培养其创新精神与实践能力。此外，教师还需注重自我反思与持续学习，不断提升自身的教学水平与科研能力，以更好地服务于学生的成长与发展。

新课程理念下的教师应以促进学生全面发展为目标，不断提升自身素质与能力，成为学生学习的良师益友与成长道路上的引路人。

2. 新课程理念下的学生

新课程背景下，学生的角色与定位也发生了显著变化。他们不再是被动接受知识的容器，而是成为学习过程的积极参与者与主动建构者。新课程理念鼓励学生发挥主体作用，倡导自主学习、合作学习与探究学习，旨在培养学生的创新精神与实践能力。

在新课程理念下，学生被赋予了更多的自主权与选择权，能够根据自身兴趣与需求选择学习内容与方法，实现个性化发展。学生被鼓励提出问题、分析问题并尝试解决问题，通过实践探索深化对知识的理解与应用。同时，新课程理念还强调学生之间的合作交流，通过小组讨论、团队协作等形式培养学生的沟通协作能力与集体意识。

新课程理念还注重培养学生的批判性思维与创新能力，鼓励学生勇于质疑、敢于创新，不断提升自身的综合素质与竞争力。学生需学会在信息爆炸的时代筛选、整合与利用信息，培养终身学习的意识与能力。

新课程体系下的学生应以主动、合作、创新的态度面对学习，不断提升自我，实现全面发展，为未来的社会生活与职业发展奠定坚实基础。

3. 新课程理念下的课程

新课程体系下的化学课程呈现出全新的面貌，旨在培养学生的科学素养、创新能力和实践技能。课程内容更加注重与现实生活及科技发展的紧密联系，强调化学知识的应用性与实践性；通过引入前沿科技、环境保护、健康生活等主题，激发学生对化学学科的兴趣与热情。

新课程理念下的化学课程强调探究式学习，鼓励学生通过实验、观察、分析等方法，主动探索化学现象背后的科学原理，培养其实验操作能力与问题解决能力。同时，课程还注重跨学科整合，将化学知识与其他学科知识相融合，拓宽学生的知识视野，促进其全面发展。新课程理念下的化学课程还关注学生的个体差异，实施差异化教学，以满足不同学生的学习需求。通过提供多样化的学习资源与路径，鼓励学生根据自身兴趣与能力选择适合的学习内容与方式，实现个性化学习。

新课程理念下的化学课程以培养学生的科学素养为核心目标，注重知识的应用性、实践性与跨学科整合，鼓励学生主动探索、创新实践，为未来的学术研究与职业发展奠定坚实基础。

4. 新课程理念下的教材

在新课程理念的指导下，化学教材的设计与开发呈现出新的趋势与特点。新教材不再仅仅作为知识传授的工具，而是更加注重培养学生的科学素养、创新思维与实践能力。其内容结构更加科学合理，既涵盖化学学科的核心概念与基本原理，又融入了现代化学科技的前沿成果，力求使学生全面了解化学学科的发展脉络与未来趋势。

新教材在内容编排上注重知识的连贯性与系统性，通过精心设计的章节安排与逻辑结构，帮助学生逐步构建起完整的化学知识体系。同时，教材还强调知识的应用性与实践性，通过引入大量贴近学生生活实际、反映科技前沿的案例与实例，激发学生的学习兴趣，培养其运用化学知识解决实际问题的能力。

在呈现方式上，新教材更加注重图文并茂、直观易懂，通过运用丰富的图表、插图及多媒体资源，将抽象的化学概念与原理以直观、形象的方式展现出来，降低了学习难度，提高了学习效果。此外，新教材还鼓励学生进行探究式学习，通过设计一系列具有启发性的实验活动与思考题，引导学生主动探索化学现象背后的科学原理，培养其观察、分析与解决问题的能力。

新教材还充分关注学生的个体差异与多元化需求，通过提供多样化的学习路径与资源支持，满足不同学生的学习风格与能力水平，促进全体学生的全面发展。同时，新教材还强调跨学科整合与综合实践能力的培养，鼓励学生将化学知识与其他学科知识相融合，通过参与综合性实践活动，提升其综合运用知识解决实际问题的能力。

新课程理念下的化学教材设计更加注重培养学生的科学素养与实践能力，通过科学合理的内容编排、直观易懂的呈现方式，以及多样化的学习资源与支持，为学生构建一个全面、开放、富有挑战性的化学学习环境，助力其成长为具有创新精神与实践能力的未来人才。

5. 新课程理念下的课堂教学

新课程理念下的化学课堂教学，致力于构建一个以学生为中心、注重实践与探究、强调能力培养的新型教学模式。这一模式强调学生的主体地位，鼓励学生主动参与、积极探索，旨在培养其科学素养、创新思维与实践能力。

在课堂教学中，教师不仅仅是知识的传递者，更是学生学习的引导者与促进者。教师通过设计一系列富有启发性的问题与情境，激发学生的好奇心与求知欲，引导学生主动思考、积极探索。同时，教师还注重培养学生的批判性思维与问题解决能力，鼓励他们在学习过程中勇于质疑、敢于创新。

新课程理念下的化学课堂教学注重实验与实践的结合。通过实验活动，学生能够亲身体验化学现象，深入理解化学原理，掌握实验操作技能。同时，教师还鼓励学生将所学知识应用于实际问题的解决中，通过实践活动提升其综合运用知识的能力。

新课程还强调跨学科整合与综合实践能力的培养。在化学课堂教学中，教师会引导学生将化学知识与其他学科知识相融合，通过跨学科的学习与实践活动培养其综合运用知识解决实际问题的能力。同时，教师还会组织学生进行综合性实践活动，如社会调查、科学实验等，以提升学生的综合素质与社会责任感。

新课程理念下的化学课堂教学还充分利用了现代信息技术手段。多媒体教学、虚拟实验室等现代技术手段的应用，使得化学知识可以更加直观、生动地呈现在学生面前，提高了学生的学习兴趣与效果。同时，这些技术手段也为学生的自主学习与合作学习提供了更多可能性与便利。

新课程理念下的化学课堂教学以学生为中心，注重实践与探究，强调能力培养与跨学科整合，旨在培养学生的科学素养、创新思维与实践能力。实施这一教学模式，有望培养出更多具有创新精神与实践能力的未来化学人才。

6. 新课程理念下的评价

新课程理念下的评价方式也有不同程度的变革，主要体现在以下三个方面。

（1）对学生的评价

为促进学生全面发展，需要构建多元化评价体系，该体系不仅关注学业成绩，而且重视对学生潜能的全面挖掘及其个性化发展的需求。评价以鼓励性为主，旨在帮助学生自我认知、建立自信，发挥评价的教育引导功能，推动学生在既有基础上不断进步。评价体系强调综合性，注重个体差异，实现评价指标的个性化与多元化；融合质性评价与定量评价，采用多样化的评价方法；鼓励参与互动，结合自评与他评，实现评价主体的多元化；重视过程评价，结合终结性评价与形成性评价，实现评价重心的合理转移。

具体评价维度涵盖以下四个方面：首先，道德品质方面，强调学生的爱国情怀、社会责任感、诚信守法意识及公德心，同时关注其自信、自律、勤奋等优秀品质。其次，学习能力方面，重视学生的学习兴趣、责任感、学习策略运用、反思能力及初步探究与创新精神。再其次，交流与合作能力方面，要求学生能够与他人共同设定目标并协作实现，尊重并理解他人观点，具备良好的团队协作与沟通能力。最后，个性与情感方面，关注学生对生活的积极情感体验、自尊自信、面对挫折的乐观态度，以及独立、自律、宽容等优秀个性品质。

此评价体系紧密依据各课程标准，旨在全面、客观地反映学生的综合素质与成长轨迹。

（2）对教师的评价

构建以教师自评为核心，校长、教师、学生、家长共同参与的综合评价制度，旨在通过多元化渠道收集反馈，促进教师持续提升教学水平。该制度聚焦于学生的全面发展，同时关注教师的专业成长需求，强调通过"自评"机制激发教师自我反思，建立基于学生学习成效的发展性课堂评价模式。评价重点涵盖教师是否秉持先进的教学理念，具备卓越的教学、应变、调控、创造及科研能力；是否积极参与地方与学校课程的开发，展现出良好的合作、参与及创新意识，致力于从"教书匠"向"教育家"的角色转变。

具体评价框架从四个方面科学全面地评估教师的表现：一是职业道德，包括热爱教育事业与学生、积极向上、具备奉献精神、公正诚恳、心态健康、有团队合作精神；二是对学生认知与尊重，要求教师全面了解、研究、评价学生，尊重个体差异，鼓励全员参与学习，实现积极的师生互动；三是教学设计与实施能力，涉及设定适宜的教学目标、设计符合学生特点的教学方案、创设良好的学习环境、利用现代教育技术整合校内外资源；四是交流与反思，强调教师应积极与家长、学生、校长、同事沟通，不断审视并调整自身教育观念与教学实践，制订并改进计划以促进持续进步。

（3）对课程的评价

为促进课程的持续优化与发展，需构建以学校评价为基础的评价体系。该体系应聚焦于新课程实施的效果，评估学生的学习成果及其获取过程，考量是否有效激发学生的学习热情与积极性，是否充分释放了学生的潜能（包括思维、实践、观察、表达等多方面能力），以及是否促进了师生、生生间的交流合作与各学科间的融合学习。通过周期性地对学校课程执行情况进行深入分析与评估，可及时调整课程内容，优化教学管理，形成课程不断革新的良性循环机制。

同时，应持续推进考试制度的改革与完善。在九年义务教育普及地区，推行小学毕业生免试就近升学政策，鼓励中小学根据自身特点组织毕业考试。对于初中升高中的考试管理，应强化考试内容与社会实际及学生生活经验的联系，注重考查学生分析问题与解决问题的能力，部分学科可探索开卷考试形式。省级教育行政部门应负责制定高中毕业会考改革方案，对于继续实施会考的地区，应明确其水平考试性质，以减轻学生考试负担。

此外，高等学校招生考试制度改革需与基础教育课程改革相衔接，遵循有利于高校选拔人才、促进中学素质教育实施及扩大高校办学自主权的原则，强化对学生能力与素质的考查。应改革考试内容，探索多元化、综合性的评价与选拔方式，如提供多次考试机会、实现双向选择等。考试命题应紧密依据课程标准，避免偏题、怪题的出现。同时，教师应针对每位学生的考试情况给予个性化分析指导，禁止公开学生考试成绩及排名，以保护学生隐私，促进其健康成长。

7. 新课程理念下的目标

新课程理念下的初中化学教学目标设定，旨在全面促进学生的科学素养与综合能力的发展。该目标体系不仅仅强调学生对化学基础知识的掌握，更重视培养学生的科学探究能力、创新思维及解决实际问题的能力。具体而言，初中化学新课程目标聚焦于以下几个方面：首先，要求学生掌握化学基本概念、原理及元素化合物知识，构建扎实的化学基础知识体系。其次，通过丰富的实验活动与探究任务，培养学生的实验操作技能、观察分析能力及科学探究精神，激发其对化学现象的好奇心与探索欲。再其次，强调化学知识在日常生活、环境保护、健康生活等方面的应用，提升学生的化学素养与社会责任感，同时鼓励学生运用化学知识解决实际问题，培养其创新思维与实践能力，为终身学习与发展奠定坚实基础。最后，注重化学史与化学文化的教育，增进学生对化学学科发展历程的理解与尊重，培养其人文素养与科学伦理意识。综上所述，新课程理念下的初中化学教学目标旨在通过多维度、全方位的教学设计，促进学生化学知识的全面掌握与综合能力的显著提升。

二、新课程标准对初中化学实验的新要求

（一）新课程标准对初中化学实验的总体要求

新课程标准对初中化学实验的总体要求，体现了对化学教育全面性与实践性的高度重视。这些要求不仅强调了化学实验在初中化学教学中的核心地位，还明确了实验教学的多维度目标。

具体而言，新课程标准要求化学实验应紧密围绕化学知识的核心概念与基本原理展开，通过实验活动深化学生对化学原理的理解与掌握。同时，实验设计需注重培养学生的科学探究能力，涵盖提出问题、设计实验、收集数据、分析解释及得出结论等全过程，以此激发学生的探索精神与创新意识。

新课程标准强调化学实验应与生活实际紧密结合，通过实验让学生亲身体验化学知识在日常生活中的应用价值，提升其运用化学知识解决实际问题的能力。在实验过程中，学生需学会安全规范地操作实验器材，掌握基本的实验技能，同时培养严谨的科学态度与良好的实验习惯。

新课程标准还倡导绿色化学实验理念，鼓励使用环保型实验材料与试剂，减少实验对环境的负面影响，培养学生的环保意识与社会责任感；同时，鼓励采用数字化实验手段与信息技术融合，提升实验的精确性与直观性，拓宽实验教学的边界。

新课程标准对初中化学实验的总体要求，旨在通过丰富多样的实验活动，全面提升学生的化学素养、科学探究能力及实践能力，同时培养学生的环保意识与社会责任感，为其未来的学术研究与职业发展奠定坚实基础。

（二）新课程标准对初中化学实验的目标要求

新课程标准针对初中化学实验设定了明确且全面的目标要求，旨在通过实验教学巩固学生的化学知识基础，着重培养其科学探究能力、创新思维及实践技能。具体而言，这些目标要求涵盖以下几个方面：一是深化理解，通过实验活动使学生深入理解和掌握化学基本概念、原理及元素化合物性质，构建系统的化学知识体系。二是技能提升，要求学生熟练掌握化学实验的基本操作技能，包括仪器使用、实验操作、数据处理等，培养严

谨的实验态度和科学精神。三是探究能力培养，鼓励学生通过实验设计、观察记录、数据分析等环节，自主探究化学现象背后的规律，激发其创新思维，提升其问题解决能力。四是实践应用能力增强，通过与生活实际紧密相关的实验，使学生能够将所学知识应用于解决实际问题，提升其化学素养和社会实践能力。五是环保意识培养，强调在实验过程中注重环保，使用绿色化学试剂和方法，培养学生的可持续发展观念和环保意识。六是信息技术应用，鼓励利用现代信息技术手段进行化学实验和数据处理，提升学生的信息素养和数字化学习能力。这些目标要求的综合实现将有助于全面提升学生的化学素养，培养其成为具有创新精神和实践能力的未来人才。

（三）新课程标准对初中学生实验能力的要求

1. 情景素材方面

新课程标准在情景素材的选择上倾向于贴近学生日常生活，倡导从真实生活情境中提炼实验素材，以此增强化学实验的实用性和趣味性。例如，针对铁及其化合物性质的实验，新课程标准推荐了如补铁剂、打印机墨粉中铁氧化物、菠菜中铁元素检测等生活实例作为实验情境，旨在引导学生在真实情境中探索化学知识。这种实验教学模式鼓励学生主动参与实验，而非仅仅为完成任务而被动操作。学生在真实情境中思考问题，自主设计实验方案，并独立进行实验以验证个人猜想，整个实验过程均由学生主导完成。这种教学方式不仅仅锻炼了学生的实验操作技能，更培养了其科学探究的基本思路与方法，充分体现了"科学探究与创新意识"的核心素养。

将理论知识与实践操作紧密结合，学生能够将所学化学知识与实际生活相联系，通过实践验证理论知识，进而运用这些理论知识指导进一步的探究实验。这种教学模式不仅加深了学生对化学原理的理解，还提升了其解决实际问题的能力，有助于培养学生的综合素养与实践能力。

综上所述，新课程标准下的初中化学实验教学，通过引入贴近生活的情景素材，鼓励学生主动探究与实践，有效促进了学生科学素养与创新能力的全面提升。

2. 实验内容方面

新课程标准对初中学生实验能力的要求，在实验内容层面着重强调以下几点：第一，要求学生掌握化学实验的基本操作技能，包括仪器的规范使用、试剂的准确量取、实验步骤的严谨执行等，这是进行任何化学实验的基础。第二，学生需具备实验设计与规划的能力，能够根据实验目的合理选择实验方法，设计可行的实验方案，并预测可能的实验结果。这不仅能够锻炼学生的逻辑思维，还能培养其解决实际问题的能力。第三，新课程标准鼓励学生进行实验结果的记录与分析，要求学生能够准确记录实验数据，运用科学方法对数据进行分析处理，得出合理的实验结论。这一过程有助于培养学生的数据处理能力和科学推理能力。第四，新课程标准还强调学生的实验安全意识与环保意识，要求学生在实验过程中严格遵守实验室规则，妥善处理实验废弃物，确保实验活动的安全进行，并培养学生的可持续发展观念。第五，新课程标准鼓励学生进行探究性实验，即在教师指导下，学生能够自主选择研究课题，设计并开展实验，探索未知领域。这不仅能够激发学生的创新思维，还能培养其独立研究和团队合作的能力。综上所述，新课程标准在实验内容方面对学生实验能力的要求是多维度的，旨在通过系统的实验教学，全面提升学生的科学素养和实验技能。

3. 实验功能方面

化学实验是化学学科的核心组成部分，并非附属存在，是独立且至关重要的一环。新课程标准明确强调，化学实验教学应聚焦于培养学生的实践操作能力，增强其科学探究意识，并激发学生的科学创新意识。通过实验教学，学生不仅能够掌握化学实验的基本技能，还能在实践中深化对化学原理的理解，实现理论知识与实践能力的有机结合。

初中化学实验教学应注重与实际生活的紧密联系，鼓励学生应用所学知识解决实际问题。学生在现实生活中遇到与化学相关的问题时，须能够灵活运用所学知识进行分析与解决，从而在实践中巩固学科知识，提升解决问题的能力。这种教学模式不仅增强了化学知识的实用性，还培养了学生的创新思维与实践能力。

新课程标准还倡导在初中化学实验教学中融入生活元素，通过创设贴近学生生活的实验情境，激发学生的学习兴趣与探索欲望。学生在真实或模拟的生活情境中进行实验探究，能够更好地理解化学知识在实际生活中的应用价值，进而培养将化学知识转化为解决实际问题能力的素养。

新课程标准下的初中化学实验教学，致力于通过实践操作、科学探究与实际应用的有机结合，全面提升学生的化学素养与综合能力，为其未来的学术研究与职业发展奠定坚实基础。

（四）新课程标准对初中化学实验活动探究的建议

新化学课程标准针对化学实验活动探究提出了一系列具体且富有指导性的建议，旨在通过实践探究的方式深化学生对化学知识的理解，培养其科学探究能力与创新精神。这些建议强调实验活动的探究性、实践性和创新性，鼓励学生主动探索化学现象背后的科学原理，体验科学探究的全过程。

第一，新课程标准建议教师精心设计实验活动，确保实验内容既符合学生的认知水平，又能激发学生的探究兴趣。实验设计应注重问题的真实性和情境性，使学生能够在解决实际问题的过程中，深化对化学概念、原理及元素化合物性质的理解。

第二，新课程标准鼓励教师采用多样化的实验探究方式，如对比实验、控制变量实验等，以培养学生的实验设计能力和科学探究方法。通过动手操作、观察记录、数据分析等环节，学生将学会如何提出问题、设计实验、收集证据、得出结论，并在此过程中锻炼逻辑思维和批判性思维能力。

第三，新课程标准强调实验活动的合作与交流，提倡学生以小组合作的形式进行实验探究。在合作过程中，学生能够学会如何与他人有效沟通、协调分工、共同解决问题，不仅有助于培养团队合作精神，还能促进社交技能的发展。

第四，新课程标准还建议教师在实验活动中注重引导学生关注化学与社会的联系，将化学知识融入生活实际，使学生认识到化学在日常生活、环境保护、能源开发等领域的重要性。通过探究与生活密切相关的化学问题，学生更能体会到化学知识的实用价值，从而增强学习化学的动力和兴趣。

第五，新课程标准强调实验活动的安全教育与环保意识培养。教师在组织实验活动时，应严格遵守实验室安全规则，向学生传授正确的实验操作方法，同时加强环保教育，引导学生树立绿色化学理念，减少实验对环境的负面影响。

新化学课程标准对化学实验活动探究的建议，旨在通过一系列富有探究性和实践性的实验活动，培养学生的科学探究能力、创新思维和团队合作精神，同时加强其化学素养和社会责任感的培养。

三、新课程背景下初中化学实验教学特点

（一）围绕生活真实问题情境

新课程标准针对各主题教学内容，精心设计了"情境素材建议"，旨在选取符合初中生认知特点且适应教学空间条件的材料，以营造富有启发性的学习环境，为学生提供知识学习的背景与条件支撑。据统计，必修模块中的情境素材数量显著增多，5 个主题共涵盖 108 个情境素材，这一变化凸显了新课程标准对情境教学的重视。

此趋势反映出在新课程改革的推动下，初中化学实验教学正逐步向情境化方向转变，更加注重与现实生活的紧密联系。通过引入丰富的情境素材，实验教学旨在激发学生的积极思维，引导其将所学知识应用于解决实际问题，从而培养其学以致用的学习理念。

这一转变不仅有助于提升初中化学实验教学的趣味性与实效性，还能有效促进学生将理论知识与实践操作相结合，增强其问题解决能力，培养其科学探究精神。因此，情境化教学成为初中化学实验教学发展的新方向。

（二）强调实验探究能力培养

新课程标准在必修模块中明确指定了 9 个学生必须完成的实验项目，这些实验项目精心设计，直接针对化学核心素养的培养。通过参与这些实验，学生不仅仅能够奠定坚实的化学实验基础，掌握必要的操作技能，更重要的是，这些实验能够激发学生的创新思维，促使他们主动设计实验方案、实施实验过程，并对实验结果进行评价与优化。此过程不仅要求学生熟练掌握实验方法和策略，还着重培养其科学探究精神和独立思考能力。具体而言，这 9 个必做实验涵盖化学学科的核心领域，从基础实验技能到综合实验设计，层层递进，旨在全面提升学生的化学素养。通过实验操作，学生

能够亲身体验化学原理的实际应用,加深对化学知识的理解;同时,实验过程中的问题发现与解决,也锻炼了学生的逻辑思维和问题解决能力。此外,对实验方案的不断优化与评价,还促进了学生批判性思维和创新能力的发展。

(三)重视结构化的实验活动

化学实验在化学课堂教学中占据核心地位,而非仅仅是其附属部分。实际上,化学实验能够引领并主导课堂教学的内容与进程。因此,初中化学教学应高度重视构建系统化的实验探究活动,确保实验活动具有完整性和连贯性。教师需基于实验内容精心策划富有启发性和探索性的实验探究活动,以促进学生对科学探究过程的深入理解。

精心设计的实验探究活动,让学生能够亲身体验科学探究的魅力,从而在探究中学习并掌握化学知识。这种学习方式不仅能够增强学生的实践能力,还能激发其学习兴趣和好奇心,培养其独立思考和解决问题的能力。

在实验设计过程中,教师应注重实验活动的层次性和递进性,确保学生能够循序渐进地掌握化学实验的基本技能和方法。同时,教师还应鼓励学生积极参与实验探究,发挥主体作用,培养其自主学习和合作学习的能力。

化学实验在化学课堂教学中具有不可替代的作用。通过精心设计实验探究活动,教师可以有效促进学生对科学探究的理解,提升其化学素养和实践能力,从而为培养具有创新精神和实践能力的未来人才奠定坚实基础。

第二节　初中化学微型实验教学探究

一、微型实验的相关概念界定

（一）微型实验的内涵

微型实验，作为一种创新的实验形式，其核心在于通过精简实验规模、简化实验装置与流程，实现实验资源的高效利用与实验过程的便捷操作。它并非传统大型实验的简单缩小版，而是在保证实验效果与科学性的基础上，对实验材料、仪器及步骤进行的优化与创新。微型实验强调实验的绿色化、经济化与安全化，力求在实验过程中减少化学试剂的用量，降低废弃物排放，同时确保实验人员的安全。

微型实验的设计与实施旨在提升学生的实验操作技能与科学探究能力，同时培养其环保意识与可持续发展理念。通过微型实验，学生能够在有限的资源条件下，深入理解化学原理，掌握实验方法，提高实验效率。此外，微型实验还有助于激发学生的学习兴趣，鼓励其发挥创新思维、进行实践探索，为化学学习注入新的活力。

微型实验作为一种新兴的实验教学模式，不仅符合现代教育理念对绿色、经济、安全的要求，也为化学教学提供了新的思路与方法。实施微型实验可以有效提升学生的化学素养与综合能力，为其未来的学术研究与职业发展奠定坚实基础。

（二）微型实验的优缺点

1. 微型实验的优点

微型实验作为一种创新的教学实践方式，在化学教育中展现出诸多显著优点，主要体现在以下几个方面。（1）微型实验显著降低了实验成本。

通过精简实验装置、减少试剂用量，微型实验有效降低了实验材料的消耗，从而减少了实验经费的支出。这种经济性的优势使得微型实验在资源有限的教育环境中尤为适用，有助于普及高质量的科学教育。（2）微型实验增强了实验的安全性。由于实验规模的缩小和试剂用量的减少，微型实验大大降低了实验过程中可能存在的安全风险。这对于初学者尤其是学生而言尤为重要，有助于他们在安全的环境中探索化学知识，降低实验事故发生的可能性。（3）微型实验促进了环保意识的培养。微型实验强调绿色化学理念，通过减少化学废弃物的产生，降低了实验对环境的污染。这种实验方式不仅符合可持续发展的要求，也能够在实践中向学生传递环保理念，培养其成为具有社会责任感的公民。（4）微型实验提高了实验的便捷性。由于实验装置简化、操作步骤减少，微型实验更加便于在教室或实验室中实施。这种便捷性使得教师能够更灵活地安排实验课程，同时也方便学生进行课后复习和实践操作。（5）在教学效果方面，微型实验同样表现出色。精心设计的微型实验让学生能够更加专注于对实验现象的观察和分析，深入理解化学原理。这种集中的学习体验有助于提高学生的认知水平和实验技能，培养其科学探究精神。（6）微型实验激发了学生的创新思维和实践能力。在有限的资源条件下，学生需要运用创新思维来优化实验方案、解决实验过程中遇到的问题。这种挑战不仅锻炼了学生的实践能力，也激发了他们对化学学科的兴趣和热情。（7）微型实验还促进了学生之间的合作学习。在小组实验中，学生需要共同讨论实验方案，分工合作完成实验任务。这种合作学习的方式有助于培养学生的团队协作能力和沟通技巧，为其未来的职业发展奠定良好基础。

微型实验以其低成本、高安全性、环保性、便捷性、卓越的教学效果，以及对创新能力和合作能力的培养等多重优点，在化学教育中发挥着越来越重要的作用。它不仅能够帮助学生深入理解化学原理、掌握实验技能，还能够激发学生的创新思维和实践能力，培养其成为具有科学素养和社会责任感的未来人才。

2. 微型实验的缺点

尽管微型实验在化学教育中具有诸多优势，但其也存在一些不可忽视的缺点，这些缺点主要体现在以下几个方面。（1）微型实验可能会限制学生的实验体验。由于实验装置和试剂用量的精简，学生可能无法观察和感受某些化学反应的完整过程和强烈现象。这种限制可能会影响学生对化学反应的深入理解和直观感受，从而减弱实验教学的效果。（2）微型实验对实验条件的要求较高。由于实验规模较小，任何微小的操作失误或外界干扰都可能对实验结果产生显著影响。因此，在进行微型实验时，需要严格控制实验条件，确保实验环境的稳定性和一致性。这增加了实验操作的复杂性和难度，对教师和学生的实验技能提出了更高的要求。（3）微型实验可能不适用于所有类型的化学实验。某些化学反应需要较大的反应空间和较多的试剂用量才能观察到明显的现象或得到准确的结果。对于这类实验，微型实验可能无法提供足够的反应条件，从而限制了其在化学教学中的应用范围。（4）微型实验在数据处理和结果分析方面存在一定的局限性。由于实验规模较小，所得数据可能较为有限，故而难以进行全面的统计分析和深入的科学研究。这可能会影响学生对实验数据的理解和应用，限制他们科学探究能力的进一步提升。（5）微型实验也可能会影响学生对实验安全的认知。实验装置简化、试剂用量减少，故而学生可能会忽视实验安全的重要性，从而导致在实验过程中出现安全隐患。因此，在进行微型实验时，教师需要特别强调实验安全的重要性，确保学生掌握正确的实验操作技能和安全知识。（6）微型实验的实施和推广需要一定的时间和资源投入。教师需要花费时间和精力来熟悉和掌握微型实验的技术和方法，同时还需要购置相应的实验器材和试剂。这些投入会给学校带来一定的经济负担，也可能影响其他教学活动的正常开展。

微型实验在化学教育中虽然具有诸多优势，但也存在一些明显的缺点。在实施微型实验时，教师需要充分认识到这些缺点，并采取相应的措施来降低它们的不良影响。同时，学校和教育部门也应加大对微型实验的支持和投入力度，为教师和学生提供更好的实验条件和学习资源。

（三）关于微型实验的认识误区

在微型实验的教学实践中，存在一些普遍的认识误区。这些误区可能会阻碍微型实验的有效应用与价值的充分发挥。

1. 微型实验是传统大型实验的简单缩小版

这种观念忽视了微型实验在设计理念、实施策略及教育目标上的独特性。微型实验不仅仅是尺寸上的缩减，更在于通过精简与优化实验装置与流程，实现资源的高效利用与实验安全性的提升。因此，简单地将传统实验按比例缩小并应用于微型实验场景，往往难以达到预期的教学效果。

2. 微型实验因规模限制无法全面展现化学反应的复杂性与多样性

这种看法忽略了微型实验在精选实验内容、突出核心原理方面的优势。微型实验通过精心挑选具有代表性的化学反应，旨在使学生聚焦于化学原理的本质理解，而不被繁复的实验现象迷惑。因此，微型实验同样能够为学生提供深刻且富有启发性的学习体验。

3. 微型实验会削弱学生的实验操作技能训练

实际上，微型实验在提升学生实验技能方面同样具有显著效果。通过微型实验，学生能够更加专注于实验操作的细节与技巧，从而在有限的实验条件下实现技能的精准提升。同时，微型实验还鼓励学生进行创新思维与实践探索，进一步培养其解决问题的能力。

4. 微型实验无法培养学生的科学探究精神与创新能力

实际上，微型实验同样能够为学生提供探究未知、挑战自我的机会。在微型实验过程中，学生需要运用所学知识设计实验方案、分析实验结果，这一过程正是科学探究与创新能力培养的重要途径。

5. 微型实验是解决所有实验教学问题的"万能钥匙"

尽管微型实验具有诸多优点，但它并不能完全替代传统大型实验。在实际教学中，教师应根据教学内容与学生特点，灵活选择并综合运用不同类型的实验方式，以实现最佳的教学效果。

对于微型实验的认识应摒弃上述误区，充分认识到其在化学教育中的独特价值与局限性。通过科学合理的实验设计与实施策略，微型实验能够为学生提供丰富而有效的学习体验，促进其化学素养与综合能力的全面提升。

（四）微型实验的开发及设计

1. 微型实验的主题选择

在微型实验的主题选择过程中，需遵循一系列原则与策略，以确保实验内容既具有教育价值，又能充分展现微型实验的优势。（1）主题选择应紧密围绕化学课程的核心知识点与关键概念，确保实验内容与教学目标高度契合。通过选取具有代表性的化学反应或现象作为实验主题，可以帮助学生深入理解化学原理，掌握核心概念。（2）考虑到微型实验的特点与限制，主题选择应注重实验的精简性与高效性。这意味着在保持实验科学性的基础上，尽可能简化实验装置、减少试剂用量，以提高实验的安全性与经济性。同时，所选主题应便于观察与测量，以便学生能够直观感受化学变化的过程与结果。（3）主题选择还应关注学生的学习兴趣与认知水平。选取与学生生活实际紧密相关、能够激发其好奇心与探索欲的主题，可以提高学生的参与度与积极性。同时，根据学生的学习阶段与认知能力，选择适当难度的实验主题，有助于确保实验的可行性与有效性。（4）在主题选择过程中，还需注意跨学科融合与创新思维的培养。选取涉及多学科知识的实验主题，可以促进学生综合运用所学知识，培养其跨学科整合能力。同时，应鼓励学生围绕实验主题进行创新思维与实践探索，这有助于培养其解决问题的能力与创新精神。（5）微型实验的主题选择并非一成不变，而应随着教学内容、学生特点及教学资源的更新而不断调整与优化。教师应持续关注化学教育领域的最新动态与发展趋势，结合实际情况灵活选择实验主题，以确保实验教学的时效性与针对性。（6）在主题选择过程中，还需考虑实验的安全性与环保性。所选主题应确保实验过程中使用的试剂与装置安全无害，避免对师生健康及环境造成不良影响。同时，应鼓励采用绿色化学理念设计实验，减少化学废弃物的产生与排放，培养学生的环保意识与可持续发展观念。

微型实验的主题选择是一个综合考虑多方面因素的过程。通过精心挑选与设计实验主题，可以充分发挥微型实验在化学教育中的优势与价值，促进学生对化学知识的深入理解与掌握，同时培养其科学探究能力、创新思维与环保意识。

2. 微型实验的方案制订

（1）选择实验的开展形式

在制订微型实验方案时，需综合考虑多方面因素以确保实验的有效性与教育价值。第一，应明确实验目标，确保实验内容与化学课程的核心知识点紧密相关，旨在通过微型实验加深学生对化学原理的理解，从而牢固掌握。第二，需精心挑选实验内容，选择具有代表性且适合微型实验形式的化学反应，确保实验现象明显、易于观察与分析。第三，在实验设计过程中，应注重实验装置的精简与优化，减少试剂用量，提高实验的安全性与经济性。第四，需合理安排实验步骤，确保实验流程顺畅、易于操作，以便学生能够顺利完成实验并得出准确结论。第五，还应考虑实验的评价与反馈机制，通过设定明确的评价标准与反馈方式，帮助学生及时发现问题、改进实验技能。第六，在制订方案时还需预留一定的弹性空间，以便根据实际情况进行调整与优化，确保实验教学的顺利进行。综上，制订微型实验方案需综合考虑实验目标、内容选择、装置优化、步骤安排、评价反馈及灵活性等多个方面，以确保实验的有效实施与学生的全面发展。

（2）明确实验原理

在选择微型实验的开展形式时，教师应综合考虑实验的性质、难度、所需时间及潜在风险等因素，以决定是在课堂上即时实施还是课后由学生独立完成。对于那些操作简单、耗时较短且不存在安全隐患的微型实验，教师可以考虑将其作为课后作业布置给学生，让学生在课后独立完成。这种形式不仅能够有效利用学生的课余时间，还能培养学生的自主学习能力和实验操作技能。同时，由于这些实验相对简单且安全，因此学生在课后完成也不会遇到太大困难或风险。较为复杂、耗时较长或存在一定安全风险的微型实验，则更适合在课堂上由教师指导进行。在课堂上，教师可以实时监控学生的实验过程，及时纠正错误操作，确保实验的安全进行。此外，需要小组合作或特殊设备支持的实验，课堂实施也是更为合适的选择。总之，教师应根据微型实验的具体特点，灵活选择开展形式，使实验教学效果最大化，同时确保学生的安全与实验质量。

（3）设计实验方法和步骤

微型实验的设计需明确实验原理，这不仅是实验教学的核心，也是培养学生实践能力和科学思维的基础。在选择实验原理时，应优先考虑其易于为学生所理解，同时确保表达精确且简练，以便于学生在有限时间内充分掌握。实验原理的清晰度与准确性，对于指导学生的实验操作至关重要。清晰阐述实验原理，有助于学生在理论支撑下更有效地进行实践操作，进而深化对化学知识的理解和掌握。因此，在微型实验设计中，精确且易于理解的实验原理是确保实验教学成效的关键要素。

二、化学微型实验概述

（一）化学微型实验的内涵

化学微型实验作为一种创新实验形式，旨在通过精简实验规模、优化实验装置与流程，实现资源高效利用与实验安全性的提升。它强调在保持实验科学性的基础上减少试剂用量、缩小实验空间，以适应现代化学教育对绿色、经济、安全的需求。微型实验不仅仅保留了传统实验的核心价值与功能，更通过其独特的设计思路与实施策略，为学生提供了更为便捷、高效的化学学习途径。通过微型实验，学生能够更加专注于实验现象的观察与分析，深入理解化学原理，同时培养实验操作技能与科学探究精神。

（二）化学微型实验的特点

1. 仪器的微型化

微型化学实验相较于常规实验，采用规格偏小的专门仪器，如我国自主研发的微型化学制备仪及塑料系列微型仪器等。这些仪器能够替代部分常规实验器材，如试管、烧杯等，通过单独或组合使用，可高效完成大学及中学化学教学中的多项实验，实现实验微型化。此套仪器不仅具备良好的实验效果，而且成本较低，易于普及，为化学实验教学提供了更为经济、高效的解决方案。

2. 试剂的微量化

微型化学实验以试剂用量少为显著特点，与微量化学实验有所区别，应用领域广泛。微型化学实验起源于有机实验中的试剂微量化，后因对环境影响较小而逐渐推广至无机化学实验领域，并进一步应用于中学化学教育中。该实验形式虽运用了微量化学技术，但研究范畴远超出微量化学领域，涵盖物质制备、性质检测等多方面内容。微型化学实验的试剂用量并非固定数值，关键在于相较于常规实验能显著减少用量，同时保证实验结果的准确性。

然而，微型化学实验在推广过程中也面临一些挑战。目前，我国自主研发的微型化学仪器多以高分子材料为主，存在稳定性不足、不耐高温及易与其他试剂反应等问题，影响了其广泛应用。此外，由于微型实验试剂用量小，因而在定量或半定量检测中可能增大误差范围，影响实验精确度。

微型化学实验在节约资源、环保及提升实验创新性方面具有显著优势，但在仪器稳定性及实验精确度方面仍需改进。未来，随着材料科学与技术的不断进步，微型化学实验仪器与方法的持续优化将有望突破现有局限，进一步推动微型化学实验在化学教育及科研领域的应用与发展。

（三）化学微型实验教学的价值

1. 有利于调动学生学习积极性，提高教学效率

化学微型实验因其器材价格低廉、精小便捷的特点，能够轻松实现学生人手一套，有效提升了学生的实验参与度，改变了传统教学中学生实验机会匮乏、教师讲授为主的现状。微型实验设计精巧，操作简便且安全，实验现象显著，成功率高，这些特性极大地激发了学生对化学的兴趣与好奇心。通过多次实验尝试，学生不再畏惧失败，反而可以在错误中反思、学习，深化对实验原理的理解，体验从实践中学习的乐趣与成就感。

在化学课堂中引入微型化学实验，鼓励学生自己动手操作，主动探索知识，这一教学模式充分发挥了学生的主体作用，激发了他们的求知欲，有效提高了教学效率与质量。相较于传统的单一讲授模式，微型化学实验更加注重学生的实践体验与自主探索，有助于培养学生的实验技能、科学思维及解决问题的能力。因此，微型化学实验不仅是化学教学的一种创新手段，而且是推动学生全面发展、提升化学教育质量的有效途径。

2. 有利于改变教学方式

传统化学课堂教学往往侧重于教师的演示实验，而学生自己进行实验尤其是探究性实验的机会匮乏，这导致学生参与度低，学习兴趣减弱，动手能力和实验探究能力难以得到有效培养。相比之下，微型实验以其轻便

节约的特点，为学生提供了更多自己动手实验的机会。通过亲身参与实验，学生能够更直观地形成化学概念、理解化学原理，并在此过程中提升动手能力和观察能力。

为充分利用微型实验的优势，化学课堂教学应增加小组合作实验，鼓励学生在团队中协作探究。同时，课后可通过推广化学微型实验的课外活动与家庭小实验，进一步拓展学生的实验实践，培养其将理论知识应用于解决实际问题的能力。这样的实践机会能激发学生的主动学习意识，促使他们积极发现和探索知识。在化学课堂中引入微型实验，不仅能满足学生的操作与感官兴趣，还能在不同程度上促进其操作能力、创新能力和科学探究能力的发展，为学生科学素养的全面提升奠定坚实基础。

3. 有利于培养学生的创新意识和环保意识

微型化学实验的推广有效缓解了传统化学实验对昂贵仪器设备的依赖，为经济条件有限的地区和学校提供了更多开展化学实验的可能性。研究表明，将技术革新或新经验融入教育实践，能创造出既实用又高效的学习活动。在微型化学实验仪器代用品的开发过程中，学生需灵活运用所学化学原理，这一过程不仅拓宽了学生的思维视野，还极大地促进了其创新思维的发展。

师生共同参与微型化学实验的开发，可以加深学生对化学知识的理解，通过讨论资源限制与环境污染等现实问题，还能够增强学生的节约意识与环保意识。这种实践方式不仅体现了绿色化学的理念，还促进了学生对可持续发展观念的认同与实践。因此，微型化学实验的推广不仅革新了化学实验教学模式，还为培养学生的创新思维、环保意识及绿色化学理念提供了有效途径，对于提升化学教育的整体质量与社会价值具有重要意义。

（四）化学微型实验开发与设计原则

1. 科学性原则

科学性原则是微型化学实验设计的基石，要求实验设计、操作及结论均须遵循化学理论与科学研究方法。此原则旨在培养学生的科学精神，强调实事求是、坚持不懈的态度。在微型化学实验中，严谨务实的实验态度至关重要，是每位研究员、教师及学生应秉持的科学素养，教师需在日常教学中潜移默化地培养学生的科学态度与精神。实验设计的全过程必须确保科学性，缺乏科学性的实验不仅无效，更无法有效塑造学生务实的科学态度和求真精神。

2. 绿色化原则

绿色化学实验强调在微型实验的设计、执行及后续处理中全面融入绿色化学理念，旨在最大限度地减少环境污染与资源浪费。当前，化学实验中环境保护与废弃物处理问题备受关注，如何从源头上预防污染，并在确保实验效果的同时减少试剂用量，成为微型化学实验的关键。在资源节约与环境保护日益重要的今天，绿色化学作为科学发展的必然趋势，不仅是科研重点，也是化学教育必须传承的理念。它要求在实验设计阶段即融入绿色化学思维，从源头控制污染，推动化学实验向更加环保、高效的方向发展。

3. 开放性原则

开放性原则倡导中学化学微型实验活动应超越教材限制，跨学科融合，并紧密联系学生生活与社会实际，体现实验方式的多元性、内容的社会性及环境的开放性。在化学教学中实施微型实验时，亦应秉持开放态度，设计具有探索性的实验，鼓励学生从多角度审视问题，自主设计实验方案。此原则旨在培养学生的创新思维、严谨科学态度及团队协作能力，同时提升其解决问题与人际交往的能力，对全面发展学生素养具有重要意义。

4. 学生主体性原则

学生主体性原则强调在化学微型实验教学中，学生作为探究主体应得到充分尊重，应以促进其全面发展为目标。实验设计、内容选择及操作过程中均需体现此原则，兼顾学生个体差异。教师应基于学生实际水平与发展潜力合理设定实验目标，确保实验活动对学生具有适宜的挑战性。同时，实验操作应赋予学生充分的自主权，鼓励其独立探索。化学微型实验不仅要提升学生的实验技能，还应关注其情感、态度的变化，促进学生全面发展。

5. 安全性原则

设计微型实验时，安全性原则至关重要，师生安全必须放在首位。教师应全面评估实验的潜在风险，考虑实验装置改进、防护措施加强、方法优化及操作简化等策略，以规避安全隐患。对于当前无法解决的安全问题，应避免设计相应微型实验。同时，必须严格遵守实验操作规范，防止事故发生，如浓硫酸稀释应缓慢滴入水中以防飞溅，点燃可燃性气体前需检测纯度以防爆炸，实验结束后先撤导管再移酒精灯以防倒吸，等等。总之，微型实验设计需将安全置于首位，确保实验过程安全可控。

6. 观察性原则

化学实验的观察与记录是学生理解化学知识的重要途径，也是课堂实验的核心价值所在。优化实验设计，如改进实验条件、操作、试剂、装置等，可便于学生观察实验现象，进而促进学生对课程知识的深刻理解和牢固掌握。对于安全性差、环境污染严重、操作复杂或难以观察的实验，更适合采用微型实验进行优化。针对现象不明显的实验，可通过设置空白参照进行对比观察，以突出实验效果。这种优化不仅提升了知识的接受效率，还增强了学生对实验课的兴趣，有助于教学计划的有效达成。

7. 简约性原则

简约性原则旨在优化实验方法与设备，简化操作，在确保实验科学性的同时提高课堂时间利用率。此原则尤其适用于实验条件有限的环境，如偏远地区的中学。根据实验所处环境的条件，可因地制宜，利用废旧物品开发实验仪器，实现资源再利用。总之，应鼓励创新思维，简化实验仪器与方法，确保每位学生都能参与实验操作，让简约性成为微型化学实验生命力的源泉。

8. 操作性原则

操作性原则强调实验设计应简便易行、步骤精简、耗时短且效果显著，确保实验在常规条件下具备可行性。在微型实验教学中，此原则有助于学生在有限时间内掌握实验操作方法，提高课堂效率。同时，学生亲自动手并迅速见证实验成果能显著增强成就感，进而激发对实验的兴趣与自主学习的动力。通过遵循操作性原则，微型实验不仅可以促进学生技能的提升，还能够培养他们的探索精神与自我学习能力。

9. 趣味性原则

趣味性原则旨在通过增强实验的吸引力和刺激性激发学生的好奇心，进而将好奇心转化为学习动机。例如，利用"滴水生火"与"吹气生火"等看似违背常识的现象引入教学实验，这些现象背后的科学原理是二氧化碳和水能与过氧化钠发生放热反应，加上棉花的保温及低燃点特性，导致燃烧发生。此类实验设计不仅展示了化学的奇妙之处，还极大地激发了学生对化学实验的兴趣，促使他们主动探索化学知识，将好奇心转化为深入学习的动力。

10. 探究性原则

探究性原则鼓励在原实验基础上进行深化与拓展，要求探究者深谙实验原理，并具备主动拓展实验的意愿。在教学实验设计中，教师应积极引导学生提出探索性问题，如"为何不能采用此方法"或"是否存在替代方案"，以此激发学生的主动学习意识，实现从被动接受到主动探究的学习模式转变。此原则旨在培养学生的创新精神与创新能力，鼓励学生在化学学习中不断探索未知、深化理解，从而全面提升科学素养与综合能力。

第三节　初中绿色化学实验教学探究

一、绿色化学的提出

绿色化学的提出是对传统化学工业发展模式的深刻反思与革新。随着工业化进程的加速，环境污染与资源枯竭问题日益严峻，人们开始重新审视化学工业的发展路径。在此背景下，绿色化学应运而生，它强调在化学产品的设计、制造及应用过程中，最大限度地减少对人类健康及环境的负面影响，力求实现化学工业的可持续发展。

绿色化学的核心在于从源头上预防污染，通过采用无毒、无害的原料，设计环境友好的化学反应过程，以及开发可循环利用的产品，来减少或消除有害物质的产生与排放。这一理念的提出不仅仅是对传统"先污染后治理"模式的根本颠覆，更是对未来化学工业发展方向的重新定位。

绿色化学的推广与实践需要政府、企业及科研机构的共同努力。政府应出台相关政策，鼓励绿色化学技术的研发与应用；企业应积极采用绿色化学工艺，减少生产过程中的环境污染；科研机构则应加强基础研究，为绿色化学的发展提供理论支撑与技术指导。

总之，绿色化学的提出标志着人类对环境保护与可持续发展认识的深化，也为化学工业的未来发展指明了方向。通过不断探索与实践绿色化学理念，我们有望在保障经济发展的同时，有效保护生态环境，实现人与自然的和谐共生。

二、绿色化学的内涵

绿色化学，作为一种新兴的化学理念，致力于在化学产品的设计、制造及应用全过程中，最大限度地减少或消除对人类健康及环境的负面影响。其核心在于通过采用环保型原料、优化化学反应过程及开发可循环利用的产品，从源头上预防污染，实现化学工业的可持续发展。绿色化学不仅仅关注化学产品的性能与成本，更强调其对环境的友好性，力求在保障经济效益的同时，保护生态环境，实现经济与环境的双赢。这一理念的实践，对于推动化学工业的绿色转型、促进可持续发展具有重要意义。

三、绿色化学实验的相关概述

（一）绿色化学实验的内涵

绿色化学实验作为一种创新的教学与实践方式，旨在将绿色化学理念融入化学实验全过程。它强调在实验设计、操作及废弃物处理等环节，均应遵循环保、节能、减排的原则，力求在实验教学中培养学生的环保意识与可持续发展观念。绿色化学实验关注实验的科学性与教育性，注重实验过程的环境友好性，通过优化实验方案、采用环保型试剂与仪器、实施废弃物分类回收等措施，减少实验对环境的影响，实现化学实验的绿色化转型。这种实验方式对于培养学生的绿色化学素养、推动化学教育的可持续发展具有重要意义。

（二）绿色化学实验的功能特征

1. 人文教育功能

在中学化学实验教学中融入绿色化学观念，不仅能引导学生更加关注绿色化学问题与社会环境保护热点，还有效促进了科学、技术、社会与环境（STSE）教育的实施。通过深刻认知化学实验的必要性与其可能带来的环境危害之间的矛盾，学生能够深刻理解在追求科技进步的同时必须兼顾环境保护的重要性，从而接受唯物论和辩证法的教育。这种教学方式不仅丰富了化学实验教学的内容，在人文教育层面也发挥了不可替代的作用。它培养了学生的环保意识和社会责任感，使他们认识到作为未来社会的成员，在利用化学知识改善人类生活的同时，也需承担起保护环境的责任。因此，基于绿色观的中学化学实验改进，不仅仅是教学方法的创新，更是教育理念的一次深刻变革。

2. 德育功能

在中学化学实验教学中融入绿色化学观念，可引导学生认识到实验材料源自生活，且能有效避免环境污染，保障师生健康与安全。通过运用生活素材作为实验仪器与药品，结合社会热点与环保问题创设实验情境，可开发出既具教育意义又环境友好的绿色化学实验。此过程促使学生遵循绿色化学实验原则，规范实验操作，培养良好的实验习惯，并逐渐形成绿色化学观念。同时，这种教学方式还强化了学生的实验安全意识，增强了他们的社会责任感，实现了德育与智育的双重目标。学生在此过程中学会了在日常生活中应用化学知识解决实际问题，同时关注环境保护，体现了化学教育的社会价值与人文关怀。因此，基于绿色观的中学化学实验改进，不仅提升了学生的科学素养，还促进了其全面发展，为培养具有环保意识和社会责任感的未来公民奠定了坚实基础。

3. 创新功能

在中学化学实验教学中融入绿色化学观念，有助于激发学生的创新思维与发散性思维，鼓励他们突破传统实验的框架，灵活运用日常生活中的常见材料进行创新实验设计。这一过程不仅促进了师生间的互动与合作，还增强了学生之间的合作探究意识与行为，为他们提供了在实践中学习、在合作中成长的机会。同时，绿色化学实验的改进为学生积累了丰富的创新素材，为他们未来的学习与工作奠定了坚实的基础。通过参与绿色化学实验的设计与实施，学生得以在实践中深化对化学原理的理解，提升解决问题的能力，更重要的是，他们学会了如何在尊重自然、保护环境的前提下，利用化学知识创造更美好的生活。因此，基于绿色观的中学化学实验改进，不仅仅是教学方法的创新，更是培养学生创新思维、合作能力与环保意识的有效途径。

4. 方法论功能

实验作为化学学习与研究的核心手段，在基于绿色化学理念的中学化学实验改进中扮演着至关重要的角色。在中学化学实验教学中融入绿色化学观念，不仅能使学生掌握观察、记录、收集、整理与分析实验数据的基本技能，还能促进他们设计研究方案、改良实验装置及合理选择实验材料与仪器的能力。通过这些实践，学生学会了"捕鱼"，即掌握具体的实验技能，更重要的是，教师"授之以渔"，即培养了学生独立思考与解决问题的能力，以及面对新问题时能够灵活应对、自主创新的能力。绿色化学实验的改进不仅加深了学生对化学原理的理解，而且在无形中培养了他们的科学素养与创新能力，为他们未来的学术研究与职业发展奠定了坚实的基础。

绿色化学实验的推广还有助于培养学生的环保意识与社会责任感，使他们在实验过程中更加注重资源的合理利用与废弃物的妥善处理，从而在化学学习中融入可持续发展的理念，成为具有全球视野与社会责任感的公民。

5. 实践功能

实验是验证理论正确性的关键途径，基于绿色化学理念的中学化学实验改进，正是一种将化学知识付诸实践并接受检验的认知活动。此过程将教材中静态的理论知识转化为动态的实践操作，使学生在真实情境中亲身体验化学的魅力，通过理论与实践的紧密结合，深入理解并内化知识。学生在动手实践中发现问题、解决问题，实现知识的自我建构，从而真正贯彻"做中学，学中做"的教育理念。这种教学模式不仅促进了学生理论与实践能力的双重提升，还培养了他们的创新思维与实践能力，为化学学习注入了新的活力。绿色化学实验的改进，使学生能够在尊重自然、保护环境的前提下，探索化学的奥秘，实现个人成长与社会责任的和谐统一。

（三）绿色化学实验的意义

1. 有利于培养学生的科学素养

绿色化学实验在化学教育中扮演着至关重要的角色，其深远意义首先体现在对学生科学素养的培育上。通过参与实施绿色化学实验，学生能够深刻理解化学知识在解决实际问题中的应用，以及化学过程对环境可能产生的影响。这种实践导向的学习方式有助于学生掌握科学探究的基本方法，培养严谨求实的科学态度。在绿色化学实验过程中，学生需要运用所学化学原理，设计并实施实验方案，同时考虑实验材料的选择、反应条件的优化及废弃物的处理等因素，这要求他们具备全面的科学素养，包括扎实的化学基础知识、敏锐的观察力、严谨的逻辑思维及强烈的环保意识。因此，绿色化学实验不仅加深了学生对化学学科的理解，也促进了他们科学素养的全面提升，为他们未来在科学研究、环境保护等领域的发展奠定了坚实的基础。

2. 有利于传统教学模式的转变

绿色化学实验的推广与实施对于促进传统教学模式的变革具有深远意义。传统教学模式往往侧重于理论知识的传授，而忽视了学生实践能力的培养与科学思维的形成。绿色化学实验的引入，则为学生提供了一个将理论知识与实践操作紧密结合的平台，使学生在动手操作的过程中深化对化学原理的理解，同时培养解决实际问题的能力。这种教学模式的转变不仅增强了化学课程的吸引力与实效性，还可以激发学生的学习兴趣与探索欲望。通过绿色化学实验，学生能够体验科学探究的全过程，从提出问题、设计实验、收集数据到分析结论，每一个环节都充满了挑战与乐趣。这种教学模式鼓励学生主动思考、勇于创新，为培养具有创新精神与实践能力的未来人才奠定了坚实基础。因此，绿色化学实验的推广，不仅仅是化学教育内容的丰富与拓展，更是传统教学模式向更加注重学生实践能力与创新精神培养的方向转变的重要推动力。

第七章　初中化学实验教学
创新优化

第一节 基于翻转课堂的化学实验微课设计与应用

一、翻转课堂

（一）翻转课堂的定义

翻转课堂是一种创新的教学模式，其核心在于对传统教学流程的颠覆性重构。在传统教学模式中，知识的传授通常在课堂内由教师进行讲解，学生通过课后作业和练习来巩固所学知识。而翻转课堂打破了这一常规，它将知识的传授环节移至课外，通过视频、阅读材料、在线互动等多种形式，让学生在课前自主学习相关知识；课堂时间则更多地用于知识的内化、深化和拓展，包括问题解决、协作学习、讨论交流等活动。这种教学模式的转变，旨在提高学生的学习主动性和参与度，促进深度学习，培养批判性思维。通过翻转课堂，教师能够更好地扮演引导者和辅导者的角色，针对学生在自主学习过程中遇到的问题进行个性化指导和反馈，从而提升教学效果和学生的学习成效。翻转课堂不仅适应了信息时代的学习需求，也为个性化教育和终身学习提供了有力支持。

（二）翻转课堂的特征

翻转课堂作为一种新型教学模式，具有鲜明的特征。首先，它实现了教学流程的颠倒，将传统课堂中的知识传授环节移至课外，通过数字化资源如教学视频、在线材料等，让学生在课前自主完成知识学习，为课堂互动与深度学习奠定基础。其次，翻转课堂强调学生的主动学习，鼓励学生通过自主探索、合作学习等方式，在课堂内外积极参与学习过程，提升自主学习能力。再其次，课堂时间得到高效利用，课堂不再是单纯的知识讲授，而是聚焦于问题解决、深度讨论、实践操作等高阶学习活动，促进学生的知识内化与能力提升。此外，翻转课堂还注重个性化教学，教师可根据学生的学习进度和反馈，灵活调整教学策略，满足不同学生的学习需求。最后，该模式强调技术与教育的深度融合，利用信息技术手段优化学习过程，提升教学效率与质量。综上，翻转课堂以其独特的教学流程、主动学习理念、高效课堂利用、个性化教学及技术融合等特征，为教育领域带来了深刻的变革。

（三）化学翻转课堂教学内容的选择

化学翻转课堂教学内容的选择依据有以下几点。

（1）知识与技能目标决定翻转课堂教学内容的选择范围

化学教学内容因其知识点的独特性，需进行差异化分类，以实现各有侧重的教学目标。针对元素化合物类内容，教学核心在于深化学生对物质结构、性质及用途之间内在联系的理解，强化知识体系的系统性。对于化学概念类内容，教学则侧重于帮助学生准确理解新概念，并有效区分新概念与既有概念之间的异同，以促进认知结构的清晰化。因此，在实施翻转课堂教学模式前，教师需精心选择教学内容，确保所选内容能够有效支撑知识与技能目标的实现。翻转课堂的灵活性与互动性为达成这些目标提供了有力支持，它允许学生通过自主学习预先掌握基础知识，在课堂时间内，教师可专注于引导学生深入探讨、解决复杂问题，从而深化理解，提升应用能力。这一过程不仅符合不同类型知识点的教学需求，也促进了学生主动学习与深度思考的能力培养。

（2）过程与方法目标决定翻转课堂教学内容的选择角度

化学作为实验科学，其实验教学在化学教育中具有不可替代的地位。化学新课程标准强调，教学应侧重于让学生通过探究性实验，亲身体验化学变化的奥妙，直观感受科学探究的价值，进而提升科学探究能力。同时，新课程标准还倡导在教学过程中培养学生的质疑精神与独立思考能力，鼓励学生主动发现问题、提出问题，并通过师生、生生间的合作共同探索解决方案。鉴于此，在选择翻转课堂教学模式下的教学内容时，应优先考虑那些能够体现化学新课标中过程与方法目标的内容。翻转课堂通过课前自学与课堂深度互动相结合的方式，为学生提供了更多的探究空间与合作机会，有助于实现新课标所倡导的教学理念。通过这种模式，学生不仅能够获得知识，还能学会如何学习，如何发现问题、解决问题，从而在化学学习中实现知识与能力的双重提升。

（3）情感目标决定翻转课堂教学内容的选择方向

翻转课堂作为一种创新的教学模式，虽然突破了传统课堂的时空限制，但课堂教学的效能并非仅限于知识传授的单一维度。实际上，教师的科学态度、价值观、个人修养及人格魅力等隐性因素，同样在无形中对学生产生深远影响。因此，在选择适合翻转课堂的教学内容时，应充分考虑如何有效传递情感态度与价值观目标。翻转课堂通过其灵活的教学形式，为教师提供了更多机会去展现个人的教育情怀、科学精神与人生哲学，进而在潜移默化中引导学生形成正确的世界观、人生观与价值观。此外，翻转课堂还鼓励学生间的互动与合作，通过团队讨论、项目研究等形式，培养学生的团队协作精神、社会责任感及创新精神，这些都是情感态度与价值观教育的重要组成部分。因此，在翻转课堂教学模式下，精心挑选能够促进学生全面发展，特别是情感态度与价值观培养的教学内容，是实现教育目标、提升教学质量的关键所在。

（四）化学翻转课堂教学内容

1. 元素化合物知识模块

元素化合物知识是化学学科体系的基础支柱，对于全面构建化学知识网络、深入理解化学基本概念及有效学习化学实验、化学计算等具有重要作用。掌握元素化合物知识，能够为学生进一步探究化学世界奠定坚实基础，使后续学习更加生动有趣。该知识领域涵盖元素及其化合物的性质、存在状态、制备方法及应用场景等多个维度，属于化学事实性知识范畴，是连接化学理论与实际生产生活的桥梁。元素化合物知识的学习不仅能够帮助学生对化学世界形成直观认识，还能够引导学生关注化学在日常生活及工业生产中的应用，增强其学习兴趣与实践能力。因此，元素化合物知识在整个化学学习过程中扮演着至关重要的角色，是化学教育不可或缺的一部分。

选择元素化合物知识模块作为化学翻转课堂的教学内容，主要基于其独特的优势与特点。元素化合物知识具有生动直观、形象具体的特性，这些宏观的化学现象易于被学生理解，因此在翻转课堂的课前自主学习阶段，学生能够在其自主学习能力范围内有效完成知识建构，减少学习初期的困难。

然而，元素化合物知识也存在零散繁冗、难以记忆的特点。该领域涉及众多元素及其化合物，以及大量的化学反应方程式，其中既有遵循一般规律的反应，也不乏具有特殊规律的案例，导致教学内容相对繁杂，记忆难度较大。尽管新课改对元素化合物知识的教学内容进行了删减，但高考对此类知识的考查难度与要求并未降低。在传统课堂中，教师往往面临高考压力，倾向于采用重知识传授、轻能力培养的教学模式，导致学生感觉知识零散、思维混乱，难以体验学习的成就感。特别是对于易于理解的知识点，学生难以深入挖掘、提取和处理。

将翻转课堂教学模式应用于元素化合物知识教学，能够有效解决上述问题。在课前自主学习环节，学生被赋予充分的学习时间与自主权，通过自主学习任务单的指导，自主决定学习方式和频次，从而实现对大量元素化合物知识的熟练掌握，为后续的化学学习奠定坚实基础。进入课堂后，学生已具备相应的知识基础，教师得以专注于逻辑思维能力的强化，帮助学生形成系统的元素化合物学习方法。

元素化合物知识与实际生产生活紧密相连，学生在日常生活中对许多元素及其化合物已有初步认知，如铝制品、铁制品、碳酸氢钠、碳酸钠、无机肥料铵盐等。这一特点使得翻转课堂教学更具现实意义，能够让学生真切感受到知识的实用价值，增强学习动机。在"以学生为主体"的翻转课堂理念指导下，学生能够在原有生活经验和认知基础上，更有效地构建新知识体系，提高辨别能力和记忆效率，避免知识混淆。

选择元素化合物知识作为翻转课堂的教学内容，不仅能够充分利用其生动直观的特点促进学生自主学习，还能通过翻转课堂的实施有效解决知识零散繁冗的问题，同时可以强化知识与实际生活的联系，提升学生的学习体验与成效。

2. 化学基本概念知识模块

化学基本概念作为化学教学的核心要素，深刻体现了化学学科的本质特征，是化学学习过程中的难点与重点。掌握化学基本概念有助于学生超越对事实性知识的简单描述，深入理解元素化合物的性质及化学反应的本质。这些基本概念是对物质及其变化本质属性和内在规律的抽象概括，是化学理论性知识的重要组成部分。通过系统学习化学基本概念，学生能够建立起对化学世界的深刻认知框架，为后续更复杂的化学学习奠定坚实基础。因此，在化学教学过程中，强化对化学基本概念的教学与理解，对于提升学生的化学素养、培养其科学探究能力具有重要意义。

化学基本概念的学习，不仅仅要求学生掌握其定义与内涵，更重要的是要理解其背后的逻辑关联与应用场景，从而在解决实际问题时能够灵活运用。教师应通过丰富的教学手段和实例分析，帮助学生深化对化学基本概念的理解，促进知识的内化与迁移，进而提升学生的化学思维能力与问题解决能力。

选择化学基本概念作为化学翻转课堂教学的内容，主要基于其独特的知识特点与显著的教学优势。

第一，化学基本概念具有高度概括性和抽象性，它们深刻揭示了物质及其相互变化的微观本质，是对同类事物共性的理论概括。然而，这种高度抽象和概括性往往使得这些概念难以被学生直观理解。如物质的量这一概念，作为连接化学微观世界与宏观世界的桥梁，其本质易与学生熟悉的质量概念相混淆，显得抽象且难以捉摸。因此，在教授这些概念时，教师需着重引导学生经历概念的推理形成过程，确保学生深刻理解并牢固掌握这些基础概念，为后续学习奠定坚实基础。翻转课堂模式通过延长课堂学习时间，为学生提供了在课前预习基础上进行深入探讨的机会，使教师能更个性化地引导学生理解概念本质，并通过作业检测等手段帮助学生熟练掌握概念的应用。

第二，化学基本概念的学习不仅仅关注结论的获得，更重视结论形成的探索过程。在化学基本概念的学习中，学生需通过主动思维，不断假设与检验，体验结论的推导过程。这种学习方式强调学生的主动探索与发现，与翻转课堂"以学生为主体"的教学理念不谋而合。翻转课堂在化学基本概念教学中的应用，能更有效地凸显理论性知识获取过程的重要性，促进学生对概念间相互联系的深入理解。

第三，化学基本概念的学习有助于培养学生的思维能力，尤其是逻辑思维与抽象思维能力。这些概念是从具体事物中抽象总结而来的，学生在学习过程中不仅锻炼了逻辑思维能力，还在运用概念分析化学反应、化学现象时，对物质的性质、组成、结构及变化有了更深层次的理解，抽象思维能力也随之提升。这符合新课程理念中"注重学生全面发展"的要求。翻转课堂模式鼓励学生在课前自主学习中发现问题，并在课堂讨论中通过生生、师生间的对话交流探索解决方案。这一过程充分发展了学生的个体思维能力，避免了将既定的逻辑思维方式强加给学生，使每个学生都能以自己的方式理解概念本质，实现个性化学习与成长。

3. 化学实验知识模块

化学作为一门实验科学，其实验环节在化学课程体系中占据核心地位。化学实验不仅以直观的形式展现了元素化合物知识的丰富多样性，还为学生提供了宝贵的化学实验事实，增强了他们对化学知识的记忆与理解。同时，化学实验也是将抽象化学概念具象化的有效途径，有助于学生更好地消化和吸收这些概念。化学实验作为化学技能性知识的重要组成部分，教学形式多样，其中演示实验尤为关键，它能够将抽象的化学知识以生动、形象的方式展现出来；探究实验则鼓励学生基于已有认知，自主探索化学新知。

在化学教学中，教师往往通过演示来引导学生掌握基础的化学实验操作，这种教学方式尤为适合以演示实验的形式进行。为了加深学生的理解，元素化合物知识或化学基本概念的教学同样可以采用演示实验或探究实验的方式。以氢氧化铝的两性教学为例，通过演示实验，学生能够直观观察到氢氧化铝在弱碱中的不溶性，以及在强碱中的溶解性。这种直观的教学方式相较于教师的单纯讲授，更能有效促进学生对知识的接受与理解。

化学实验并非孤立存在的，它与具体的化学事实性知识或化学理论性知识紧密相连，共同构成了化学学习的完整体系。因此，在学习过程中，应避免将化学实验视为单纯的操作训练，而应将其视为化学知识直观化、生动化的重要手段。通过化学实验，学生不仅仅能够掌握实验操作技能，更能在实践中深化对化学知识的理解和应用，实现知识与技能的有机融合。

化学实验在化学教学中扮演着至关重要的角色，它是化学知识的直观展现，也是学生理解、掌握和应用化学知识的重要途径。因此，教师在化学教学中应充分重视化学实验的开展，通过多样化的实验形式，促进学生对化学知识的全面理解和掌握。

(1) 演示实验注重拉近实验与学生的距离

演示实验与探究实验各具独特的教育价值。演示实验侧重于让学生直观观察实验现象及教师操作示范，以加深对化学知识的理解和记忆。在传统教学模式下，由于座位安排等因素，部分学生可能难以清晰观察实验细节，从而影响了学习效果。将演示实验融入翻转课堂教学，则能有效解决这一问题。教师录制演示实验视频，所有学生均可清晰、近距离地观看实验现象及教师操作，确保每位学生都能获得直观的学习体验。对于操作性演示实验，还可将演示视频与教师知识点讲解相结合，制作成微视频供学生课前预习。此举不仅便于学生多次观看、深入思考实验本质，还能有效降低课堂实验中错误操作的发生率。翻转课堂在演示实验中的应用，确保了演示效果的全面覆盖，凸显了演示教学的意义，促进了学生对化学知识的深入理解和牢固掌握。

翻转课堂的引入还赋予了学生更多自主学习的空间，使他们在课前能够主动预习、思考，为课堂上的深入学习和实践打下坚实基础，从而进一步提升演示实验的教学效果。

(2) 探究实验注重探究能力的培养及隐性知识的传授

探究实验的核心在于培养学生的科学探究能力，强调学生亲身体验探究的全过程。在翻转课堂教学模式下，尽管学生能在课前完成实验方案的设计，但由于课堂时间需用于解决自主学习中的问题、进行个性化指导及学习结果检测，往往难以保证充足的协作探究时间。这可能导致学生仅按预设方案盲目操作，无法充分体验探究过程，从而影响探究实验的教学效果。此外，翻转课堂中的教师指导多集中于个性化问题解答，难以全程陪伴学生探究，故而可能会忽视对科学态度、情感及思考方式等隐性知识的传授。

相比之下，传统课堂教学模式在探究性实验中能为学生提供更充裕的时间进行分组讨论、设计实验方案并实施探究，从而使学生完整、有效地体验探究全过程。在此过程中，教师不仅指导学生实验，还能在探究氛围中自然传递其对科学的态度、情感及思考方式，实现隐性知识的有效传授。因此，就凸显探究实验的意义而言，传统课堂教学模式或许更能保障学生获得全面的探究体验，有效培养学生的科学探究能力，同时让学生感受并学习教师的科学态度与思维方法。

二、基于翻转课堂的中学化学实验微课设计与开发模型

（一）微课

1. 微课的定义

微课，作为一种新型的教学模式，指的是以短视频为主要载体，针对某一具体知识点或教学环节而精心设计的微型教学课程。它通常聚焦于某个特定的主题或问题，内容精炼、目标明确，旨在通过简短而高效的方式向学生传授关键信息或技能。微课的时间长度一般较短，通常在几分钟到十几分钟之间，以适应现代快节奏的学习需求。这种教学模式充分利用了多媒体技术和网络资源，将教学内容以更加生动、直观的形式呈现出来，便于学生随时随地进行自主学习。微课不仅适合作为课堂教学的补充和延伸，也适用于远程教育、移动学习等多种学习场景，为学习者提供了更加灵活、便捷的学习方式。通过微课，学生可以针对自己的学习需求和时间安排，选择性地学习所需内容，从而有效提升学习效率和学习效果。同时，微课也为教师提供了一种创新的教学手段，有助于推动教育教学的现代化进程。

微课的制作注重内容的针对性和实用性，强调以学习者为中心，力求在有限的时间内传递最核心、最有价值的信息，满足学习者的即时学习需求。

2. 微课的特点

微课作为一种新兴的教学形式，特点鲜明且独特，主要体现在以下几个方面。第一，微课具有内容精炼、针对性强的特点。与传统课程相比，微课通常聚焦于某一具体知识点或教学难点，内容紧凑且目标明确，旨在于短时间内精准传达核心信息。这种高度凝练的教学方式有助于学生快速抓住学习重点、提高学习效率。第二，微课的形式灵活多样。它不拘泥于传统的课堂教学形式，而是充分利用多媒体技术，将教学内容以视频、动画、音频等多种形式呈现，使学习过程更加生动有趣。这种多样化的表现形式不仅能够激发学生的学习兴趣，还能满足不同学习风格的需求，提升学习效果。第三，微课时间短、便于学习。微课的时长一般控制在几分钟

到十几分钟之间，符合现代人快节奏的生活和学习习惯。学生可以利用碎片化的时间随时随地学习，无需花费大量连续时间，从而提高了学习的灵活性和便捷性。第四，微课还强调互动性与个性化。许多微课平台都提供了丰富的互动功能，如在线测试、讨论区等，使学生能够即时反馈学习成果，与教师或其他学习者进行互动交流。同时，微课还可以根据学生的学习进度和需求进行个性化定制，满足不同层次学生的学习需求。第五，微课具有资源共享与开放性的特点。随着网络技术的发展，越来越多的微课资源被上传到互联网平台，实现了教育资源的共享。这不仅有助于缩小教育资源的地域差异，还能让更多人享受到优质的教育资源。第六，微课的制作成本相对较低。相较于传统课程的制作成本，微课的制作更加简便易行。教师只需借助简单的多媒体设备和软件工具，即可制作出高质量的微课内容。这大大降低了教育成本，使得更多教师能够参与到微课的制作与推广中来。

微课以其精炼的内容、灵活的形式、简短的时间、互动性、资源共享性及低成本等特点，在教育领域展现出了强大的生命力和广泛的应用前景。

（二）化学实验微课的设计

1. 化学实验微课设计的原则

初中化学实验具有特殊性，因此在设计化学实验微课时应该遵循以下原则。

（1）科学性原则

在微课设计中，尤其对于涉及化学实验的内容，遵循科学性原则至关重要。这要求教学必须严谨，尊重客观事实，确保所有实验过程和结果均基于科学验证。具体而言，科学性原则体现在：一是实验过程需严格遵循客观事实，避免主观臆断，对于实验中出现与预期不符的现象应给予合理解释，并对模糊知识点进行多角度验证，以提升教师的专业素养和实验操作技能。二是语言表达需科学规范，确保化学用语准确无误、化学表达式书写标准。三是教学方法需科学合理，应针对不同类型的知识点，灵活选用适宜的教学方法，以确保教学过程的严谨性和有效性。遵循这些原则，不仅能提升微课的教学质量，还能培养学生的科学精神和探究能力。

（2）以学生为本原则

微课学习强调学生的自主学习，学生成为学习活动的主体。教师在设计微课时需秉持"以学生为主体"的理念，充分考虑学生的认知水平和学习能力，确保教学内容与学生的学习需求相匹配。根据新课程标准，教育应聚焦于学生核心素养的全面发展，涵盖多个维度。在化学学科中，这意味着教师不仅要关注化学基础知识的传授，而且要注重学生实验探究能力的培养，以及化学核心素养的培育。鉴于化学实验对理论基础和知识掌握的高要求，教师在设计实验类微课时，应避免过度聚焦于教学技巧或微课制作形式的展示，而应明确微课的核心服务对象是学生。因此，教师应从学生的角度出发思考问题的解决方案，注重在传授知识的同时，加强对学生综合能力的培养，包括批判性思维、问题解决能力、团队协作能力等，以期全面提升学生的各项综合技能，促进其全面发展。

（3）系统性原则

微课作为一个独立而完整的教学单元，与微课程或单一的教学片段存在本质区别。微课不仅包含核心知识点的讲解视频，还配套有完整的教学活动资源，共同构成一个有机整体。尽管微课可能聚焦于某一细小的知识点，但它仍应具备全面而完整的教学流程，包括引入、讲解、练习、总结等环节。一个完善的微课体系不仅包含主题视频，还应涵盖微学案、微教案、微型任务单等多种教学资源，这些资源相互支撑，共同促进学生的学习。构建这样的微课体系有助于学生系统地构建知识体系，实现知识的融会贯通。微课的这种综合性与完整性，使其成为一种高效、便捷的学习工具，能够为学生提供更加全面、深入的学习体验，促进他们对知识的深入理解与掌握。

（4）创新性原则

翻转课堂中的微课作为一种新兴教学方式，其核心在于通过创新的知识表达方式，使教学内容以更为生动、直观的形式呈现，而非改变教学内容本身。微课与传统课堂的区别主要在于其展现形式的创新性。教师在设计化学实验微课时，应注重创意与亮点的融入，超越传统 PPT 展示形式，探索多元化的表现手法。例如，结合动画与实验操作，使抽象概念具象化，同时确保实验操作画面的清晰度与知识点的精准对应。鉴于化学实验的实践性特点，微课旨在预先展现实验的魅力，激发学生的探索兴趣，为后续实验课程的顺利进行奠定良好基础，促进学生更深入地掌握化学知识。微课的创新设计不仅能够提升学生的学习体验，还能有效增强其对化学实验原理及过程的理解，从而达成更佳的教学效果。

2. 微课设计模型的构建

微课发展至今并没有一个权威的设计模式，我国最早的微课研究者胡铁生教授认为，ADDIE 模型能够很好地被运用其中，很好地契合了微课的设计模式。

（1）ADDIE 模型

ADDIE 模型，由分析（Analysis）、设计（Design）、开发（Develop）、实施（Implement）及评估（Evaluate）五个阶段组成，最初是美国陆军为提升军务人员培训效率而设计的，现已成为教育技术领域广泛应用的框架方法，对组织培训领域产生深远影响。该模型以其高度的灵活性和适应性著称，能够与其他教育理论和设计原则有效融合，展现出强大的应用潜力。微课作为一种新兴的课程资源形式，尽管与传统学习资源存在差异，但本质上仍属于课程资源的范畴。鉴于微课设计的复杂性和系统性，将 ADDIE 模型引入微课设计过程中，不仅能够为微课的系统化开发提供科学指导，还能确保微课内容的有效性、实用性和针对性，从而优化学习体验，提升教学效果。因此，将 ADDIE 模型应用于微课设计是合理且必要的选择。

（2）基于 ADDIE 模型的中学化学实验微课设计模式的构建

基于 ADDIE 模型可构建一套适用于实验微课的教学设计模式，该模式涵盖分析、设计、开发、实施与评估五个核心阶段。在评估阶段，重点收集并分析课堂教学反馈与学习者使用情况反馈，这些信息对于实验过程的持续优化与完善至关重要。具体而言，评估过程涉及对实验微课在课堂实践中应用效果的考察，包括学生对实验内容的理解程度、实验操作的熟练度及实验结果的准确性等方面。同时，还需关注学习者在自主学习过程中对实验微课的使用体验与反馈，如界面友好性、内容清晰度、互动性等方面。通过综合考量这些反馈，教师可以精准识别实验微课中存在的问题与不足，进而采取针对性措施进行改进与完善，以不断提升实验微课的教学质量与学习效果。这一过程不仅体现了 ADDIE 模型在微课设计中的应用价值，也彰显了持续反馈与迭代优化在教学设计中的重要性。

（三）化学实验微课的制作步骤

1. 化学实验微课前期分析

（1）化学实验微课选题分析

鉴于化学实验所展现的趣味性、复杂性和独特性，其学习方式与其他学科有显著差异。教师在筛选微课主题时，需从整体教材内容出发，细致甄别并挑选出既具教学价值又适宜以实验微课形式展现的主题。这一过程要求教师对教材内容有深入的理解和把握，能够准确识别哪些知识点或实验内容适合通过微课形式进行强化和拓展。同时，清晰而准确的课程定位对于微课主题的选择至关重要，它不仅能为微课的设计与制作提供明确的方向指引，还能确保微课内容紧密贴合教学目标和学生学习需求。因此，在选择化学实验微课主题时，教师应综合考虑实验的趣味性、复杂性，以及其在整体课程体系中的定位，确保所选主题既能激发学生的学习兴趣，又能有效提升教学质量和学习效果。精心选择主题和精准定位，可以充分发挥微课在实验教学中的优势，促进学生对化学实验的深入理解和掌握。

（2）化学实验微课功能分析

微课的功能分析是微课设计与开发前的关键步骤，旨在明确微课的用途及目标定位。具体而言，教师需要首先确定微课内容的类型，例如，针对不同类型的化学实验进行微课设计。根据实验的特性，教师应选择恰当的开发方式，以确保微课内容的专业性和针对性。

微课的使用时机也是功能分析中的重要考量因素。教师需要明确微课是在课前、课中还是课后使用。在不同的时间点使用，微课的效果是不同的。例如，课前微课可用于学生的预习，帮助他们对即将学习的内容建立初步认知；课中微课可用于详细讲解实验步骤或原理，辅助课堂教学；课后微课则侧重于知识的巩固与拓展，加深学生对实验内容的理解。

学生获取微课的途径及微课的播放条件也是教师在功能分析中不可忽视的方面。教师需要了解学生通常使用手机还是电脑观看微课，以及他们所使用的播放器类型和网络状态。这些因素将直接影响到微课的视频格式、清晰度、大小等参数的选择。为了确保学生能够顺畅地下载和播放微课，教师需在视频生成过程中对这些参数做出精确规定。

微课的功能分析是微课设计与开发前的必要环节，它要求教师对微课的内容、使用时机、获取途径及播放条件进行全面考量，以确保微课能够满足学生的学习需求，并达到预期的教学效果。

（3）化学实验微课开发可行性分析

微课的功能性分析是微课设计与开发初期不可或缺的一环，其核心在于精准定位微课的用途与目标。具体而言，教师在着手设计前需清晰界定微课内容所属的化学实验类型，并据此选择适宜的开发策略，以确保微课内容的专业性和针对性。

微课的使用时段亦需细致规划。教师应明确微课是服务于课前预习、课中教学还是课后复习。例如，课前预习微课旨在引导学生初步了解实验内容，课中微课侧重详细解析实验步骤与原理，课后微课则着重于知识的巩固与深化。

微课的开发可行性分析要求教师全面审视微课的内容、使用时段、获取渠道及播放条件，以科学合理地规划微课的设计与制作，从而满足学生的学习需求，提升教学效果。

（4）化学实验微课学习对象特征分析

在微课的开发过程中，坚守以学生为核心的原则至关重要。学生是微课学习活动的主体，因此，在设计微课时，必须全面考虑学生的知识储备量、认知水平、生活实践经验及家庭网络环境等因素。这些因素共同构成了学生学习微课的基础条件，对于微课内容的选取、难度的把控及呈现方式的确定都具有重要影响。

教师还需深入关注学生的个体差异，力求满足每位学生的个性化学习需求。特别是在初中化学实验的微课设计中，学习对象为初中生，他们已初步形成稳定的学习习惯，具备一定的实验探究能力，并对实验室安全规范有了一定的了解。针对这一特点，微课设计应更加注重培养学生的抽象思维能力，着重提升学生的实验分析推理能力和基本实验探究设计能力。

微课内容应紧密围绕高中生的认知特点和学习需求展开，既要注重知识的深度与广度，又要兼顾实验的趣味性与探究性。应通过巧妙设置问题、引导学生思考、提供实验案例等方式，激发学生的学习兴趣，培养其独立思考和解决问题的能力。同时，微课的呈现方式也应多样化，以适应不同学生的学习风格和偏好，确保每位学生都能从微课中获得有效的学习体验和知识收获。

2. 化学实验微课设计

（1）教学设计

在广泛查阅并参考众多文献资料的基础上，构建一个实验微课的设计模板。相较于传统的课程教学设计，微课设计在实验类型选择、微课制作手段、时间管理，以及学生学习目标的设定等方面均提出了更为严格的标准和要求。微课以短小精悍著称，这一特点要求在设计时无论在课堂的引入环节还是互动小结阶段，都需特别审慎。

在引入环节，微课需迅速抓住学生的注意力，引导他们进入学习状态，这就要求语言必须精炼且富有吸引力。同时，微课时间有限，因而内容必须高度浓缩，确保每个知识点都能精准传达，不容冗余。

在制作手段上，微课需充分利用多媒体资源，如动画、视频、图片等，以直观、生动的方式展示实验过程和结果，帮助学生更好地理解实验原理和操作要点。

在时间管理上，微课需严格控制时长，既要保证内容的完整性，又要避免冗长拖沓，确保学生在有限的时间内获得最大的学习效益。

学生学习目标的设定也是微课设计的重要一环。目标需明确、具体，既要符合学生的认知水平，又要具有一定的挑战性，以激发学生的学习动力和探究欲望。综上所述，微课设计是一个严谨而精细的过程，需综合考虑多方面因素，以确保其教学效果和质量。

（2）学案设计

学案设计的初衷在于优化学生的学习体验，与微课相结合，旨在最大限度地发挥微课的教学效能。在学生课前预习实验微课时，学案作为辅助工具，能够为学生清晰地指引学习目标及学习重难点。通过结合教师提供的指导性建议，学生能够深入理解化学反应的内在原理，并在此基础上自主开展实验探究活动。

学案特别设置了实验现象记录环节，这一设计不仅有助于学生及时记录学习过程中的关键信息，也便于他们日后复习巩固。通过这一环节，学生能够系统地整理实验观察结果，加深对实验内容的理解。

学案末尾增设了拓展内容板块，旨在引导学生对所学知识进行拓展延伸和灵活运用。这一部分内容不仅有助于学生实现知识的举一反三，提升他们的思维能力和创新能力，而且可以作为课堂教学资料，为师生间的深入探讨提供丰富的素材。通过将拓展探究内容融入课堂教学，教师可以引导学生进一步挖掘知识内涵、拓宽学习视野，从而全面提升教学质量和学习效果。

学案与微课的有机结合为学生提供了一个更加高效、系统、灵活的学习平台，有助于他们在学习过程中实现知识的内化与迁移。

（3）脚本设计

微课脚本设计构成了微课开发流程的核心组成部分，其设计紧密依托于微课的教学设计框架。高质量的教学设计要得以生动展现，关键在于脚本设计者的精心策划与细致执行。设计者在构思过程中，需对微课的视觉布局给予充分重视，确保教学设计的每一环节都能精确无误地转化为视觉呈现。

特别是在时间安排上，设计者需细致规划，确保内容的紧凑与流畅，既要避免冗长乏味，也要防止信息过载，影响学生的学习体验。此外，对于教学设计的每一个细节，设计者都应严格把控，确保内容的科学性与准确性。

在脚本设计的备注部分，设计者应适当添加关键信息，如教学要点、互动提示、技术说明等，这些备注内容有助于录制团队更好地理解设计意图，确保在实际录制过程中能够准确传达教学内容。

通过不断地完善与优化微课脚本设计，设计者可以确保微课在实际应用中能够充分发挥其教学价值，不仅提升学生的学习效果，还能提高他们的学习兴趣与参与度。因此，微课脚本设计不仅仅是微课开发的关键环节，更是实现高质量教学的有力保障。

3. 化学实验微课开发

（1）微课制作素材准备

微课素材的搜集工作应当在媒体设计环节之前率先完成，这一步骤对于微课能否成功达到预期教学效果起着至关重要的作用。微课素材的搜集与筛选是构建高质量微课不可或缺的关键环节。一般而言，微课素材涵盖图形、图片、动画、音频及视频等多种形式。

设计者在选取素材时，应遵循一定的原则，确保素材能够有力地支撑教学，清晰展现教学内容，同时具备吸引学生注意力、激发其学习兴趣的

核心素养视域下的初中化学科学探究教学策略

特质。具体而言，所选素材应与教学内容紧密相关，能够直观、生动地呈现知识点，帮助学生更好地理解和掌握课程内容。

素材的选取还需考虑学生的年龄、认知水平及兴趣偏好等因素，以确保素材能够引起学生的共鸣，激发他们的学习动力。精心挑选的素材可以为微课增添更多的趣味性和互动性，使学生在轻松愉快的氛围中完成学习任务。

微课素材的搜集与选取是一项细致而严谨的工作，它直接关系到微课的教学质量和学生的学习体验。因此，在微课制作过程中，设计者应给予这一环节足够的重视，确保所选素材能够充分发挥其在教学中的作用。

（2）录制微课的三种形式

① 录屏

屏幕录制是一种教学方法，它涉及教师运用屏幕录制软件全面记录讲解课件的过程，旨在达成既定的教学目标。在网络环境中，以"录屏软件"作为搜索关键词，能够检索到众多相关信息，其中包含了诸如 51 录屏、Screen Recorder Lite、拍大师、超级录屏、Camtasia Studio 及 PPT 等多种广为人知的录制工具。

教师在选择录屏工具时，可以依据个人的使用习惯和操作偏好，挑选最适合自己的软件。尽管这些录屏工具在功能和特性上可能有所不同，但在录制方法上通常并不存在显著的差异，都具有操作简便、易于上手的特点。教师无需复杂的培训或指导，即可在电脑操作端轻松完成录制工作。

屏幕录制技术的普及和应用为教师提供了更加灵活多样的教学手段。通过录屏，教师可以将课件内容以视频的形式进行保存和传播，方便学生随时随地复习和巩固。同时，录屏技术还能够提升课堂的互动性和趣味性，激发学生的学习兴趣和积极性。

屏幕录制作为一种现代化的教学手段，具有操作简便、易于实施等优势。教师可以根据自己的需求和喜好，选择合适的录屏工具，利用这一技术来优化教学效果，提升学生的学习体验。

② 外部视频工具拍摄

外部视频工具拍摄是指采用摄像机等专业设备全面记录教师课堂教学的整个过程。在这一过程中，摄影设备、电子白板及其他教学辅助工具发挥着关键作用。拍摄时，教师应遵循常规课程设计流程，确保教学内容的连贯性和完整性。拍摄完成后，还需对录制的视频进行必要的剪辑与后期

244

处理，以补充遗漏内容或修正不足之处。

外部视频工具拍摄对现场授课环境、灯光效果及收音质量有着较高的要求，因此，这一微课制作方式的核心在于确保授课现场的完美呈现。在拍摄前，需对拍摄场地进行精心布置，调整灯光强度与角度，确保画面清晰明亮；同时，还需优化收音设备，确保教师讲解声音清晰可辨，无杂音干扰。

授课现场环境、灯光及收音等条件均达到理想状态，可极大地减少后期处理的工作量，提高微课制作效率。因此，在采用外部视频工具拍摄制作微课时，教师应高度重视授课现场的完整度与呈现效果，力求在拍摄过程中一次性达到最佳状态，从而为后期制作奠定坚实基础。

外部视频工具拍摄是一种对现场环境要求较高的微课制作方式，但一旦条件满足，将极大地提升微课的制作效率与质量。

③ 便携工具简单拍摄

便携工具简单拍摄模式的操作方式类似于众多网络直播课程的教学手法。在此模式下，教师主要依赖纸笔或触屏电子设备进行授课，对拍摄设备的要求相对宽松，无论手机还是电脑均可，关键在于能够清晰捕捉到手稿演示的内容。尽管此种拍摄模式在操作层面更为简便，但其表现形式相对单一，因此，需与教师个人的授课风格紧密契合，方能有效激发学生的学习兴趣。

（3）化学实验微课视频录制的步骤与方法

视频录制型微课主要聚焦于那些包含操作演示的实验内容，诸如蒸馏操作、碘单质的萃取过程及酸碱滴定实验等。这些实验课程通常要求学生到实验室进行实地操作练习，因此，教师有必要在实验室环境下对实验进行实际操作演示，以此助力学生更加牢固地记忆实验步骤、深入理解实验原理，从而确保他们在实验课堂上能够顺利完成实验，并真正掌握实验背后的科学原理。鉴于上述情形，实验微课的开发必然需要借助录像设备进行实地录制，并在录制完成后对视频素材进行细致的剪辑与后期处理。

在录制实验微课之前，首要任务是充分准备实验所需的仪器与药品。这一环节至关重要，因为它直接关系到录制的顺利进行及视频内容的准确性。教师需要仔细检查实验步骤的合理性，确保实验仪器的摆放位置恰当、药品准备充足，以避免在录制过程中出现任何突发状况，如实验步骤受阻或仪器、药品短缺等，这些情况都会增加后期剪辑的工作量，甚至可能导致需要重新录制。

保持优质的录制环境同样不可忽视。无论屏幕录制还是实地录像，都需要对录制环境进行全面评估，并尽可能消除潜在的干扰因素。如果无法完全避免干扰，教师应尽量选择人流量较小的时段进行录制，如早晨或晚上，以降低外界噪声对视频质量的影响。同时，录制光线的调控也至关重要，光线过暗或过亮都会严重影响视频的视觉效果。因此，教师应提前测试并调整光线条件，以确保视频画面清晰、色彩自然，从而减少后期制作的负担，能将更多精力投入视频内容的优化中。

摄影设备的选择与参数调整也是实验微课录制过程中的重要一环。虽然设备选择具有一定的灵活性，但教师仍需根据自己的实际情况和需求做出明智的决策。无论使用微单还是单反相机，关键都在于设备的调试工作。教师应熟练掌握曝光度、对焦方式、拍摄模式等参数的调节方法，以确保录制出的视频画面稳定、清晰。在这一过程中，教师需要耐心细致地调试设备，直至达到最佳拍摄效果。

实验微课的录制是一个涉及多方面准备与细致操作的过程。教师需要从实验准备、录制环境调控到设备选择与参数调整等多个方面入手，确保录制的视频内容准确、画面清晰、视觉效果良好，从而为学生提供优质的学习资源。

（4）提前准备教学稿

微课尽管时长仅几分钟到十几分钟，却与实际授课模式有着显著的差异。它采用视频形式进行教学，赋予了学生极大的学习自主性，学生可以反复观看、暂停、快进，以适应自己的学习节奏。在这种教学模式下，即便是微小的口误也会在视频中被无限放大，进而影响到学生的学习效果和体验。因此，教师在正式录制微课之前，必须进行充分的准备工作，这不仅仅包括课件的制作、拍摄场地的布置及实验室的安排，更重要的是要精心准备教学稿。

教学稿的准备是微课录制的关键所在。它要求教师不仅要对教学内容了如指掌，还要确保表达清晰、化学用语使用准确无误、逻辑严密且流畅无卡顿。此外，为了避免口语化表达对学生造成理解上的困扰，教师还需在教学稿的准备过程中，对自己的语言进行严格的规范和提炼。这一步骤对于许多存在口语问题的教师而言，无疑是一次难得的提升机会。教师通过反复推敲和修改教学稿，语言表达能力将得到显著的提高。

任何新事物在开始时都会面临一定的挑战和困难，微课的录制也不例外。教师只要坚持，不断尝试和调整，语言水平就会得到提升。随着时间的推移，教师会逐渐摆脱对教学稿的依赖，即使在没有教学稿的情况下，也能够通顺流利地讲授教学内容。

这一转变的过程是教师个人语言能力的提升，更是他们教学理念和教学方法的革新。微课的录制让教师有机会以全新的视角审视自己的教学过程，从而发现自身存在的不足和需要改进的地方。通过不断地实践和反思，教师将更加优秀、更加专业。

微课的录制看似简单，实则蕴含着丰富的教育理念和教学方法。它要求教师不仅要具备扎实的专业知识，还要具备出色的语言表达能力和教学组织能力。而这一切都需要教师在正式录制之前做好充分的准备工作，尤其是教学稿的准备。只有这样，才能确保微课的质量，让学生在轻松愉快的氛围中学到真正有用的知识。同时，这一过程也将成为教师个人成长和发展的重要契机。

4. 化学实验微课应用实施

（1）实验前预习

微课在课前预习环节的应用，旨在帮助学生预先了解并熟悉即将在实验课上进行的实验步骤。通过这种方式，学生能够更加清晰地把握实验流程，从而为课堂实验做好充分准备。这不仅有助于学生提升学习效率，还能使教师在实验课上有更多的时间来引导学生进行深入的实验探究，从而最大限度地发挥课堂教学的有效性。

在利用此类微课进行预习时，学生需要认真观看实验演示视频，细致记录实验操作过程中需要特别注意的事项及具体的操作步骤。同时，学生还需完成教师提前发放的微课导学案，以检验自己的预习效果，并为课堂上的学习做好铺垫。

在课堂上，师生之间的交流互动成为进一步完成实验探究的关键。教师可以通过提问、讨论等方式，引导学生分享自己的预习心得和疑问，从而加深学生对实验内容的理解。此外，教师还可以结合学生的实际情况，进一步强调实验过程中的关键注意事项，并对实验原理进行更为详尽的讲解。

（2）实验中应用

微课在课堂教学中的应用主要聚焦于对核心教学内容的精讲，尤其适用于探究类实验、理论讲授型实验及部分简易演示实验。在探究类实验中，微课可用于展示如氢氧化亚铁的不稳定性探究、原电池工作原理探究等复杂过程，帮助学生深入理解实验现象与原理。对于理论讲授型实验，如影响化学反应因素的原理探究、酸碱中和滴定的原理分析等，微课能直观呈现理论推导过程，增强教学的逻辑性和系统性。此外，微课也适用于一些操作简便但现象明显的演示实验，如钠与水的反应、喷泉实验等，通过观看视频演示，学生可以更清晰地观察实验现象。

在运用此类微课时，学生需认真观看实验演示，细致记录实验过程中的关键现象，并与教师紧密配合，共同完成课程内容的学习。微课的融入不仅丰富了化学课堂的教学形式，还为原本可能显得枯燥的教学内容注入了新的活力，有效提升了学生的学习兴趣和参与度，促进了知识的吸收与理解。通过微课的辅助，课堂互动更加频繁，教学效果得以显著提升。

（3）实验后复习

实验课后微课的应用旨在达成两大教学目标：一是巩固新知，二是知识拓展。对于化学实验操作中的重点、难点及常考内容，微课提供了巩固练习的有效途径。此时的微课内容不再局限于单一的实验演示，而是融入了丰富的练习题与探究实验，成为一种特殊形式的课后作业，有助于学生加深对所学知识的理解与掌握。

微课还承担着知识拓展的重要任务。在实验课堂的基础上，微课通过运用相同的反应原理或相似的生活实例，进一步拓宽学生的知识视野，引导他们探索化学知识的广泛应用。这一过程不仅让学生感受到科学探究的乐趣，也使他们深刻体会到化学知识与日常生活的紧密联系，从而激发起他们学习化学的兴趣与热情。

5. 化学实验微课评价

尽管微课教学在某些方面与实际课堂教学存在共通之处，但在教学时长、授课模式、学习方式及教学呈现内容等维度上，两者展现出显著的差异。鉴于微课学习形式下教师与学生无法实现面对面的即时交流，教师难以直观捕捉学生的表情变化及现场反馈以评估学习成效，因此，可结合化学实验微课的独特特性与设计原则，广泛借鉴其他学者的研究成果与文献资料，构建一套微课评价量表。量表旨在辅助教师对微课的教学效果进行初步而全面的评估。

评价量表主要由两大核心部分构成：设计水平评价与教学效果评价。其中，设计水平评价聚焦于微课的前三项关键评价指标，旨在全面审视微课在设计层面的合理性与科学性；教学效果评价则侧重于评估微课在实际应用中的成效，以及对学生学习产生的积极影响。通过这两大评价维度的综合考量，教师能够更为准确地把握微课的教学质量，为后续的教学改进与优化提供有力的数据支撑与决策依据。

（四）基于翻转课堂教学模式的化学实验微课教学流程

基于翻转课堂的化学实验课程实施相较于单纯的翻转课堂模式，更显人性化考量。初中生面临不小的课业压力，全面推行翻转课堂可能会加重其学业负担，学生在应对日常作业的同时还需承担预习任务。而化学实验及开放课程数量有限，实施翻转课堂的频率相对较低，这在一定程度上维持了学生的学习新鲜感，提高了其接受度。

化学实验微课与翻转课堂结合的模式有效弥补了传统实验课堂的不足。传统课堂中，实验原理讲解、操作演示与实际操作往往因时间限制而无法充分展开，导致教学效果打折。即使一些有条件开设实验课的学校，也常出现因课堂时间紧迫而仅由教师匆匆演示的现象，学生缺乏足够的实践机会。

而基于翻转课堂的化学实验微课，通过课前向学生发送实验原理或操作视频，引导其自主预习并完成学案内容，使学生提前了解了实验全过程及操作要点。课堂上，教师能更专注于解答学生的疑问，从而为学生提供更多自主实验的时间，促进其实验探究能力的提升。这种模式不仅优化了教学流程，还确保了学生在有限的时间内获得更充分的学习与实践体验。

1. 课前活动

融合实验微课的翻转课堂模式，旨在促进学生在实验课前实现深度自学。教师预先发布微课视频及配套的微学案，学生通过观看视频，自主完成学案中设定的学习任务，包括记录实验现象、推测实验原理、提出问题、设计探究实验及解答微学案中的练习题等。师生尽管处于不同时间与空间，但借助网络交流平台实现了独特的沟通，如此能够鼓励学生自主探究学习，并完成教师布置的任务。这一过程有助于学生精准定位自身存在的问题，为后续高效的课堂交流奠定基础。

学生在完成微课学习后，需填写"化学实验微课评价量表"。此举不仅为学生提供了反馈学习体验的途径，也为教师提供了宝贵的评价数据，有助于教师对微课设计进行持续优化与改进。通过这一机制，教师能够更精准地把握学生的学习需求与反馈，进一步提升微课的教学质量与效果。因此，结合实验微课的翻转课堂模式，不仅能够促进学生的自主学习与深度探究，还通过师生间的有效沟通与评价机制，推动了教学质量的持续提升。

2. 课堂活动

翻转课堂模式下的化学实验教学活动展现出多样化的形式，包括但不限于学生问答、教师解疑、师生互动探究及学生总结发表等。无论采用何种形式，其共同特点都在于学生在实施翻转课堂模式前已对教学内容进行了预习，具备一定的理论基础。在此情境下，教师的角色发生了显著转变，不再单纯扮演知识传授者的角色，而是转变为实验课堂的引导者与学生知识迁移的启发者。教师的核心任务在于引导学生完成课堂操作练习，使他们能够亲身体验实验过程，深化对科学原理的理解与应用，从而实现知识的内化与巩固。

在翻转课堂的教学实践中，教师应注重激发学生的主动性与创造性，鼓励他们通过实验操作、问题讨论等方式深化对化学知识的理解与掌握。同时，教师还需密切关注学生的学习进展与反馈，及时调整教学策略，以确保每位学生都能在课堂中获得有效的学习体验与成长。这种教学模式的实施不仅能够提升学生的实验操作技能与科学探究能力，还能培养他们的创新思维与解决问题的能力，为其未来的学术研究与职业发展奠定坚实基础。

3. 课后活动

翻转课堂极大地增强了实验教学的开放性，其特色之一便是在常规课后练习之外增设了课后拓展环节。这一环节作为学生知识迁移的关键阶段，对于促进学生将化学实验理论知识应用于日常生活具有重要意义。在课后拓展阶段，教师的活动安排显得尤为重要，教师应基于广泛查阅的资料，针对不同类型的化学实验精心设计课后活动，以确保学生在课外能够进一步拓展科学知识。

为实现这一目标，教师需继续采用先前有效的方式，如通过线上平台或邮件等，将精心筛选与整理的资料发送给学生。这些资料应涵盖进阶思考与能力提升的相关内容，旨在引导学生进行更深层次的学习与探索。通过这样的方式，学生不仅能够巩固课堂所学，还能在课外进行知识的迁移与应用，从而实现个人能力的全面提升。翻转课堂模式下的课后拓展阶段，为学生提供了更为广阔的学习空间与机会，有助于培养他们的创新思维与实践能力，为其终身学习与发展奠定坚实基础。

第二节　初中化学实验教学策略优化

一、转变教师观念，提升教师素养

（一）更新化学实验教学理念

在知识型社会中，教师需持续更新教育观念，拓宽知识领域，并强化个人综合素质。然而，受中考考试制度影响，部分教师在化学实验教学实践中过于追求考试分数，导致实验教学受到严重制约。教师们尽管普遍认识到了化学实验教学的重要性，但由于课堂时间有限，往往选择以讲解实验和练习代替实际操作，以期提升考试成绩。针对此现象，教师应从多维度出发，积极更新化学实验教学理念，平衡应试教育与实验教学的关系，确保学生在掌握理论知识的同时，也能通过实验操作培养实践能力和科学探究精神。

1. 注重终身学习

随着科技的飞速发展与信息时代的到来，知识更新速度日益加快。若教师缺乏终身学习的意识，未能及时更新知识结构，将难以适应时代要求，更无法有效履行教书育人的职责。因此，教师务必树立终身学习的观念，持续提升自我，除深入钻研化学专业知识外，还应广泛涉猎教育教学理论与信息技术等领域的知识。通过不断学习，教师不仅能保持自身的专业竞争力，还能更好地将现代科技手段融于教学中，提升教学质量与效率，从而更好地服务于学生的全面发展。

2. 重视教研活动

教研活动是教师汲取新理念、审视教学行为、提升教研能力的关键途径。教师应积极把握参与教研活动的机会，深入反思活动内容，将有效的教学方法和先进理念融入日常教学之中。此外，参与如化学实验基本功大赛等以实验为主题的专项教研活动同样重要，这不仅能增进与优秀同行的交流学习，还能在竞技中锤炼自己的化学实验教学技能，从而不断提升个人在化学实验教学方面的专业素养与能力。通过这些活动，教师能够持续进步，为学生提供更高质量的教学服务。

3. 积极参加教师继续教育和业务培训

教师应当积极参与教师继续教育与业务培训活动，这些活动不仅是提升个人专业素养的重要途径，也是适应教育改革与时代发展需求的关键举措。通过继续教育，教师可以不断拓宽知识视野，更新教育观念，掌握先进的教学方法和技能。业务培训则能针对教学工作中的实际问题，提供具体的解决策略和方法，有助于提升教学质量和效率。因此，积极参与此类活动，对于教师的个人成长与职业发展具有重要意义，同时也是提升整体教育水平的关键所在。

4. 认识化学实验功能

化学实验在科学教育中的地位不可替代，它不仅能够显著提升学生的创新思维能力，还能有效培养学生的科学思维及运用科学方法解决问题的能力。化学课程标准所倡导的"学生发展核心素养"是对三维教学目标的深化与拓展，更是落实教育根本任务——立德树人的关键环节。将这一理念融入课堂教学与学校教育中，需全社会共同努力。教师作为教育活动的主导者，更应深刻认识到化学实验所蕴含的育人功能，积极发挥其独特的教育价值，以促进学生全面发展，实现教育目标的深化与提升。

5. 组织教师进行创新实验比赛

学校应定期组织以化学实验为主题的比赛活动，如设立教师创新实验大赛，以此激发教师的教学创新热情，并为学生呈现化学实验的魅力。大赛流程通常包括：首先，每位化学教师需独立设计并提交一项具有创新性的化学实验项目参赛。随后，这些实验将在比赛中进行展示，学生则作为观众亲身体验化学实验带来的乐趣与启迪。比赛结束后，根据教师的实验设计创新性、教学实施效果及学生反馈等多方面因素进行综合评估，对表现卓越的教师给予适当的物质奖励与精神表彰。此举不仅能够肯定教师的辛勤付出与卓越成果，而且能有效激发全体教师投身于实验教学的积极性，进而推动实验教学效果的显著提升。通过这样的活动，学校不仅能够营造浓厚的学术氛围，还能促进学生在观察与体验中培养对科学的兴趣与热爱，为培养未来科技人才奠定坚实基础。

（二）提升化学实验教学能力

化学教师需具备出色的化学实验教学能力，这涵盖实验操作技能的精湛、课堂组织管理的有序及语言表达的清晰准确等多方面素养。这一能力的提升并非一蹴而就，而是需历经长时间的积累与实践。因此，化学教师应在日常实验教学中保持持续的自我反思，不断探索与优化教学方法。同时，与同事间的密切交流与学习同样不可或缺，通过分享教学经验、探讨教学难题，教师可以相互借鉴、共同进步。此外，虚心接受专家及同行的专业指导与建议，对于提升教师的实验教学能力也至关重要。教师应以开放的心态，将外部指导与自身实践相结合，逐步构建起独具特色的实验教学方式。在此过程中，教师还需注重培养学生的创新思维与实践能力，通过实验教学的改进与创新，激发学生的学习兴趣与探索欲望，从而全面提升化学教学的质量与效果。

教师可以从以下五个方面来提高化学实验教学能力。

第一，教师在进行实验教学之前要精心备课。教师在实验教学前需精心备课，充分考虑学生现有知识水平与心理状态，深入研究教材实验内容。教师应选择与教学目标紧密相关的实验，设计新颖情境，采用适宜的教学方式实施演示实验或学生实验。针对实验现象不明显或效果不佳的情况，教师应积极创新改进，力求达到最佳教学效果。例如，在探究燃烧条件时，可让学生亲手操作实验，通过观察火柴不同摆放姿态下的燃烧情况，引发思考并讨论其原因。此过程不仅增强了实验的互动性，还使学生亲身体验科学探究，深化了对相关知识的理解。

第二，在实验教学过程中，教师的表达要生动形象，语言要科学准确，思维要准确有序、逻辑清晰。在实验教学过程中，教师操作时应注重示范性。应针对学生的操作问题，结合个人示范进行必要纠正与强调，以培养其规范操作的习惯。例如，强调量筒的正确使用方法及仪器清洁与归位的重要性。同时，在演示实验中，教师需引导学生观察现象并思考其本质联系，对异常现象应深入分析，激发学生的求知欲。以制取氧气实验为例，面对收集不到氧气的异常情况，教师应积极引导学生探讨原因，从生成性资源中汲取新知，从而增强教学的互动性与实效性。

第三，在实验教学中，教师应严格要求学生遵循规范操作流程。针对学生实验操作中存在的问题，教师应结合个人示范操作进行必要的纠正与强调，以培养学生规范操作的习惯。例如，倾倒液体药品时，教师需明确要求学生不得将试剂瓶塞正放于桌面，以防污染；使用胶头滴管时，应避免平放或倒放，以防试剂倒流；实验结束后，学生应及时清洗仪器，并将其妥善放置于指定位置。通过这些细致入微的指导与纠正，教师能够有效规范学生的实验操作，确保实验过程的安全与准确性，同时培养学生的实验素养与责任感。

第四，尊重学生的主体地位，适当地引导学生。高效实验教学强调以学生为主体、教师为主导的教学理念。教师应遵循教学与学生认知规律，激发学生的兴趣，促进学生主动学习，在有限时间内实现三维目标，发展学生的核心素养。在实验教学中，教师应避免过度干预，确保学生是实验的主导者。预先准备实验材料看似节省时间，却剥夺了学生探究与思维碰撞的机会，降低了教学效率。因此，教师应鼓励学生自主设计实验、选择材料，并在过程中给予适时引导，使学生在实践中学习、在错误中成长，从而深刻理解实验原理，提升解决问题的能力，实现高效实验教学。

第五，实验教学结束后，教师应及时进行反思，并整理成文字材料。反思内容涵盖实验教学方式的有效性、实验成败原因、学生参与度、学生提问及实验异常现象等。此过程有助于教师积累经验、拓宽思路，促进实验教学经验的理论化。同时，教师应积极参与实验相关培训，持续学习新知，不断提升自身实验教学能力。通过不断"充电"，教师能更好地应对实验教学中的挑战，优化教学策略，提高教学质量，为学生的全面发展奠定坚实基础。

（三）深刻领会核心素养的内涵，科学制定实验教学目标

素养导向的课程目标进一步明确了化学学科的深刻内涵，为将宏观课

程目标细化为单元、章节乃至课时目标提供了明确的指导框架。这一框架强调三维目标的融合，并以培养学生的化学学科核心素养为核心目标。化学学科核心素养的发展是一个循序渐进、不断提升的过程，因此，教师在规划与设计课时实验教学目标时，需深入理解化学学科核心素养的本质及其发展阶段，紧密结合初中化学实验课程的总体目标、具体实验内容，并充分考虑学生的既有经验与认知水平。

在此基础上，教师应采取系统化、整体性的规划方法，对课时实验教学目标进行精心设计。这要求教师不仅仅要关注知识的传授与技能的训练，更要重视对学生思维能力的培养、科学探究精神的激发及价值观的塑造。通过精心设计的实验教学活动，教师能够引导学生主动探索化学世界的奥秘，培养他们的创新思维与实践能力，从而有效促进学生化学学科核心素养的全面发展。这一过程不仅有助于提升化学教学的质量与效果，也为学生的终身学习与发展奠定了坚实的基础。

（四）强化学生化学实验的体验过程

1. 激发学生对化学实验的求知欲

学生对化学实验的初步兴趣多源于实验中的颜色变化、气体产生及沉淀溶解等直观现象，对化学变化的本质则兴趣寥寥。仅凭此类直观兴趣难以激发学生持久的求知欲。在化学实验教学中，教师应在激发学生直观兴趣的基础上，设计探究性实验，鼓励学生自己解决与日常生活紧密相关的问题。此举旨在引导学生将兴趣由直观层面提升至探究层面，进而促使他们对化学的兴趣向更为持久、深入的方向发展。

2. 培养学生形成良好的实验习惯

在化学教学过程中，培养学生的良好实验习惯是至关重要的。这包括但不限于实验前的充分准备、实验过程中的严谨操作、实验后的细致观察与记录，以及对实验数据的准确分析与科学解释。教师应通过示范教学、个别指导及集体讨论等多种方式，引导学生逐步养成良好的实验习惯。这些习惯不仅有助于学生在化学实验中获得更准确、更可靠的实验结果，还能培养他们的科学素养、严谨态度和批判性思维。长远来看，良好的实验习惯将对学生未来的学术研究和职业发展产生深远的影响。

3. 提高学生的实验探究能力

新课程改革着重强调，教育不应局限于知识的单向传承，而应着重培养学生的创新精神与实践探究能力。在化学实验教学领域，这一理念同样适用。为达成此目标，教师需采取一系列策略以激发学生的探索欲与创造力。

一方面，教师应巧妙创设问题情境，利用学生日常生活中熟知的现象作为探究问题的切入点，以此激发学生的探索兴趣。所设计的探究问题及其所需的实验操作技能需与学生的现有知识水平及技能基础相匹配，确保问题落在学生的"最近发展区"内，即学生通过一定努力后能够达成目标。例如，在学习酸碱中和反应后，教师可设定如下情境：某学生因胃酸过多导致胃部不适，就医后得知需服用胃药，而胃酸的主要成分为盐酸。基于此情境，教师可提出问题：胃药的治疗原理是什么？如何设计实验验证这一原理？随后，教师可提供必要的实验仪器与药品，鼓励学生通过独立思考或小组合作的方式，共同设计实验方案以探寻答案。

另一方面，教师应系统引导学生了解并掌握科学探究的基本流程，该流程涵盖提出问题、形成假设、制订计划、执行实验、收集证据、分析结论、反思评价及交流分享等多个环节。在实验操作过程中，教师应密切关注学生的操作细节，及时纠正错误，并引导学生细致观察实验过程中的化学变化，从而加深对化学原理的理解。

4. 加强对学生各种能力的训练

（1）加强思维能力训练

中学生处于思维能力发展的关键阶段，完善的思维能力对其学业、职业及人生发展均至关重要。化学实验教学作为培养思维能力的重要途径，通过设计实验方案、执行实验操作及分析实验问题与结果等步骤，可有效锻炼学生的缜密思维与严谨逻辑。小组合作设计实验方案，不仅加深了学生对基础知识的理解，还促使他们认识到学习的价值不限于应试，更在于实际应用。在此过程中，学生间的频繁交流与讨论不仅可以促进实验设计的完善与基础知识的巩固，还能够激发学生对化学的兴趣，同时可以培养其思维能力，从而为其未来发展奠定坚实基础。

（2）加强分析能力和创新能力的培养

化学实验过程受多种因素影响，实验现象与结论可能与预期设计存在差异。面对此类情况，应及时分析差异原因，探究其根源。在此过程中，教师应鼓励学生提出假设，并引导学生逐一验证这些假设。分析问题原因及设计新实验方案的过程，不仅能够培养学生的分析能力，还能激发其创新思维，从而促进其综合能力的提升。

二、创新中学化学实验教学策略和形式

新课程改革背景下，教师在化学实验课堂中扮演着辅助者与引导者的角色，需灵活运用教学策略，有效整合实验资源，以充分发挥教学策略的能动性。为实现这一目标，教师应深入研究初中化学实验教学策略，确保策略选择的适宜性。通过灵活运用实验教学策略，教师能引导学生在实验探究中掌握知识原理，培养其科学素养与探究能力。同时，因材施教地运用多种化学实验教学策略，能够赋予课堂以活力，避免单一策略限制学生创造力的发挥。因此，教师需不断探索与创新，以适应新课程改革的要求，促进学生全面发展。

（一）优化化学实验教学目标的设计

明确设定教学目标对于指引教学工作的方向至关重要。教师在规划教学目标时，需超越单纯的知识传授，全面考量未来社会所需的多维度科学素养，涵盖科学精神、探究方法等关键要素。教育宗旨、教学目的与教育目标分别体现了教育要求的不同层次，因此，教师应从多维度出发，深入分析并明确教学目标。教师在制定教学目标时，应系统融入科学素养的各个方面，并确保各层面目标间具有合理的层次性。

针对中学化学探究性实验教学，依据化学课程标准，教学目标的设计可细分为三个维度：一是实验知识与技能目标，聚焦于学生实验技能的掌握与化学知识的积累；二是实验探究过程与方法目标，强调学生在实验过程中探究能力的提升与科学方法的运用；三是实验情感态度与价值观目标，旨在培养学生的科学态度、探索精神及正确的价值观。

在初中化学探究性实验教学的设计实践中，清晰、准确地阐述实验教学目标，对于优化实验教学设计、促进学生有效的实验探究学习，以及完善初中化学实验教学的评价体系均具有重要意义。规范的教学目标应包含

以下四个基本要素。

1. 学习主体

在化学实验探究教学中，学生占据着核心主体地位，这是因为教学目标本质上是对学生在实验过程中所经历的学习成果与体验的全面描述。这一描述旨在明确学生在参与化学实验活动时应达成的知识掌握程度、技能提升水平，以及情感态度与价值观的培养方向。通过设定明确的教学目标，教师能够清晰地规划出学生在化学实验探究过程中应经历的学习路径与成长轨迹。

教学目标不仅关注学生对化学实验基础知识的掌握情况，如实验原理、操作步骤及实验现象的理解与记忆，还强调学生在实验过程中探究能力、问题解决能力的培养，以及科学思维与批判性思维的形成。同时，教学目标也涵盖学生在情感态度与价值观层面的成长，如科学精神的培养、对化学实验的兴趣与热情，以及面对实验挑战时的坚韧与毅力，等等。

因此，在化学实验探究教学中，强调学生的主体地位，明确教学目标，对于指导教学实践、提升教学质量、促进学生全面发展具有至关重要的作用。

2. 具体可操作的行为

行为描述旨在明确学生在学习后所能执行的具体任务或所经历的心理状态。为了更精确地刻画这些行为，采用动词短语成为一种有效的方法。通过选用那些能够直接体现学生行为或心理活动的动词，可以更清晰地界定学生的学习成果。

在选择动词时，可以考虑两类：一类是可视化或可测量的行为动词，它们直接关联到学生的外在行动，如"理解""掌握""识别""解释""提议""写作"和"设计"等，这些动词能够明确展示学生在知识理解、技能运用方面的表现；另一类则是表达内在意识与心理状态的动词，它们侧重于描述学生的内在感受与经历，如"感受""经历""关注""体验"等，这些动词有助于理解学生在情感、态度层面的成长。

准确选择动词是行为描述的关键，因为它直接反映了教师对学生学习行为的具体要求与期望。通过精心挑选动词，教师能够更精准地设定学习目标，为学生指明清晰的学习方向，同时也为教学评估提供了明确的参照标准。因此，教师在构建教学目标或进行行为描述时，务必仔细斟酌动词的选择，以确保其能够全面、准确地反映学生的学习成果与成长经历。

3. 学习或探究的条件

学习或探究的条件指的是那些对学生学习成果产生具体影响与限制的因素，它们界定了学生达成学习目标的具体情境与范围。这些条件通常涵盖以下几个方面：首先是环境因素，它涉及学习发生的具体地点或背景，不同的环境可能对学生的学习效果产生不同影响；其次是人为因素，这包括学生个人、学习团体或在教师指导下的合作学习，人为因素对学习成果具有直接且显著的影响；再其次是信息因素，它指的是学生在学习或探究过程中所使用的各种资源，如图表、教学材料、书籍及网络资源等，这些资源为学生提供了必要的知识支持与学习工具；最后是明确的刺激条件，它指的是引发学生学习行为或探究活动的具体因素，这些因素对于激发学生的学习动力与探究欲望至关重要。

综合考量上述条件，有助于教师更全面地理解学生学习或探究的实际情况，从而为他们提供更加适宜的学习环境、资源与支持，进而促进学生学习效果的提升与全面发展。

4. 需要达到的标准

标准，亦称作行为水平，是学生学习成果所应达到的最低绩效要求。在探究性实验教学设计中，依据实验教学的功能与作用，紧密结合具体教学内容，精心设计一个全面而周到的教学目标是至关重要的环节。一个优质的教学目标不仅能够为整个教学过程提供明确的方向指引，还直接关联教学成效。

一般而言，实验教学目标应由三部分构成：首先是知识与技能目标，涵盖旧知识的复习巩固、新知识的获取掌握、实验仪器的熟练操作、实验方法的运用，以及实验设计思路的构建；其次是过程与方法目标，强调对学生观察、发现与提问能力的培养，预设实验结果的能力及实验设计与评估能力的提升，同时注重探究能力的全面发展；最后是情感态度与价值观目标，旨在通过实验探究活动让学生多感官体验化学实验的独特魅力，学会团队协作，共同探索科学奥秘，并在此过程中培养科学素养，树立唯物主义世界观。

（二）创新化学实验教学策略

1. 利用科学史话创设情境

在中学化学实验教学中融入科学史话，构建富有启发性的教学情境，是一种创新的教学策略。通过讲述化学理论或发现背后的历史故事，不仅能够增加教学的趣味性和吸引力，还能帮助学生更好地理解化学知识的起源与发展脉络，从而深化学生对化学原理的认识。这种策略的核心在于，利用科学史话中的经典案例和人物故事为学生创设一个生动、具体的学习情境。例如，在讲解某个化学反应原理时，可以引入该原理发现者的生平事迹、研究过程及科学争议等，让学生仿佛置身于当时的科学探索之中，感受科学家们不畏艰难、勇于探索的精神。

科学史话的融入不仅可以激发学生的学习兴趣和好奇心，还能培养他们的科学素养和批判性思维能力。学生在了解科学发现过程的同时，也能学会从多个角度审视问题，形成独立思考和判断的能力。此外，这种教学策略还有助于拓宽学生的知识视野，增强他们对化学学科的整体认知。

因此，将科学史话融入中学化学实验教学，不仅仅是对传统教学策略的一种创新，更是提升教学质量、促进学生全面发展的重要途径。

2. 利用生活现象创设情境

化学与人类的日常生活及生产活动紧密相连，众多生活现象与物质背后蕴含着丰富的化学知识。通过利用这些生活实例或物质，教师可以巧妙地创设贴近学生实际的生活情境，从而有效激发学生的求知欲望。这种教学策略不仅有助于培养学生敏锐的观察力，使他们在日常生活中能够主动发现问题，还能引导他们将所学的化学理论知识与实际情况相结合，提升他们运用知识解决实际问题的能力。

生活情境的创设让学生能够更加直观地感受到化学知识的实用价值，进而增强学习化学的兴趣和动力。同时，在解决实际问题的过程中，学生能够更加深刻地理解化学原理，提高思维的灵活性和创新性。此外，这种教学策略还有助于培养学生的综合素质，包括批判性思维、团队合作能力等，为他们未来的学习和工作奠定坚实的基础。

因此，利用生活中的化学现象或物质创设教学情境，是提升化学教学效果、培养学生实践能力与创新精神的有效途径。

3. 利用化学实验创设情境

化学实验作为化学学科的核心组成部分，对于激发学生的学习兴趣、深化其对化学知识的理解具有不可替代的作用。人教版化学教材中收录了大量富有趣味性的实验内容，这些实验资源为教师提供了丰富的教学素材。教师可以充分利用这些实验，精心创设教学情境，以此激发学生在化学领域持续探索的兴趣，引导他们进行深入的学习与研究。通过化学实验的开展，学生能够在实践中直观感受化学的魅力，理解化学原理的实质。这种基于实验的教学情境不仅能够提升学生的参与度与专注度，还能有效培养他们的科学探究能力。在探究过程中，学生将学会提出问题、设计实验、收集数据、分析结果，并最终得出结论。这一系列科学探究的步骤，对于学生形成系统的科学思维方法、提升解决问题的能力具有重要意义。因此，教师应充分挖掘人教版教材中的实验资源，结合教学实际，灵活创设教学情境，通过化学实验的开展有效激发学生的学习兴趣与探究欲望，进而全面提升学生的化学素养与科学探究能力。

4. 开发真实的问题情境素材，促进学生学习方式转变

教师在开发实验情境素材及实施化学实验教学时，其策略直接影响学生学科核心素养在课堂上的具体展现。建构主义学习理论指出，学习者已有的知识与经验对于新知识的构建具有关键作用，并强调情境在意义构建中的核心作用，提倡通过精心设计学习环境来辅助学生主动构建知识体系。鉴于此，教师在教学实践中应聚焦于开发真实且具有教育价值的问题情境素材，旨在促进学生化学学科核心素养的培育与发展。

在真实、具体的问题情境中，教师应积极引导学生参与建构性学习、探究性学习和问题解决性学习，以推动学生化学学习方式的根本性转变。为实现这一目标，教师应致力于设计多样化的实验探究学习任务，紧密结合实验教学内容及学生实际情况，鼓励学生开展基于证据与推理、模型构建与解释等具有化学学科特色的学习活动。同时，教师应巧妙设计涵盖不

同复杂程度的问题解决任务，置于真实情境中，鼓励学生通过小组合作、实验探索、讨论交流等多种方式共同探寻问题解决方案。这一过程不仅有助于深化学生对化学知识的理解与应用，还能有效培养其创新思维、团队合作与问题解决能力。

（三）优化化学实验开设形式

1. 切实开展小组实验

实施小组实验是促进学生间互动交流的有效途径，它能让每位学生在合作中承担不同角色，充分发挥个人优势。在探究实验过程中，学生作为主体的地位得以彰显。然而，在实际教学中，由于课堂时间有限，部分教师往往压缩小组实验时长，甚至取消该环节，这不利于学生学科核心素养的培养。因此，在"素养为本"的教学设计理念下，化学教师应充分考虑小组实验内容的规划及所需时间的分配，以确保小组实验的有效实施。此外，小组实验不应局限于验证性实验，而应通过创设多样化的教学情境，引导学生发现问题、提出假设、设计实验方案并验证假设，以此培养其科学探究能力。实际上，大多数化学实验均可采用小组形式进行，这种方式不仅能加深学生对化学学科的兴趣，还能让他们在合作中提升团队协作与问题解决能力。

化学教师应合理规划小组实验，确保其充分开展，以促进学生学科核心素养的全面发展，并激发学生对化学学科的热爱。

2. 开展创新实验

在化学教学过程中，开展创新实验是一项至关重要的教育实践活动。它不仅有助于激发学生的学习兴趣，还能有效培养他们的创新思维与实践能力。创新实验的实施，意味着在传统实验内容与方法的基础上引入新颖的元素与理念，以挑战传统、激发探索精神为目标。这类实验往往鼓励学生跳出常规思维框架，尝试采用非传统的方法或材料来解决问题，从而在实验过程中培养他们的创新思维与动手能力。

为了成功实施创新实验，教师需要精心策划与设计，确保实验内容既符合教学大纲要求，又具有一定的挑战性与探索性。同时，教师还应提供必要的指导与支持，帮助学生克服实验过程中可能遇到的困难，确保他们能够安全、有效地进行实验探索。此外，鼓励学生之间的合作与交流也是创新实验不可或缺的一部分。通过团队协作，学生可以相互启发、共同进步，从而在实践中深化对化学知识的理解与应用。

总之，开展创新实验是化学教学中不可或缺的一环，它不仅仅能够丰富教学内容，提升教学质量，更重要的是能够激发学生的创造力与探索欲，为培养具有创新精神与实践能力的化学人才奠定坚实基础。

（四）关注课标要求和实验原型，提高学生的知识迁移水平

在化学教学过程中，教师应高度关注化学课程标准的具体要求，并紧密结合实验原型，以此为基础设计教学活动，以提升学生的知识迁移能力。化学课程标准作为指导化学教学的纲领性文件，明确了教学目标、内容要求及评价标准，为教师的教学实践提供了明确的方向。实验原型则是化学知识的直观体现，通过实验操作，学生能够更深入地理解化学原理，掌握实验技能。

为了有效提升学生的知识迁移能力，教师在教学过程中应注重以下几点：首先，深入分析化学课程标准，明确各知识点的教学要求与层次，确保教学活动的设计既符合标准又贴近学生实际。其次，精心挑选具有代表性的实验原型，通过实验操作帮助学生构建化学知识体系、理解化学原理。最后，加强知识迁移能力的训练，引导学生在不同情境下灵活运用所学知识解决实际问题。

通过聚焦化学课程标准与实验原型，教师能够更有效地提升学生的知识迁移能力，为他们未来的学习与工作奠定坚实的基础。

（五）重视实验内容的选择

1. 注重实验内容的选择，提升学生的综合能力

在化学实验教学中，精心选择实验内容对于提升学生的综合能力具有至关重要的作用。实验内容的选择不仅关乎学生对化学知识的理解和掌握程度，而且直接影响到他们创新思维、实践能力、团队协作等多方面能力的培养。因此，教师在设计化学实验教学时，应充分考虑实验内容的科学性、实用性和启发性，以全面提升学生的综合能力。

第一，实验内容的选择应紧密围绕化学课程标准和教学目标，确保所

选实验既符合教学大纲的要求，又能有效提升学生的化学素养。教师应深入研究课程标准，明确各章节的教学重难点，从而有针对性地选择实验内容。同时，实验内容应具有一定的挑战性，能够激发学生的学习兴趣和探究欲望，促使他们在实验过程中主动思考、积极探索。

第二，实验内容的选择应注重培养学生的创新思维和实践能力。教师应鼓励学生尝试不同的实验方法、探索新的实验路径，以培养他们的创新思维。同时，通过自己动手操作实验，学生能够更深入地理解化学原理，掌握实验技能，从而提升自己的实践能力。此外，教师还可以设计一些开放性实验，让学生根据自己的兴趣和想法设计实验方案，进一步培养他们的创新能力和实践能力。

第三，实验内容的选择应考虑团队协作能力的培养。在化学实验过程中，学生往往需要分组进行实验，这就需要他们具备良好的团队协作能力。因此，教师可以设计一些需要多人协作完成的实验任务，让学生在实验过程中学会沟通、协调和分工合作，从而培养他们的团队协作能力。通过团队协作，学生不仅能够更好地完成实验任务，还能在相互学习和交流中不断提升自己的综合能力。

第四，实验内容的选择应关注学生的生活实际和社会热点问题。通过选择与学生生活密切相关的实验内容或涉及社会热点问题的实验项目，教师可以引导学生关注现实生活和社会发展，培养他们的社会责任感和使命感。同时，这类实验内容也更容易引起学生的兴趣和共鸣，提高他们参与实验的积极性和主动性。

第五，教师在选择实验内容时还应考虑实验的安全性和可操作性。化学实验涉及各种化学试剂和仪器设备，存在一定的安全风险。因此，教师在选择实验内容时必须充分考虑实验的安全性，确保所选实验在现有条件下能够安全进行。同时，实验内容还应具有可操作性，即学生能够在教师的指导下独立完成实验操作，达到预期的实验效果。

注重实验内容的选择是提升学生综合能力的关键。教师应深入研究课程标准，关注学生实际和社会热点问题，注重培养学生创新思维、实践能力和团队协作能力，以及从考虑实验的安全性和可操作性等方面来精心选择实验内容。通过科学合理的实验内容选择，教师可以有效地提升学生的综合能力，为他们的全面发展奠定坚实的基础。

2. 根据教学内容增设实验

面对学生因年龄、性别、心理等主观及客观因素不同而存在的理解差异，特别是在处理较为复杂或抽象的知识点时，仅凭讲授法与练习题难以确保所有学生均能跟上教学进度，教师应积极探索更为有效的教学策略。其中，实验教学法作为一种直观且互动性强的方法，尤为值得推荐。当理论讲解不足以使学生充分理解时，教师可自主设计实验，即便在教材未明确安排实验内容的情况下，亦可通过实验来辅助教学。

实施实验教学的过程实质上是一个深度探究的过程，它要求学生自己动手操作，全程参与，从而能够更深刻地理解知识。这一过程可遵循以下步骤进行：首先，教师应精心设置与教学内容紧密相关的情境，以激发学生的兴趣并引导他们进入学习状态；随后，基于情境提出问题，鼓励学生思考并激发其好奇心；接着，学生根据已有知识和经验提出假设，预测实验结果；此后，将学生分为若干小组，各组分别进行实验操作，通过实践验证假设；最后，各小组分析实验现象，讨论并得出结论。

在实验过程中，学生可通过观察实验现象不断调整和优化自己的假设，通过思维的碰撞与融合逐步接近正确的结论。这种探究式的学习方式能够使学生深入理解知识的原理与本质，相较于单一的理论讲授更能给学生留下深刻印象，从而显著提升学习效果。

实验教学不仅有助于学生更好地掌握知识点，还能在实践中培养他们观察、思考、动手及团队协作等多方面的能力。通过实验，学生能够体验科学探究的全过程，从提出问题到设计实验、收集数据、分析现象直至得出结论，每一步都凝聚着学生的智慧与汗水。这一过程不仅加深了他们对知识的理解，而且激发了他们对科学的热爱与追求。

因此，在面对学生的理解困难时，教师应勇于尝试实验教学这一创新策略，通过精心设计的实验活动帮助学生跨越认知障碍，实现知识的内化与能力的提升。同时，教师还应不断反思与总结实验教学经验，持续优化实验设计，从而在未来的教学中取得更佳的教学效果。

三、建立化学实验教学评价体系

（一）建立合理完善的实验教学评价体系

当前，传统的化学教学评价体系偏重理论知识考核，对实验教学的评估相对薄弱，这在一定程度上导致了教师对实验教学的忽视。为改善这一现状，构建一套全面合理的实验教学评价体系显得尤为必要，以期有效监督与管理教师的实验教学工作，从而确保化学实验教学的质量与效果。具体而言，对教师的实验教学评价可从以下三个维度展开。

一是学校评价。学校应定期对任课教师的演示实验与分组实验开展情况进行调查评估，通过课堂观摩与反馈机制树立实验教学优秀教师典范，以此激励其他教师积极参与实验教学，同时加强对化学实验室管理与实验物资配置的审查，确保实验条件的完善与更新。

二是同行评价。充分利用教研活动、听课评课及教学竞赛等平台，鼓励教师间相互评价实验教学，虚心接受同行与专家的建议，促进实验教学技能的共同提升。

三是自我评价。教师应主动采用课堂观察与录课回放等方式，对自身的实验教学进行自我审视与反思，明确自身在实验教学中的优势与不足，从而有针对性地加以改进与提升。

这三方面的综合评价可以更全面地反映教师的实验教学水平，推动化学实验教学的持续优化与发展。

（二）构建多元化的教学评价体系

构建多元化的教学评价体系，旨在实现评价内容的全面覆盖、评价方式的灵活多样，以及评价主体的广泛参与。这一体系的构建，首要目的在于解决传统教学评价中可能存在的主观性过强的问题，通过多维度的考量，提升评价的客观性与准确性。同时，多元化评价体系还能有效增强实验教学评价的有效性，确保评价过程更加科学、合理，从而全面、真实地反映教学质量与效果，为教学改进提供有力支撑。通过综合考量教学内容、方式及主体等多个方面，多元化的评价体系能够更全面地促进教学质量的提升。

1. 评价内容的综合化

在化学实验教学的实践中，传统的焦点往往集中于学生对化学知识及操作技能的掌握上。然而，根据化学课程标准的要求，教学评价应当超越这一范畴，不仅仅要关注学生对实验知识与技能的获取，更应重视其科学探究能力、思维能力的发展，以及情感态度与价值观的塑造。鉴于化学学科的实验性本质，学生的实验能力应被视为关键培养领域。

因此，在实验教学中，需突破仅对学生基础知识与操作能力进行评价的局限，积极探索并增设能够促进学生科学素养全面提升的评价内容。具体而言，应着重培养学生的实验设计能力，鼓励他们独立思考、创新实验方案；同时，强化学生的实验分析能力，教会他们从实验现象中提炼出科学规律；此外，还应注重培养学生的合作意识、良好学习习惯及正确的价值观，这些都是构成学生科学素养不可或缺的要素。

为了实现化学实验教学全面发展的目标，必须构建一个多元化、深层次的评价体系，以全面评估并促进学生实验能力、科学探究能力、思维能力、情感态度与价值观的同步提升。

2. 评价方法的多元化

教师在促进学生发展的过程中，应灵活运用多样化的教学评价方法。然而，当前实验教学评价中存在过度依赖纸笔测验的现象，仅通过分数来量化学生的实验水平，这种单一且片面的评价方式难以全面反映学生的学习状况。为了促进学生的全面发展，教师应根据教学目标与内容，科学选择并综合运用多种评价方法。

教师应将学生的学习过程与结果相结合，采用定性与定量相结合的评价方式，全面、客观地评估学生的实验表现。除了纸笔测试外，还可引入口头评价、评语反馈、活动表现评价量表等多种手段，以多维度、多角度地审视学生的学习成效。同时，为降低过程性评价的主观性，教师应制定明确的评价标准与流程，确保评价的公正性与准确性。

为全面了解学生的实验、学习情况，教师应摒弃单一的评价模式，积极探索并实践多元化的教学评价方法，以实现对学生实验能力、学习态度、科学素养等多方面的综合评价。

3. 评价主体的多元化

在构建多元化教学评价体系时，应确保教师和学生共同作为评价主体，以全面反映教学情况。然而，在当前的实验教学评价实践中，教师评价仍占据主导地位，学生的主体性未能得到充分彰显，这在一定程度上抑制了学生参与实验的热情与积极性。为改善这一状况，教师应根据实验教学的具体情况，灵活选择评价主体，充分发挥学生的主体作用。

将学生纳入评价主体，并非仅仅意味着让学生参与打分，而是鼓励他们深度介入实验教学评价的每一个环节。这包括让学生自我评价实验表现，反思实验过程中的得失，以及同伴间的相互评价，旨在促进实验技能的提升。通过这样的参与过程，学生能够更加清晰地认识到自己在实验操作中的不足之处，并据此进行有针对性的改进。

因此，教师应精心设计实验教学评价活动，确保学生不仅是评价的对象，也是评价活动的积极参与者。学生的主动参与和深刻反思不仅能够激发其实验兴趣与学习动力，还能有效提升实验教学的质量与效果，实现教学相长的良性循环。

（三）实施过程性的实验评价体系

过程性评价作为一种贯穿教学全程的评价方式，强调师生共同参与，涵盖学生自评、同伴互评与教师评价等多个维度。鉴于口头评价的随意性与主观性，为获取更为客观、量化的评价结果，评价量表成为评价的有效手段。评价量表作为一种量化评价工具，不仅具备诊断功能，还能为教学提供明确导向，有助于教师清晰界定评价内容，为学生指明学习方向，并有效激发学生的学习热情。

在编制过程性评价量表时，教师应首先明确评价的重点，随后构建合理的评价维度与标准，并据此确定量表的具体格式，以确保评价过程在化学实验教学中的规范性与有效性。通过实施过程性评价，教师能够深入分析量表数据，全面把握学生在实验中的具体表现，进而向学生提供及时反馈，帮助他们实现自我完善与进步。这一过程不仅促进了学生实验技能的提升，也增强了他们的自我反思与自我管理能力，为化学实验教学的持续优化与发展奠定了坚实基础。

1. 评价维度的确定

评价维度是对学生实验活动综合表现的抽象概括与高度凝练，构成了制定评价标准与确定评价内容的核心基础。它为学生实验能力的全面评估提供了框架性指导，确保了评价工作的系统性与针对性。通过明确评价维度，教师能够更为精准地把握学生实验过程中的关键要素，为制定科学合理的评价标准与选择恰当的评价内容奠定坚实基础。这一过程有助于提升实验教学的质量与效果，促进学生实验技能的全面发展。

2. 评价标准的制定

过程性评价量表的制定需依据明确的评价标准，旨在有效区分学生的不同水平层次。标准可划分为优秀、良好、较差、不合格四个等级，以全面反映学生的活动表现。其中，优秀代表完成度极高，值得保持；良好表示大部分完成良好，但仍存改进空间；较差意味着基本完成但错误较多，需全面审视；不合格则显示明显不达标，需彻底改进。在实际评价中，教师需结合各评价维度的具体指标，综合考虑学生的实验学习情况，以确保评价的客观性与准确性。通过此方式，过程性评价量表能够更有效地服务于实验教学，促进学生实验技能的持续提升。

3. 评价量表的编制

在编制过程性评价量表时，需关注三大要点：其一，评分项目应力求精简而富有针对性，确保每个项目都能精准反映评价重点，避免冗余；其二，量表语言应生动有趣，以激发学生的实验兴趣，为实验学习奠定良好基础；其三，采用人性化评语激励学生，避免单一分数评价，以促进学生全面发展。

评价量表分为解释分析性与整体记分性两种。前者详细剖析实验活动各环节，明确各维度下的具体评价内容；后者则是对整个实验活动的综合评价。在化学实验教学中实施过程性评价，旨在改善学生的实验态度，提升其实验技能与知识储备，培养其科学素养。

因此，教师应根据实验类型与教学目的灵活编制评价量表。通过科学、合理的评价量表，教师不仅能够有效评估学生的实验表现，还能引导学生形成良好的实验习惯，促进其科学素养的全面提升。

4. 过程性评价操作模式的构建

（1）课前注重指导学生进行自我评价

在过程性评价体系中，学生的自我评价是不可或缺的一环。通过课前充分发挥学生主体作用，自我评价能够有效激发学生的化学实验学习热情，培养其良好的学习习惯。自我评价机制的引入还能在小组内形成良性竞争氛围，促进学生间的相互督促与激励。在认知层面，此举能显著提升学生的课前预习效果。

为有效指导学生进行自我评价，教师可借助导学案形式巧妙设计预习任务，激发学生对新知的探索欲。在编制导学案时，教师应精心筛选实验重点与难点，确保其难度适中，便于学生接受与理解，从而保证导学案的科学性与合理性，为学生做好充分的实验准备奠定基础。在此阶段，过程性评价应聚焦于学生的课前预习能力及对实验的态度，采用量表式评价方式，以全面、客观地评估学生的准备情况与实验态度，为后续实验教学提供有力支撑。

（2）课中注重将同伴互评和教师评价结合起来

在课中阶段，采用两人或多人互评的方式对学生的实验活动表现进行评价，有助于提升学生的自我认知与学习能力。通过同伴评价，学生能准确识别自身在实验中的不足，同时，评价他人也能促使学生审视自我智能结构，激发学习欲望与潜能。同伴互评机制促进了学生间的相互督促与学习，有助于多元智能的均衡发展。鉴于教师难以对每位学生的每个实验步骤逐一评分，同伴互评显得尤为重要。此外，教师的适时评价与指导对于提升实验成功率及教学效果至关重要。在实验过程中，教师应进行巡回指导，及时解决学生疑问，点拨困惑，传授实验观察、操作、分析及解决问题的方法，以激发学生的实验兴趣。

同时，教师应设计针对性强的课堂问题，并在点评时聚焦于学生科学素养的培养，促进高阶思维的发展。在此阶段，过程性评价涵盖实验技能、安全意识、资源节约与环保意识等方面，采用口头评价与量表式评价相结合的方式，以全面、客观地反映学生实验表现，促进教学质量的持续提升。

（3）课后注重发挥教师评价的作用

课后阶段，教师在指导学生进行自我反思的同时，应充分利用实验报告、课后作业及考试等评价工具，全面诊断并培养学生的科学素养，以深入了解学生对实验知识的掌握程度及应用能力。在此过程中，教师应深入分析评价量表中的各项数据，精准识别实验教学中存在的不足，并据此优化教学策略。同时，针对学生在实验学习中暴露的问题，教师应提出具体、可行的改进建议，以促进其学习效果的提升。

教师应及时将反馈信息传达给学生，引导他们通过评价量表深入剖析自身在实验学习中的薄弱环节，从而有针对性地调整学习策略，优化学习路径。在此阶段，过程性评价的核心内容聚焦于学生实验报告的完成质量及实验知识的掌握程度，评价方式则综合采用量表式评价与个性化评语，以期达到精准评估、有效指导的目的，为学生的全面发展奠定坚实基础。

（四）建立化学实验室管理的考核评价体系

化学实验教学的顺利实施，在相当程度上依赖于实验室条件的完善。鉴于此，学校应高度重视对化学实验室管理的考核评价工作，以全面评估学生实验与教师演示实验的完成情况，以及实验室的整体管理水平。对于那些在实验完成数量与质量上表现不佳的教师，学校应及时与其沟通，了解背后的原因，并鼓励教师积极投入化学实验教学，确保实验教学活动的有效开展。

具体而言，考核评价应涵盖多个维度。首先，需关注学生实验和教师演示实验的完成情况，包括实验的参与度、实验操作的规范性及实验结果的准确性等；其次，要考察化学实验室的日常管理情况，包括实验室的安全管理、设备维护、卫生清洁等方面；最后，还需对实验员的工作表现进行评价，确保其能够有效管理实验室资源，为实验教学提供有力支持。

在考核评价过程中，若发现教师在实验完成数量与质量上存在不足，学校应主动与教师沟通，了解其面临的困难与挑战，并提供必要的支持与帮助。同时，对于实验室管理中存在的问题，如设备陈旧老化、仪器药品配备不足或实验员管理不到位等，学校领导应定期进行审查，并及时责令实验员进行整改。这包括更新老化的实验设备、补充缺失的仪器药品、加强实验员培训等，以确保实验室资源的充足与管理的规范性。

通过这一系列措施的实施，学校不仅能够提升化学实验教学的质量与效果，还能为师生创造一个安全、有序、高效的实验环境。这将有助于激发学生的实验兴趣，培养他们的实践能力与创新精神，为培养高素质的化学人才奠定坚实基础。因此，学校应持续关注并优化化学实验室的管理与考核评价工作，以保障化学实验教学的顺利开展与持续改进。

四、改善化学实验条件，充实实验教学资源

（一）科学建设化学实验室

学校化学实验室的建设必须严格遵循国家标准，确保实验室设计既安全又便捷，便于师生使用。在实验室配置上，学校应持续更新与补充实验仪器与药品，确保实验室的硬件设施达到国家标准，从而充分发挥其教学与研究功能，避免化学实验室成为摆设。

为提升化学实验室的利用率，需同步加强实验室的管理工作。学校应制定专门的实验室管理制度，明确实验室的使用规范、安全要求、仪器维护与药品管理等方面的规定，确保实验室的有序运行。同时，通过制度化管理，学校可以有效监督实验室的使用情况，防止资源浪费与不当使用，为师生提供高效、安全的实验环境。

学校应高度重视化学实验室的建设与管理工作，确保其符合国家标准，并通过制定相关制度来规范实验室的使用与管理，从而充分发挥化学实验室在教学与科研中的重要作用，促进师生化学素养与实践能力的提升。

（二）提高化学实验室的利用率

在确保教材中规定的实验顺利进行的基础上，学校应定期开放化学实验室，为学有余力的学生提供在课余时间进行探究实验的机会。众多学生在教师演示实验后，常怀有亲手操作以深化理解的愿望。因此，教师可充分利用学生课余时间，指导他们在化学实验室开展探究活动。此外，教师还可推荐具有探究价值的实验项目，鼓励学生自己动手操作，以此提升他们的实验操作技能与问题解决能力。

化学实验室的充分利用不仅能够激发学生的探索兴趣，还能够显著提高他们的实验操作技能与问题解决能力，为初中化学实验教学的发展奠定坚实基础。通过自主探究，学生能够在实践中深化对化学原理的理解，培养科学思维与创新能力，进而促进整体科学素养的提升。因此，学校应继续加大对化学实验室的开放力度，为学生提供更多实践探索的机会，助力

初中化学教育的蓬勃发展。

（三）合理安排化学实验的课时

针对化学实验项目，学校领导可建立专项奖励机制，鼓励教师与学生在化学实验的创新与改进方面积极探索，以此激发师生参与化学实验的热情，提升化学实验室的利用效率。同时，学校应科学合理地规划化学实验课的课时安排，将其纳入兴趣课程体系，以缓解化学基础课时紧张的状况。这一举措不仅有助于学生更加熟练地掌握化学实验操作技能，还能增强他们对化学实验原理及过程的理解。

通过优化课时安排与引入奖励机制，学校能够有效促进学生化学实验素养的全面发展。一方面，增加化学实验课的趣味性与实践性能够吸引更多学生积极参与，提高他们的实验技能与科学素养；另一方面，专项奖励的激励作用能够激发师生的创新思维与探索精神，推动化学实验教学的持续改进与创新。因此，学校应继续深化化学实验教学改革，为培养具有创新精神与实践能力的化学人才奠定坚实基础。

（四）健全实验员体系

1. 引入能力强、素质高的实验员

当前，中学普遍面临专职实验员短缺的问题，这成为制约化学实验教学质量与完成度的关键因素。从教育资源合理配置的角度出发，每所学校均应设立专职实验员岗位，以确保实验教学的顺利进行。专职实验员的工作重心在于实验教学，其职责与理论教师有所区别。因此，学校在选聘实验员时应注重其专业能力与综合素质，力求引入能力强、素质高的专业人才，为化学实验教学的顺利开展提供有力保障。

2. 对实验员定期进行考核

实验员在化学实验教学中占据核心地位，其能力水平直接关系到学校实验教学的整体质量。因此，实验员需具备敏捷的思维、扎实的化学基础、出色的动手能力、强烈的创新意识，以及吃苦耐劳、无私奉献的精神品质。实验员应充分发挥主导作用，而非仅限于实验室的日常管理。为保证实验员的教学能力与专业素养，学校应定期对其实施考核，确保其教学水平与实验教学需求相匹配，从而推动学校实验教学质量的持续提升。

3. 培养实验员的创新能力

除常规实验教学外，学校每年应设定实验员需完成的创新实验数量指标。这些创新无需规模宏大，仅需在日常教学实验基础上进行更精细、更合理的优化与改良。将创新理念融入实验员的日常工作，可促使其在每次实验中主动思考并改进存在的问题。同时，实验员在教育过程中向学生传递创新理念，有助于培养学生的创新思维，以及发现、分析与解决问题的能力，从而全面提升学生的科学素养与实验技能。

4. 关心爱护实验员

上级部门与学校领导应给予实验员充分的关怀与支持。鉴于实验员长期在实验室工作，相较于其他教师而言，其工作环境可能更为艰苦且单调。因此，上级领导应更加关注实验员的身心健康与工作状态，及时协助解决其在实验教学中遇到的难题，充分尊重其劳动成果，以激发实验员的工作热情与积极性。学校根据实验员实际工作表现给予其适当的表彰与鼓励，能够让他们感受到来自组织的温暖与认可，进而更加专注于实验研究与教学工作，充分发挥自身价值，为提升实验教学质量贡献力量。

5. 加强培训，提升能力

学校应致力于全面提升实验员的思想认知与专业技能，使他们深刻认识到自身工作在学生成长道路上的关键作用。为此，学校需构建一套完善的培训体系，涵盖校本培训、专业进修、异地考察及参观先进实验教学示范校等多个维度，旨在拓宽实验员的视野，增强其专业素养与实践能力。

校本培训可针对实验教学中的具体问题开展针对性强的技能提升课程；进修学习能够让实验员深入系统地学习最新的教育理念与技术；外地考察与参观优秀实验教学学校则能让实验员亲身体验并学习先进的实验教学模式与管理经验。此外，学校还应鼓励实验员积极拥抱现代教育技术，如数字化实验平台、虚拟现实技术等，通过技术赋能，推动化学实验教学的现代化转型，确保教学内容与方法的持续创新，更好地满足学生全面发展的需求。

参考文献

［1］刘炳华，范庆英. 基于学科核心素养的初中化学教学设计［M］. 苏州：苏州大学出版社，2017.

［2］魏爱民，强美凤. 学生发展核心素养视域下的课堂教学指南. 初中化学［M］. 长春：东北师范大学出版社，2017.

［3］徐锡有. 中学化学核心素养的培养策略［M］. 青岛：中国海洋大学出版社，2017.

［4］马玉玺，李萍. 核心素养视域下的课程标准教学活动建议指导手册·化学活动与探究建议（初中）［M］. 长沙：湖南教育出版社，2017.

［5］江顺. 中学化学教学核心素养培育的探索与实践［M］. 上海：同济大学出版社，2017.

［6］曲一线. 知识小清单. 高中化学：学科核心素养与高考重难点 X 问［M］. 北京：地质出版社，中国大地出版社，2017.

［7］高英华. 基于学科核心素养的高中化学单元复习研究［M］. 济南：山东大学出版社，2018.

［8］苟学建. 基于核心素养的有效学习与学业评价策略. 初中化学［M］. 长春：东北师范大学出版社，2018.

［9］余泓遐. 高中化学核心素养教学设计课例［M］. 上海：上海交通大学出版社，2017.

［10］王磊，李川，胡久华. 核心素养导向的化学教学实践与探索（2016—2018）［M］. 北京：北京师范大学出版社，2018.

［11］李永忠. 核心素养背景下中学化学教学实践与研究［M］. 兰州：兰州大学出版社，2018.

［12］刘树领，周建国，王学. 基于学生核心素养培养的化学实验教学设计与实施策略研究［M］. 长春：吉林大学出版社，2018.

［13］王素芬. 高中化学核心素养教育与探讨［M］. 长春：吉林人民出

版社，2019.

　　[14] 黄荣，冯长坪，黄传印. 基于化学核心素养理念下的教学实践研究 [M]. 北京：中国纺织出版社有限公司，2019.

　　[15] 江合佩. 化学学科核心素养与教学设计 [M]. 福州：福建教育出版社，2020.

　　[16] 孙文忠. 基于核心素养的初中化学教学实施策略 [M]. 长春：吉林人民出版社，2019.

　　[17] 温海波. 基于学生核心素养培养的化学教学实践 [M]. 长春：吉林出版集团股份有限公司，2019.

　　[18] 杨香涛. 中学化学核心素养的养成 [M]. 南京：江苏人民出版社，2019.

　　[19] 杨梓生，吴菊华. 化学学科核心素养研究及实践培育 [M]. 上海：上海教育出版社，2020.

　　[20] 王锋. 核心素养视野下初中化学教学策略研究 [M]. 福州：福建教育出版社，2020.

　　[21] 管志乾. 高中化学核心素养的培养与发展 [M]. 延吉：延边大学出版社，2020.

　　[22] 何贵明. 基于核心素养下的高中化学教学 [M]. 长春：吉林文史出版社有限责任公司，2020.

　　[23] 梁永锋. 核心素养视域下化学教师素养研究 [M]. 北京：中国原子能出版社，2020.

　　[24] 王树军，刘新华，于佃福. 核心素养培养下的中学化学教学策略研究 [M]. 长春：吉林人民出版社，2020.

　　[25] 黄冬芳. 基于学生发展核心素养的学业标准. 初中化学 [M]. 北京：北京师范大学出版社，2020.

　　[26] 朱少祥. 基于核心素养的初中化学学习指导与精准测评 [M]. 广州：世界图书出版广东有限公司，2021.

　　[27] 温海波. 基于化学核心素养的趣味实验设计课例研究 [M]. 哈尔滨：哈尔滨出版社，2021.

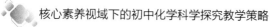

［28］江合佩，王春，潘红. 核心素养下的化学单元整体教学设计［M］. 福州：福建教育出版社，2021.

［29］张道年. 基于化学学科核心素养的介入式教学案例研究［M］. 芜湖：安徽师范大学出版社，2021.